专家讲办案系列丛书
ZHUANJIA JIANGBANAN XILIE CONGSHU

司法工作人员职务犯罪侦查讯问原理与实战方法

SIFA GONGZUO RENYUAN ZHIWU FANZUI ZHENCHA XUNWEN YUANLI YU SHIZHAN FANGFA

上官春光◎著

中国检察出版社

图书在版编目（CIP）数据
司法工作人员职务犯罪侦查讯问原理与实战方法 / 上官春光著 . -- 北京：中国检察出版社，2025.
ISBN 978-7-5102-3207-7
Ⅰ . D924.114
中国国家版本馆 CIP 数据核字第 202543JU93 号

司法工作人员职务犯罪侦查讯问原理与实战方法
上官春光　著

策划编辑：黄学昌　葛晓湄
责任编辑：秦　莹　葛晓湄
技术编辑：王英英
封面设计：徐嘉武

出版发行：中国检察出版社
社　　址：北京市石景山区香山南路 109 号（100144）
网　　址：中国检察出版社（www.zgjccbs.com）
编辑电话：（010）86423784
发行电话：（010）86423726　86423727　86423728
（010）86423730　86423732
经　　销：新华书店
印　　刷：河北宝昌佳彩印刷有限公司
开　　本：710mm × 1000mm　16 开
印　　张：21
字　　数：298 千字
版　　次：2025 年 7 月第一版　　2025 年 7 月第一次印刷
书　　号：ISBN 978-7-5102-3207-7
定　　价：69.00 元

“专家讲办案”系列丛书
出版说明

新时代新征程，检察工作欣逢最好发展时期，也面临更高履职要求。特别是随着社会分工日益精细化和新技术的更新迭代，犯罪的隐蔽性、智能化程度越来越高，各类案件专业性、复杂性日益突出，检察队伍专业化建设成为当务之急。各级检察机关正在严格落实最高检党组的决策部署，坚持以习近平法治思想为指引，紧扣“高质效办好每一个案件”的基本价值追求，持续加强专业化建设，全面提升履职能力。

专业化建设的关键在于以实战、实用、实效为导向，加强审查批捕、审查起诉、出庭公诉、检察侦查、立案监督、侦查监督、审判监督、数字检察、文书制作等核心能力提升。最为直接的方式就是开展业务培训，但目前业务培训的时间比较有限，短期课堂教学很难形成体系，内容的整体性、系统性也有所欠缺。鉴于此，我们经过广泛调研、充分论证，邀请长期在办案一线的业务专家，系统梳理、总结他们的办案经验和智慧，打造“专家讲办案”系列丛书，对课堂教学进行拓展延伸，为检察人员专业化建设提供解渴管用的核心技能修炼用书。

丛书呈现以下特点：

一是深入贯彻“高质效办好每一个案件”的理念。丛书着眼于办案质量优、效率高、效果佳，统筹实体公正、程序公正、社会公正的要求，阐述如何把高质效的要求落实在办好每一个案件、案件的每一个环节中，实现案件质量、效率、效果有机统一于公平正义，让人民群众可感受、能感受、感受到。

二是注重运用“三个善于”讲清如何做实“高质效办好每一个案件”。丛书结合实践案例，阐述如何在对全案证据进行综合分析的基础上，加强关键证据审查，注重排除非法证据、补正瑕疵证据、补强客观证据，对案件事实作出准确判断；如何厘清实质法律争点，明确案件争议的焦点，准确认定实质法律关系，解决实质法律问题；如何将法律规范放在政治、社会、历史、文化等背景下领悟理解，准确适用法律，进而实现高质效办案。

三是突出鲜明的问题导向和目标导向。丛书聚焦检察办案过程中常见的难点、痛点、堵点问题，覆盖刑事、民事、行政、公益诉讼“四大检察”各业务，帮助检察人员解决“急难愁盼”问题，补齐履职中存在民事检察“不会”、行政检察“不敢”、公益诉讼检察“不精”、侦查检察“不强”的短板。不仅呈现经验，更传授方法，不仅“授人以鱼”，更“授人以渔”，发挥助推检察队伍专业化建设的实效。

四是力求理论与实践的深度融合。丛书定位为实务用书，旨在为监督办案提供务实可行的问题解决方案，同时也注重理论阐释。透过司法现象和实践问题抽象理论，通过解读理论回应实践需求并提炼方法，二者紧密结合。论述深入浅出，读起来轻松，方法鲜活生动，用起来管用，助力检察人员成为依法履职办案的“能工”和善于运用法律政策的“巧匠”。

希望这套丛书能帮助一线办案人员形成高质效办案的工作方式和思维模式，在理论提升和业务精进中，锻造成堪当时代重任的高素质专业化检察人才。需要特别说明的是，丛书作者都是利用业余时间撰稿，时间紧、任务重，错漏在所难免，恳请读者包涵并指正。

中国检察出版社

2024年9月

目　录

绪　论　新时代的检察侦查 …………………………… 001

第一章　检察侦查视角下的侦查讯问 ………………… 005

一、讯问与侦查讯问 ………………………………… 005
二、侦查讯问的功能 ………………………………… 011
三、侦查讯问的目的 ………………………………… 013
四、侦查讯问的基本要求 …………………………… 020
五、讯问技巧的灵活性、规律性 …………………… 029

第二章　侦查讯问的构成环节和操作流程 ………… 035

第一节　讯问的核心环节 ……………………………036
一、讯问环节的划分 ………………………………… 036
二、被讯问人的表现与讯问核心环节 …………… 038
三、讯问核心环节的任务 …………………………… 041
四、不同环节在讯问中的地位 ……………………… 048
五、不同讯问环节的外在特征 ……………………… 050
六、讯问环节的反复 ………………………………… 057

第二节　讯问的技术操作流程 ………………………058
一、讯问的准备与计划 ……………………………… 058
二、讯问开始 ………………………………………… 070
三、态度转化 ………………………………………… 073
四、供述引导 ………………………………………… 073

五、讯问结束 …… 073
六、回顾评估 …… 076

第三章　讯问中的心理学原理 …… 078

第一节　供述机制的理论模型 …… 078
一、里德（Reid）供述模型 …… 079
二、希尔根多弗（Hilgendorf）和埃尔维因（Irving）供述决策模型 …… 080
三、里克等人的供述精神分析模型 …… 082
四、史蒂芬森和威廉逊的供述相互作用模型 …… 083
五、古德琼森的认知—行为供述模型 …… 084

第二节　讯问过程的心理解读 …… 086
一、讯问是引导被讯问人从撒谎到如实供述的转化过程 …… 086
二、影响态度转化的两个因素 …… 087
三、撒谎是有罪者的正常反应 …… 089
四、讯问应当从被讯问人撒谎开始 …… 091

第三节　撒谎与焦虑情绪 …… 092
一、谎言、实话与事实真相 …… 092
二、谎言的类型 …… 097
三、撒谎者的内心反应 …… 100
四、撒谎的副产品——焦虑 …… 102

第四节　讯问中施加心理作用的基本原理 …… 107
一、心理影响的基本原理 …… 108
二、讯问策略的界限 …… 117

第四章　讯问中情绪控制原理 …… 121

第一节　切断焦虑情绪释放的渠道 …… 122
一、行为矫控 …… 122
二、集中注意力 …… 127

第二节　增加焦虑的途径 ……………………………………………131
一、揭谎与导谎 ……………………………………………… 131
二、打乱心理防卫机制 ……………………………………… 143
三、强化情感 ………………………………………………… 148
四、借助价值目标 …………………………………………… 150
五、调整讯问的空间距离 …………………………………… 151

第五章　讯问中的认知控制原理……………………………… 155

第一节　讯问中对被讯问人施加影响的途径 …………………155

第二节　讯问中被讯问人的决策与选择 ………………………156
一、对被讯问人来说，讯问是一个复杂的决策选择过程……… 156
二、合理决策的前提和基础 ………………………………… 157
三、被讯问人认知和决策的局限 …………………………… 158
四、影响被讯问人决策的认知因素 ………………………… 160

第三节　对案件情势的认知控制 ………………………………161
一、国家党风廉政建设形势和政策因素 …………………… 162
二、案件直接关联因素 ……………………………………… 164
三、讯问的场所和空间设置 ………………………………… 169
四、办案人员的意志和信心 ………………………………… 170
五、讯问人员的人数和级别 ………………………………… 171
六、讯问中的用势、借势与造势 …………………………… 171

第四节　对办案人员掌握事实和证据的认知控制 ……………174
一、对办案人员掌握事实的认知控制 ……………………… 175
二、对办案人员掌握证据的认知控制 ……………………… 179

第五节　对办案方向的认知控制 ………………………………193
一、对侦查指向“人”的认知控制 ………………………… 194
二、对侦查指向“事”的认知控制 ………………………… 196

第六节　对关系人的认知控制 ……206
一、对请托人的认知控制 …… 206
二、对近亲属的认知控制 …… 208
第七节　对被讯问人选择的认知控制 ……212
一、选择的非理性 …… 212
二、被讯问人的选择：对抗与配合 …… 213
三、被讯问人对抗行为的应对 …… 216
四、对选择的认知控制 …… 221
第八节　对刑事责任的认知控制 ……233
一、合理化 …… 234
二、责任投射 …… 238
三、对比原理 …… 241
四、暗示 …… 243
第九节　对自身权利义务的认知控制 ……245
一、权利和义务的行为导向性 …… 245
二、我国讯问环节的告知规定和实践样式 …… 248
三、讯问环节的告知与认知控制 …… 253
第十节　对被讯问人自我认知的控制 ……259
一、自我认知与自我调节 …… 259
二、讯问中对被讯问人的自我认知控制 …… 261
第十一节　对办案人员的认知控制 ……267
一、讯问人员的应然形象 …… 267
二、认知控制的策略 …… 274
第六章　引导被讯问人供述 …… 284
一、引导供述环节的根本任务 …… 284
二、记忆信息的提取 …… 285
三、主观心理状态的核实 …… 288

四、供述自愿性的构建 …………………………………………… 299
五、问话目的的实现 ……………………………………………… 301

第七章　侦查讯问中的话轮控制和话题管理 ……………… 307

一、被讯问人认罪前与认罪后讯问的区别 ……………………… 307
二、侦查讯问中的话轮控制 ……………………………………… 308
三、侦查讯问中的话题管理 ……………………………………… 310
四、话轮与话题的协调 …………………………………………… 322

绪　论

新时代的检察侦查

2024年7月18日，党的二十届三中全会通过的《中共中央关于进一步全面深化改革、推进中国式现代化的决定》(以下简称党的二十届三中全会《决定》)明确指出，“健全监察机关、公安机关、检察机关、审判机关、司法行政机关各司其职，监察权、侦查权、检察权、审判权、执行权相互配合、相互制约的体制机制，确保执法司法各环节全过程在有效制约监督下运行”；“坚持正确人权观，加强人权执法司法保障，完善事前审查、事中监督、事后纠正等工作机制，完善涉及公民人身权利强制措施以及查封、扣押、冻结等强制措施的制度，依法查处利用职权徇私枉法、非法拘禁、刑讯逼供等犯罪行为”。党的二十届三中全会《决定》对公正执法司法的部署，为新时代进一步全面深化检察改革、加快推进检察工作现代化提供了根本遵循，同时为进一步加强和规范检察侦查工作提出了新的要求，明确了新的任务。

进入新时代，随着党和国家监督体系的构建和司法体制改革逐步推进，检察机关的侦查职能发生了重大改变，其中对司法人员相关职务犯罪的侦查权在检察侦查中居于重要地位。2018年修改后的《刑事诉讼法》第19条第2款规定：“人民检察院在对诉讼活动实行法律监督中发现的司法工作人员利用职权实施的非法拘禁、刑讯逼供、非法搜查等侵犯公民权利、损害司法公正的犯罪，可以由人民检察院立案侦查。对于公安机关管辖的国家机关工作人员利用职权实施的重大犯罪案件，需要由人民检察院直接受理的时候，经省级以上人民检察院决定，可以由人民检察院立案侦查。”此规定保留了检察机关对司法工作人员相关职务犯罪的侦查权和机动侦查权。同时根据《刑事诉讼法》第170条和第175条的规定，人民检察院对于监察机关移送起诉的案件，经审查，认为需要补充核实的，应当退回监察机关补充调查，必要时可以自行补充侦查；对于公安机关移送起诉的案件，需要补充侦查的，可以退回公安机关补充侦查，也可以自行侦查。这样，检察机关的侦查权包括三个方面，司法工作人员相关职务犯罪的侦查权、机动侦查权和补充侦查权。其中，补充侦查是在监察机关调查和公安机关侦查的基础上，在审查起诉的过程中进行的补充核实和调查活动，具有查漏补缺的功能，辅助性较强。机动侦查的启动需经省级以上人民检察院决定，实际启动相对较少。对于司法工作人员相关职务犯罪的侦查，案件量相对较大，是惩治司法腐败、维护司法公正的重要切入点和着力点，对提升检察侦查的质效起决定作用。

做好司法工作人员职务犯罪的侦查工作，关系到监察机关和检察机关的职权分工，在工作中不断探索和完善监检沟通机制，不断完善监察权、检察权相互配合、相互制约的体制机制，是落实党的二十届三中全会《决定》关于“确保执法司法各环节全过程在有效制约监督下运行”重要部署的重要组成部分。同时，进一步加强和规范司法工作人员职务犯罪的侦查工作，不断提升办案质量，也是党的二十届三中全会《决定》“依法查处利用职权徇私枉法、非法拘禁、刑讯逼供等犯罪行为”的明确要求。

在新时代，做好司法工作人员相关职务犯罪侦查讯问工作意义重大。2023年3月，最高人民检察院党组在学习贯彻全国两会精神电视电话会议上，提出要让高质效办好每一个案件成为新时代新征程检察履职办案的基本价值追求，在实体上确保实现公平正义，在程序上让公平正义更好更快实现，在效果上让人民群众可感受、能感受、感受到公平正义，做到检察办案质量、效率、效果有机统一于公平正义。这为新时代的检察侦查工作指明了方向。“高质效”是评价检察侦查案件的标准，也是对检察侦查工作的要求；“办好”既要体现在整个侦查办案过程中，也要体现在侦查结果上；“每一个”既包括单个具体案件，更涵盖所有检察侦查案件。办理司法工作人员职务犯罪案件一直都是难啃的骨头，其犯罪主体特殊，查办难度不同于其他职务犯罪。侦办该类案件，侦查讯问是重要环节，直接影响侦查进程和最终结果。规范讯问是严格依法办案，确保司法公正的重要保证。

第一，做好侦查讯问，有助于提高办案效率。司法人员相关职务犯罪主体知法懂法却故意犯法，犯罪后规避追诉意识强，毁灭伪造证据、串供较为常见。同时，相对于其他职务犯罪，这类犯罪案件对侦查讯问措施具有特殊依赖性。

有的犯罪发生空间相对封闭，如司法工作人员实施的刑讯逼供、暴力取证、虐待被监管人、非法拘禁等犯罪，被害人通常处于被控制、羁押或者被监管状态，涉嫌的犯罪行为通常发生在讯问室、询问室、监狱等密闭空间和特定场所，行为人对相关场所具有绝对操控权。侦查过程中，对于这类案件收集证据的渠道相对有限，而犯罪嫌疑人供述是重要的信息来源，因此，侦查讯问是获取犯罪信息的重要方法，其在很大程度上会影响侦查的进度。

有的案件中，犯罪动机在证明案件事实中具有特殊意义。如司法工作人员利用职权实施的徇私枉法罪，民事、行政枉法裁判罪，徇私舞弊减刑、假释、暂予监外执行罪等，这类犯罪行为人因个人私利或私情而故意实施。徇私动机的认定需要根据行为人的客观行为和案件的具体情况进行综合判断，但是证明行为人徇私动机最简单、最直接的办法是让其自己供述。如果能在侦查讯问中合法有效引导行为人供述徇私动机并固定下来，有利于降低证明的压力。

第二，做好侦查讯问工作，有利于提升办案效果。侦查讯问是办案人员与犯罪嫌疑人面对面沟通和交流的重要环节，讯问过程有对抗也有说服，具有较强的互动性，既是相互较量的过程，也是办案人员对犯罪嫌疑人进行感化教育的过程。侦查讯问如果做得好，有利于犯罪嫌疑人知罪悔罪，认罪服法，减少后期翻供、缠讼上访等现象的发生。同时，司法工作人员职务犯罪往往像其他职务犯罪一样也存在“窝串案”现象，通过侦查讯问可以更好发现其他犯罪线索，有利于“挖窝查串”，举一反三，提升办案效果。

第三，做好侦查讯问工作，有利于增强办案人员素质。侦查讯问工作可以提升办案人员的思维方式，检验法律素养，提高心理素质。首先，侦查讯问更需要具备侦查思维。从证据运用角度看，如果说审查起诉侧重于证据的核实，出庭公诉侧重于证明，而侦查则侧重于事实发现。侦查讯问需要更强的问题意识、敏锐的观察能力以及穿透式、发散式思维。其次，侦查讯问更需要精准把握司法规范。司法工作人员相关职务犯罪案件中争议问题较多，如追诉时效的计算、危害后果和因果关系的认定等，而这些问题直接影响案件认定结果。解决这些问题需要办案人员精准把握刑事实体规范和证据规范，才能在讯问中从容应对，提前解决相关法律问题和证据问题。最后，侦查讯问需要更高的心理素质，以应对讯问过程中的困难和挑战。侦查讯问过程中不确定、难预料因素比其他诉讼环节多，需要侦查人员面对问题时有更大的韧性、更强的抗压能力和情绪管控能力。

进入新时代，检察侦查面临全新的使命和任务。司法工作人员相关职务犯罪侦查是检察侦查业务的核心内容，提升这类犯罪的侦查讯问水平，加强和规范检察侦查工作，是推进检察工作现代化的必然要求，也是高质效办好每一个案件的必然要求。司法工作人员相关职务犯罪的侦查讯问具有规律性也具有特殊性。准确掌握侦查讯问原理，根据案件特征和人员特点，科学设计和运用讯问方法对于提升讯问效率和效果至关重要，也直接关系到办案的整体质效。要确保质量、效率、效果有机统一，在提升个案质效的同时推动检察侦查业务整体高质量发展，必须进一步深化对这类案件讯问规律的研究，不断提高侦查讯问的质量。

本书结合新时代加强和规范检察侦查工作的任务部署，着眼于高质效办好每一个案件，紧扣工作规范要求，深入研究检察机关侦查讯问工作的规律性、特殊性以及讯问原理，全面总结讯问方法和技巧。一方面，着眼于规范办案、科学讯问，从更深层面介绍侦查讯问的内在规律和心理学原理；另一方面，立足于司法工作人员相关职务犯罪案件的特殊性，结合实践中的疑难案例，讲解具体的讯问方法和技巧。本书对一线办案人员训练讯问技能、提升讯问质效、促进检察侦查规范化具有一定的指导作用。

第一章 检察侦查视角下的侦查讯问

新时代新征程，做好司法工作人员职务犯罪侦查讯问工作，需要准确把握侦查讯问的内涵和实质，明确检察侦查讯问的共性和特性。

一、讯问与侦查讯问

（一）讯问的基本内涵

现实中，讯问可以在多重意义上使用，既可以指代讯问职权，也可以指代讯问措施。在刑事诉讼中，讯问出现在不同的诉讼阶段，有多种形态，如侦查讯问、审查起诉中的讯问和庭审中的讯问，阶段不同，讯问的主体和任务也不同。监察法出台以后，监察机关在监察调查中可以依法采取讯问措施，进一步丰富了讯问的含义，讯问的主体也进一步多元化。

由于讯问在监察调查、公安侦查、人民检察院侦查、审查逮捕、审查起诉、法庭审判等多个环节都可适用，实践中造成了理解和操作上的混乱。如讯问与侦查讯问有何异同？侦查讯问与监察讯问性质有何不同，彼此之间是何关系？转隶后检察机关的侦查讯问有何特殊性？这些问题亟须进一步厘清。

从语义上看，讯问一词在汉语中有多种含义。在古汉语中，讯问有询问[①]、

① 《说苑·建本》："故曰，讯问者，智之本；思虑者，智之道也。"《世说新语·文学》："即遣委曲讯问，乃是袁自咏其所作咏史诗，因此，相要，大相赏得。"

问候之意[①]，也有审讯、鞫问[②]之意。在前一层含义上，“讯问”和“询问”都是言辞相问的意思。清代文学家朱骏声在《说文通训定声》中曾对“讯”和“询”作如此解释：“今因经无以询为问罪字，遂用讯不用询，其实讯询一字也”，[③]可见两者是一致的。而审讯、鞫问含义是“讯问”所独有的，“上问下曰讯”[④]，审讯、鞫问带有较强的上对下的等级色彩。在现代汉语中，讯问指严厉的盘问，通常指态度认真、严肃地盘问一些事情。在法律意义上，讯问是指为弄清案情真相而对诉讼当事人等所进行的审问。[⑤]

在刑事诉讼中，讯问是一种刑事审问。在我国刑事诉讼法中，“讯问”一词多次出现，含义也存在差别。具体包括以下几种情形：第一，在侦查程序中，侦查人员讯问犯罪嫌疑人。在刑事诉讼法第二编第二章中，讯问犯罪嫌疑人被作为法定的侦查措施而单独作为一节加以规定。第二，公安机关、检察机关对被拘留的人在拘留后 24 小时内进行讯问。在发现不应当拘留的时候，必须立即释放，发给释放证明。[⑥]第三，审查逮捕中，检察人员讯问犯罪嫌疑人。[⑦]第四，人民

---

① 《三国志·吴志·太史慈传》：“北海相孔融闻而奇之，数遣人讯问其母，并致饷遗。”

② 《汉书·邹阳传》：“卒从吏讯，为世所疑。”颜师古注：“讯，谓鞫问也。”《晋书·纪瞻传》：“除会稽内史。时有诈作大将军府符，收诸暨令，令已受拘，瞻觉其诈，便破槛出之，讯问使者，果伏诈妄。”《故银青光禄大夫宜城县开国伯柳公行状》：“贼遂执公爱子，榜箠讯问，折其右肱，而公不之顾。”

③ （清）朱骏声：《说文通训定声》，清道光二十八年刻本。

④ （汉）何休解诂、（唐）徐彦疏、（清）阮元等撰：《公羊注疏及补正》，台湾世界书局 2009 年版。

⑤ 法学词典编辑委员会编：《法学词典》，上海辞书出版社 1980 年版，第 181 页。

⑥ 《刑事诉讼法》第 86 条规定：“公安机关对被拘留的人，应当在拘留后的二十四小时以内进行讯问。在发现不应当拘留的时候，必须立即释放，发给释放证明。”第 166 条规定：“人民检察院对直接受理的案件中被拘留的人，应当在拘留后的二十四小时以内进行讯问。在发现不应当拘留的时候，必须立即释放，发给释放证明。”

⑦ 《刑事诉讼法》第 88 条第 1 款规定：“人民检察院审查批准逮捕，可以讯问犯罪嫌疑人；有下列情形之一的，应当讯问犯罪嫌疑人：（一）对是否符合逮捕条件有疑问的；（二）犯罪嫌疑人要求向检察人员当面陈述的；（三）侦查活动可能有重大违法行为的。”

法院、人民检察院对于各自决定逮捕的人，公安机关对于经人民检察院批准逮捕的人，在逮捕后的 24 小时以内进行的讯问。[①] 第五，审查起诉中，检察人员讯问犯罪嫌疑人。[②] 第六，法庭审理过程中，公诉人、审判人员讯问被告人。[③] 第七，最高人民法院复核死刑案件中讯问被告人。[④] 第八，执行死刑时，指挥执行的审判人员讯问罪犯有无遗言、信札。[⑤] 这八种情形有以下共同点：其一，都是公安司法人员对刑事被追诉人（犯罪嫌疑人、被告人或定罪后的罪犯）进行的认真而严肃地盘问，具有职权性质；其二，讯问的主要目的是发现、核实有关信息，而不是征求意见。对于征求被追诉人意见的情形，刑事诉讼法使用的是"询问"，而不是"讯问"。[⑥]

监察法出台以后，讯问开始出现在监察程序中。根据《监察法》第 20 条第 2 款规定："对涉嫌贪污贿赂、失职渎职等职务犯罪的被调查人，监察机关可以进行讯问，要求其如实供述涉嫌犯罪的情况。"这里的讯问也是一项带有职权性质，态度认真、严肃的盘问行为，具有审讯、鞫问的意思，而不是询问、问候之意。所针对的不是诉讼当

① 《刑事诉讼法》第 94 条规定："人民法院、人民检察院对于各自决定逮捕的人，公安机关对于经人民检察院批准逮捕的人，都必须在逮捕后的二十四小时以内进行讯问。在发现不应当逮捕的时候，必须立即释放，发给释放证明。"

② 《刑事诉讼法》第 173 条规定："人民检察院审查案件，应当讯问犯罪嫌疑人，听取辩护人或者值班律师、被害人及其诉讼代理人的意见，并记录在案。辩护人或者值班律师、被害人及其诉讼代理人提出书面意见的，应当附卷。"

③ 《刑事诉讼法》第 191 条规定："公诉人在法庭上宣读起诉书后，被告人、被害人可以就起诉书指控的犯罪进行陈述，公诉人可以讯问被告人。被害人、附带民事诉讼的原告人和辩护人、诉讼代理人，经审判长许可，可以向被告人发问。审判人员可以讯问被告人。"

④ 《刑事诉讼法》第 251 条规定："最高人民法院复核死刑案件，应当讯问被告人，辩护律师提出要求的，应当听取辩护律师的意见。在复核死刑案件过程中，最高人民检察院可以向最高人民法院提出意见。最高人民法院应当将死刑复核结果通报最高人民检察院。"

⑤ 《刑事诉讼法》第 263 条第 4 款规定："指挥执行的审判人员，对罪犯应当验明正身，讯问有无遗言、信札，然后交付执行人员执行死刑。在执行前，如果发现可能有错误，应当暂停执行，报请最高人民法院裁定。"

⑥ 《刑事诉讼法》第 217 条规定："适用简易程序审理案件，审判人员应当询问被告人对指控的犯罪事实的意见，告知被告人适用简易程序审理的法律规定，确认被告人是否同意适用简易程序审理。"

事人，而是被调查人。作为一种调查措施，监察机关的讯问可称之为监察讯问，实践中也被叫作调查讯问。通过对比可知，监察讯问与刑事诉讼中的讯问具有某种相似性。其一，两者都是具有职权性质和法律意义的严肃盘问，所问的对象都是涉嫌犯罪的人员；其二，主要目的都是以发现、核实犯罪事实，而不是征求意见。区别主要是讯问的主体不同，所处的程序不同。因此，监察讯问可以理解为是一种特殊类型的讯问。

在监察体制改革以后，检察机关的侦查权虽有所调整，但检察机关在侦查司法工作人员相关职务犯罪中的讯问仍然是一种侦查讯问。相对于监察机关的调查讯问，检察机关的侦查讯问在讯问主体、对象、法律依据、性质和程序等方面存在明显差异。

（二）侦查讯问与非侦查讯问

检察机关的侦查讯问是基于我国刑事诉讼法的规定，而讯问大致可以分为两种：侦查讯问和非侦查讯问。侦查讯问是指刑事诉讼法第二编第二章第二节所规定的讯问，即侦查阶段侦查人员对犯罪嫌疑人的讯问，其他的七种情形则可以归为非侦查讯问。

侦查讯问和非侦查讯问发生于不同的诉讼阶段，承载不同的任务，具有不同的功能。从技术操作角度看，侦查讯问和非侦查讯问也存在诸多差异。具体分析如下。

1. 讯问目的不同

侦查讯问与非侦查讯问的首要区别在于讯问的目的。侦查讯问是侦查人员对犯罪嫌疑人就涉嫌犯罪事实进行言语沟通和交流的过程，提问的目的是让犯罪嫌疑人供述其经历的事实真相，收集固定证据。这一过程是探知案件事实信息的过程，也是供述的生成过程。从性质上看，侦查讯问是查明事实真相的一种特殊侦查措施，目的就在于发现真相、固定证据。

非侦查讯问的主要目的不是发现事实，而是核实真相。具体而言，非侦查讯问的主要目的是核实犯罪嫌疑人的身份和涉嫌的犯罪事实。对被拘留、逮捕人员在拘留逮捕 24 小时之内进行讯问，主要目的是核实被拘留、逮捕人员的身份和是否符合拘留、逮捕条件，防止出错。审查逮捕、审查起诉环节的讯问，主要是核实犯罪嫌疑人涉嫌的犯罪事实，以便确定是否批准逮捕或者提起公诉。庭审中公诉人讯问被告人是证明案件事实的一种手段，目的是向法庭展示事实真相，供法庭调查核实，这种讯问是一种“明知故问”，公诉人所提问题通常具有充分证据支持，公诉人自己也知道答案，但是为了证明目的又不得不引导被告人自己把答案说出来。对于被告人的供述，实则肯定，伪则揭之。讯问对事实真相具有展示和验证作用。审判人员在庭审和死刑复核程序中讯问被告人也是为了核实被起诉的犯罪事实。这些讯问已经有一定的证据基础，相关证据已经过前期程序认定或者初步确认，讯问主要目的是核实相关证据和确认事实真相，而不是收集新的信息和证据。

2. 构成环节不同

侦查讯问与非侦查讯问在核心构成环节上存在差异。侦查讯问主要包括两种情况。一种情况是犯罪嫌疑人不配合。在这种情况下，犯罪嫌疑人对抗性强，需要先转化犯罪嫌疑人的意志，使其从对抗转向配合，然后再引导犯罪嫌疑人供述案情。犯罪嫌疑人不配合的情况下，侦查讯问由两个核心环节构成，一是转化意志环节，二是在犯罪嫌疑人意志转化后的引导供述环节。另一种情况是犯罪嫌疑人配合。在这种情况下，犯罪嫌疑人愿意如实供述案情，不需要进行意志转化，因而讯问的核心环节只有一个，就是引导供述。通常而言，第一种情况比较多见，第二种情况只是偶尔出现。非侦查讯问中，犯罪嫌疑人比较配合，很少出现不说话或者故意对抗的情况，因而非侦查讯问的核心构成环节通常只有一个，即引导供述。

3. 讯问策略和技巧的侧重点不同

侦查讯问的难点是如何转化犯罪嫌疑人的对抗意志，让其开口说实话。侦查讯问的策略和技巧通常是围绕犯罪嫌疑人“说还是不说”这一问题而展开。实践中诸如“造势用势”“敲山震虎”“政策攻心”之类的谋略，大多是用来解决犯罪嫌疑人开口说话的问题。因此，侦查讯问中谋略和技巧的侧重点主要集中于第一环节，用以转化犯罪嫌疑人的意志。非侦查讯问的核心问题不是讯问对象开口不开口，而是如何供述。讯问的技巧围绕着让犯罪嫌疑人“怎么说”这一问题而展开，目的是让犯罪嫌疑人根据记忆，如实且有条理地把相关信息讲清楚。

4. 讯问语言特征不同

在侦查讯问中，尤其是在转化犯罪嫌疑人对抗意志阶段，侦查人员需要对犯罪嫌疑人施加相应的影响，包括控制情绪、改变认知、输入观点等，侦查人员说话的时间累积起来比较长，说出的话语量也比较多。在此阶段，讯问人员的问话和犯罪嫌疑人的答话从话语量上看是“问多答少”。相反，在侦查讯问的引导供述阶段，话语量分配上表现为“问少答多”。而在非侦查讯问中，主要是让犯罪嫌疑人供述，需要把更多的时间留给讯问对象。讯问人员的提问主要是引出话题和引导讯问对象在不同内容之间转换。讯问人员的问话和犯罪嫌疑人的答话从话语量上看是“问少答多”，不存在“问多答少”的状况。

除了话语量的不同外，侦查讯问与非侦查讯问还存在提问模式上的差异。在侦查讯问的意志转化环节，封闭性的问话较多。使用封闭性的问话主要是为了实现对犯罪嫌疑人的控制。在供述引导环节，通常是先采用开放性的问话，然后随着话题的深入，逐步转向相对封闭性的问话。这种问话模式可以称为“漏斗式”问话。在非侦查讯问中，为了让被讯问人如实供述事实真相，需要给被讯问人合理的选择空间，所提出的问题留给被讯问人的答话域要宽一些。如果过多采用封闭性的问话，有指供的嫌疑，不仅会影响讯问的合法性而且会影响被讯问人回答的真实性。因此，在非侦查讯问中，多采用开放式的问话，较少采用封闭性的问话。

5. 信息流向不同

侦查讯问中，讯问人员需要对犯罪嫌疑人施加影响才能改变犯罪嫌疑人的对抗意志。施加影响的途径是对犯罪嫌疑人进行信息输入和观点输入。信息输入的目的在于改变犯罪嫌疑人的认知，观点输入则是为了改变犯罪嫌疑人的判断和选择。在侦查讯问的转化意志阶段，信息是从办案人员流向犯罪嫌疑人。相反，在引导供述阶段，主要目的是让犯罪嫌疑人把记忆中关于犯罪事实的信息讲出来，主要是犯罪嫌疑人讲，办案人员听和记录，信息是从犯罪嫌疑人流向办案人员。可见，侦查讯问中的信息流向是双向的，转化意志阶段是关于案件的相关信息从办案人员流向犯罪嫌疑人，引导供述阶段是犯罪事实的信息从犯罪嫌疑人流向办案人员。在非侦查讯问中，主要信息的流向是单向的。办案人员向讯问对象核实信息的过程实际上是办案人员提问，被讯问人供述的过程。提问只是起着引导作用，被讯问人的供述才是主要的。这一过程的信息流向主要是从被讯问人流向办案人员，是单向的。

以上区别是从讯问的内在特征方面进行的分析。除以上不同之外，侦查讯问与非侦查讯问还存在程序意义上的差别。具体包括：第一，讯问的主体、对象不同，侦查讯问由侦查人员进行，讯问的对象是犯罪嫌疑人。非侦查讯问通常由侦查以外的国家机关工作人员进行，如侦查监督人员、公诉人、审判人员等。第二，讯问对象是否认罪的法律意义不同。在侦查讯问中，犯罪嫌疑人是否认罪不会对侦查程序和讯问工作产生实质性的影响。侦查人员不会因为犯罪嫌疑人在讯问中认罪就简化讯问工作，而是要继续讯问犯罪事实并详细记录。但在非侦查讯问中，被讯问人是否认罪则有可能对程序产生影响。如被告人不认罪的案件要走常规审判程序，被告人认罪则可适用简易程序。实践中探索的速裁程序也是以被告人认罪为前提的。第三，发生的阶段不同。侦查讯问只能发生在侦查阶段，非侦查讯问则可以发生在侦查、审查起诉、审判等多个不同阶段。

二、侦查讯问的功能

讯问对于侦查司法工作人员相关职务犯罪而言，至关重要。它既是收集证据、证明案件事实的重要手段，又是获取案件信息的重要途径之一。

（一）收集固定犯罪证据

犯罪嫌疑人、被告人供述和辩解是证明犯罪的重要证据，同时也是证明案件事实过程中最富争议性的证据。争议的关键点主要在于真实性和合法性。正因如此，对供述和辩解的取证手段要求更为严格。在刑事诉讼中，收集犯罪嫌疑人、被告人的供述和辩解，只能通过讯问才能进行，法律对讯问的要求也更为严格。同理，对于检察机关侦查的司法工作人员相关职务犯罪案件，犯罪嫌疑人、被告人的供述和辩解在诉讼证明中的作用同样重要，也同样富有争议，侦查讯问的作用也同样举足轻重。

（二）获取案件信息

在案件侦查中，讯问不仅是收集固定证据的手段，也是获取案件信息的重要途径。对于办案人员而言，侦查案件是对过去发生的犯罪事实进行认知和查证，侦查的过程就是对过去事件信息收集和核实的过程。从信息来源上看，案件的信息一部分源于人证，即证人证言、被害人陈述、犯罪嫌疑人的供述和辩解；另一部分源于实物证据，即书证、物证、现场痕迹、电子数据等。直接证据多源于人证，而人证中最直接、最全面的信息源自犯罪嫌疑人的供述。

讯问为办案人员与犯罪嫌疑人提供了面对面沟通和交流的机会，也为办案人员从犯罪嫌疑人处获取案件信息提供了渠道。通过这一渠道，办案人员不仅可以获取犯罪嫌疑人的供述和辩解，还可以进一步获取其他有用信息。

一是获取对案件办理有参考意义的周边信息。如司法工作流程和办案环节存在的问题、案件管理的漏洞、所在地方司法腐败的状况等信息。这些信息有助于办案人员从更广阔的维度审视正在办理的案件，拓展侦查办案的视野和维度。

二是发现其他人员的问题线索。一般来说，司法工作人员职务犯罪案件中也会存在“窝串案”现象。所谓“窝串案”现象，其实是不同主体相互关联的现象。要彻底查处司法腐败问题，就需要具体办案人员和指挥人员有敏锐的发现意识，在讯问中善于发现其他人员的问题线索。对于犯罪嫌疑人而言，是检举揭发和立功的机会；对于办案人员而言，及时发现新的问题线索，有利于强化法律监督，提升办案效果。

三是发现其他证据的线索。借助于犯罪嫌疑人对相关事项的供述，办案人员可以对已经收集的证据进行比对核验，也可以进而推断可能存在的其他证据。实物证据传递的多是局部、片面的信息，而犯罪嫌疑人的供述和辩解传递的信息更全面、更完整。通过讯问，办案人员可以进而发现和验证其他证据。对于司法工作人员职务犯罪案件的查处，要坚决反对完全由供到证的取证方式，避免对口供的过度依赖，但也要客观认识讯问获取其他证据信息的功能，供证结合，客观全面收集证据。

（三）感化教育

感化教育是转变态度的重要手段，转变态度的过程其实也是感化教育的过程。讯问过程中，办案人员可以结合讯问的认知控制原理与被讯问人进行沟通说服，通过教育感化实现态度转变。因此，讯问除了可以收集证据、获取信息外，还有一个重要功能就是感化教育。

三、侦查讯问的目的

侦查讯问的目的直接影响讯问的质量和合法性。明确讯问的目的，可以明确讯问工作的基本方向。只有方向正确，才不至于跑偏。同时，明确讯问的基本要求，则可以明确讯问手段的边界和底线，这样才能保证讯问不至于违法、违规，让整个讯问程序始终在正当的轨道内运行。如果把讯问比喻成赛跑运动的话，明确讯问的基本目的可以保证办案人员始终沿着正确的方向前进，明确讯问的基本要求可以保证办案人员始终在法治轨道内运行，不至于越界和犯规。

准确把握侦查讯问的目的，需要系统把握高质效办好每一个案件的实践要求。以事实为根据、以法律为准绳是高质效办案的基本标准。高质效办案，前提和基础是严格依法办案、公正司法。应勇检察长强调，“在实体上确保实现公平正义，要落实以事实为根据、以法律为准绳，做到法理情有机统一”“在程序上让公平正义更好更快实现，要兼顾‘更好’与‘更快’”“在效果上让人民群众可感受、能感受、感受到公平正义，必须注重实现案结事了人和，弘扬社会主义法治精神”。[①] 这为确定侦查讯问的目的和要求提供了具体遵循。

侦查讯问不同于刑事诉讼中审查逮捕和审查起诉中的讯问，更不同于庭审中的讯问。检察人员审查逮捕、审查起诉中的讯问侧重于核实证据，发现违法；出庭公诉中的讯问目的在于出示证据，证明案件事实，说服法官；而侦查讯问的目的在于发现事实真相，收集和固定证据。侦查讯问“主要目的是以一种道德的、合法的方式从被讯问人处搜集确凿的信息和真实的叙述”。[②] 侦查讯问应当服务于发现事实真相，收集固定证据这一目的，始终围绕着客观全面获取案件信息、形成高质量笔录来进行。具体而言，侦查讯问的基本目的可以归纳为：通过合法的讯问方法，从犯罪嫌疑人处获取确凿的案件信息和真实的供述。

（一）讯问的核心目的是要得到真实的信息

侦查讯问的过程是侦查人员从犯罪嫌疑人处探知案件事实真相的过程。讯问的结果就是把犯罪嫌疑人供述和辩解固定下来形成笔录，从而在后续的程序中作为证据使用。讯问结果的真实性制约着案件的质量。反观冤、错案件可以发现，发生冤、错案多数是因为事实认定错误，而事实认定错误往往源于讯问中造成的虚假供述。可以说，要想让自己办理的犯罪案件经得起历史的检验，首先要让口供经得起历史的检验。因此，讯问必须要确保所获取的供述和辩解是真实的、确凿的。

1. 侦查讯问的目的是得到事实真相，而不仅仅是口供

有人认为侦查讯问的目的就是拿下口供，这种认识是片面的。在办案实践中，讯问的对象——被讯问人，不一定就是有罪的，其所作的陈述也不一定就是有罪供述。由于案件情况复杂多样，无罪者有可

---

① 应勇：《高质效办好每一个案件　努力让人民群众在每一个司法案件中感受到公平正义》，载《人民检察》2024 年第 18 期。

② ［英］古德琼森：《审讯和供述心理学手册》，乐国安、李安等译，中国轻工业出版社 2008 年版，第 31 页。

能作有罪的供述，有罪者也有可能作无罪的辩解。从根本上讲，侦查中的讯问是为了发现案件事实并收集与核实能够证明案件事实情况的证据。如果认为讯问的目的就是得到有罪的供述，就会以偏概全。

从法律规定看，侦查讯问所获取的是被讯问人的供述和辩解，具体而言，就是有罪的供述和无罪的辩解。有罪的供述包括两个方面：一是承认有罪的态度表示；二是对所实施的犯罪事实的陈述。而无罪的辩解也包括两个方面：否认犯罪的态度表示和对自己无罪事实的陈述。归纳起来，无论是供述还是辩解，内容可归为两类：是否认罪的意思表示和对相关事实的陈述。从证明案件事实的角度来看，被讯问人的供述和辩解对于查明案件事实起核心作用的是关于事实的陈述。只有陈述的内容是真实的、可靠的，对于案件事实的证明才能发挥实质作用。因此，侦查讯问的直接目的是得到真实的陈述，包括无罪的辩解和有罪的供述。侦查讯问工作的核心目的应当始终着眼于真实，致力于探寻案件事实的真相。

2. 合法的供述未必是真实的

合法的供述不等于真实的供述。被讯问人供述的合法性和真实性是两个不同的属性，真实的供述可能是非法的，而合法的供述也可能是虚假的。实践中不能把合法的供述等同于真实的供述，尤其是在侦查阶段，案件事实的真相掌握在犯罪嫌疑人的手里，而不是办案人员的手里。通俗来讲，犯罪嫌疑人有没有利用职权实施非法拘禁、刑讯逼供、非法搜查等犯罪，他自己最清楚，办案人员并不清楚，或者没有犯罪嫌疑人清楚。有没有实施职务犯罪行为，关键信息在被讯问人那里，要想获取真实的供述，必须要让被讯问人产生配合讯问、如实供述的真实意愿。为了获取真实的供述，办案人员往往要耐心倾听被讯问人的供述，同时给被讯问人发表意见的机会和充足时间。

强调供述的真实性，既是为了保证查明案件事实的真相，切实防止冤假错案，也是为了降低办案人员自身的职业风险。中央政法委《关于切实防止冤假错案的规定》明确要求建立健全办案责任制，法官、检察官、人民警察在职责范围内对办案质量终身负责。这就意味着办案人员每办错一个案件，就会给自己职业生涯埋上一颗地雷，无论以后走多远，都有可能被引爆。

3. 供述的真实性决定了案件的质量

对于司法人员职务犯罪案件来说，讯问工作对于案件质量的重要性与其他刑事案件是一样的。讯问的重要性源于供述在侦破案件、定罪和量刑中所具有的极其重要的作用。关于供述对破案和定罪的重要性，古德琼森曾经引用过津巴多的研究成果来加以说明。津巴多（1967）的研究认为，“超过 80% 的案件仍然依靠被讯问人的供述破案，而且一旦作出供述，被讯问人就很难被判无罪”。[①] 从有关研究的成果看，虚假供述一旦形成，后续程序很难发挥纠正作用。有学者分析了采纳虚假供述的路线图，认为虚假供述被采纳有两个方面的原因：一是后续程序缺乏有效的非法取证发现机制；二是对于证据真实审查采用印证模式。尤其是在印证模式下，口供的真实性取决于口供中的信息是否能够得到其他证据的验证，得到验证的口供通常视为真实可信的。[②] 不难发现，虚假供述产生的影响是源头性的，是很多冤、错案件的原始诱因。

在现有的办案体制和证据审查机制下，人民检察院在对诉讼活动实行法律监督中发现的司法工作人员相关犯罪，由负责侦查的部门立案侦查，由负责职务犯罪捕诉的部门履行审查逮捕、审查起诉、提起公诉及侦查监督、审判监督等职责。[③] 这种内部配合制约机制对证据质量的要求更高。一旦侦查讯问中出现问题，犯罪嫌疑人供述的真实性存在偏差，出现虚假供述，发生错案的风险便会增加。被讯问人供述的真实性在很大程度上影响并决定了案件的质量。因此，从侦查讯问环节入手，提升供述的真实性，对于提升案件质量至关重要。

在所有的侦查措施中，讯问是至关重要也是最容易出错的环节。从整个办案流程来看，侦查讯问也是防止错案的核心环节。只有办案

① ［英］古德琼森：《审讯和供述心理学手册》，乐国安、李安等译，中国轻工业出版社 2008 年版，第 120 页。

② 李昌盛：《错案的轨迹：以虚假供述为中心》，载《中国人民公安大学学报（社会科学版）》2015 年第 6 期。

③ 最高人民检察院《关于办理人民检察院立案侦查司法工作人员职务犯罪案件加强配合制约工作的规定》第 1 条。

人员在讯问中采用科学的讯问方法，确保犯罪嫌疑人供述的真实性，最大限度减少虚假供述，案件质量才能从源头上得到保证。

4. 讯问不能太迷信经验

对于讯问工作而言，经验是从多次讯问实践中得到的知识或技能。讯问需要经验，讯问经验对于讯问具有很强的指导作用和借鉴意义，因此，讯问经验的传承是不可或缺的。但是，实践中关于讯问的经验更多的是感性经验，很多知识需要提炼，很多技巧需要实践验证。尤其是对于感性经验，不能迷信。实践中有些办案经验能够对讯问工作带来启发，有些经验也可能会误导讯问。对于讯问工作而言，存在着诸多变量，讯问经验对办案人员具有启发意义，但实际运用中不能僵化，更不能迷信经验。

积累和运用经验能够提高办案的效率，但并不能保证案件的质量。经验是在过往办案过程中总结出来的办法和应对策略，再次出现相同或者类似的问题时，人们可以借助经验提升解决的速度和效果。在一般情况下，过往的经验有利于提升办案的效率。但是，情况又总是不断变化的，职务犯罪的样态也在不断更新，新的案件层出不穷，迷信经验有可能导致错案。

查办案件是对过去发生的案件事实的认知过程。在认知心理学上，有这样的一种观点，即人们看待事物有时并不是基于真实的情况，而是基于自己的预判，有时看到的是自己预期的东西。查办案件是一种特殊的认知过程，也同样可能发生这种情况。预判和预期往往是基于经验而产生的，因此，必须辩证地看待讯问经验。一方面，要充分学习办案经验，积累讯问知识，提升讯问技能，灵活运用讯问经验；另一方面，又不能迷信经验，防止经验造成干扰，避免造成冤假错案。

作为侦查人员，尤其是多年从事侦查工作的人员，更应把每一起案件都当作新案来办理。无论从事了多少年的办案工作，已经办理了多少案件，对于正在办理的案件，都应当保持一种“新手办新案”的心态。也就是说，办案人员应当将自己办理的每一起案件都当作自己人生的第一起案件来办理，只有这样，才能把办错案的主观风险降到最低。在笔者调研中有人号称自己已经从事多年的办案工作，不需要熟悉案情，也不需要列讯问提纲，直接进讯问室就可以随机应变地把被讯问人“拿下”。这种可能性是存在的，但这种想法是非常危险的。侦查人员乃至后续程序中的检察人员和审判人员都不是犯罪事实的亲历者，[①]对案件事实的调查和判断需要通过感官的感知和认知经验的辅助。侦查人员对案件的感知过程可能会出错，认知经验有可能误导办案人员的判断，导致扭曲案件事实真相。从办案实践情况看，对本人办案经验的过度自信以及对他人办案经验的过度迷信，都是造成错案的重要原因。

（二）讯问直接目的是要形成高质量的讯问笔录

讯问不仅要从被讯问人那里获取真实的信息以查明事实真相，还要把这些信息固定下来，形成证据，用以证明案件事实。如果犯罪嫌疑人如实供述了相关事实，但办案人员没有形成笔录，或者笔录记载的信息有误，讯问的根本任务就没有完成，讯问的目的也没有达到。因此，讯问工作的目的不仅是要获取被讯问人的真实性供述，还要把这些供述固定下来，形成高质量的讯问笔录。

1. 侦查讯问工作既要注重案件突破，又要注重供述的引导

如果只把精力放在案件突破上，就容易忽略突破后供述的引导问题。讯问中如何突破被讯问人的心理障碍让其交代涉嫌犯罪的事实是办案的难点。对于很多犯罪案件而言，如果案件陷入僵局，通常是讯问“卡”住了，无法突破。讯问突破在实践中被称为“难点中的难点”。因此，讯问中如何突破成为实务工作者关注的焦点。实务办案人员其实都有一个讯问的梦想，就是当别人问不下来的时候，自己过去能够很快“搞定”。

从表面上看，突破像是“智力活儿”，是高水平的体现，而引导供述和做笔录更像是“体力活儿”，体现不出办案的技术水平。但实际上引导供述和讯问突破同样重要。如果说讯问突破关系到能否得到

① 侦查人员、审判人员是侦查过程、审判过程的亲历者，但不是犯罪事实的亲历者，否则就变成了当事人或者是证人，在诉讼中需要回避。

供述，引导供述则关系到得到什么样的供述。在疑难案件中，讯问突破是前提，但引导供述则关系到讯问目的的实现。换个角度来看，讯问工作的好坏，最终体现在笔录的质量上。问得再好，如果没有记好，讯问的质量也是有瑕疵的。因为在后续的办案流程中，办案人员用以认定案件事实的是笔录，审查的对象也是笔录。

引导供述能真正体现办案人员的专业素养。有过办案体验的人都知道，讯问能否突破会受到诸多因素的影响，有很多偶然因素会影响审讯突破的时间和犯罪嫌疑人供述的程度。实践中即使讯问人员水平很高，经验很丰富，但在某些案件的讯问中就是无法突破。特定情况下，没有什么办案经验的讯问人员，也可能突破案件。因此，能否突破某一个特定案并不能体现一个人的真实办案水平。反过来，引导供述倒是能真正体现一个办案人员的专业功底。一般而言，会办案的人引导的讯问笔录通常是条理清晰，要素齐全，不缺项不漏项，笔录形成后，无须再次补充讯问。而不会办案的人员，引导的讯问笔录所记录的信息往往是碎片化的，没有条理，而且信息不全，可读性差，因为有遗漏项，后期需要多次补充讯问加以充实。内行人往往细看办案人员引导的供述笔录，就能大致判断出其专业水平和办案能力。一个有十年讯问经验的人员与一个只有三五年讯问经验的人员所引导出的供述，在细节上往往存在很大差异，所形成的笔录在可读性、证明力方面区别会更明显。

2. 引导供述要着眼于笔录的证明作用

讯问笔录是讯问的最终成果，而笔录的主要功能就是用来证明案件事实的。笔录一旦形成，就会在后续的程序中不断被多方检验和审视，以确定笔录是否可以作为证据使用，是否对案件事实具有证明作用以及证明力的大小。因此，在讯问笔录制作的过程中，办案人员应当着眼于笔录的证据能力和证明力，着眼于其对案件事实的证明作用。

供述和辩解是证明犯罪事实的重要证据，在很多职务犯罪案件中供述笔录甚至是不可替代的直接证据。这是因为被讯问人多数是职务犯罪的实施者、亲历者，所作的供述信息量大，对案件事实往往能够发挥直接证明作用。

要让讯问笔录发挥证明案件事实的功能，就需要办案人员引导被讯问人把相关的事实客观、全面、有序地供述清楚。所谓“客观”就是要保证供述的真实性，防止被讯问人员作虚假供述。所谓“全面”就是要保证供述的信息的完整性，让被讯问人把与案件相关的信息全部交代，力争做到“知无不言，言无不尽”，避免信息缺项和漏项。所谓“有序”就是要保证供述的条理性，尽量让被讯问人的供述符合认知的规律，引导其根据合理的顺序把问题交代清楚。

在供述内容的把握上，办案人员着眼于案件处理和诉讼证明的需要而引导供述。对于与案件事实无关的供述可以打断，对于与案件有关的事实则要引导被讯问人重点供述，对于证明案件事实具有重要作用的事实则需要特别关注。一般而言，需要特别关注的内容包括如下几方面：一是能够证明案件事实发生、发展过程的各个叙事要素；二是能够证明相关行为是否成立犯罪的各种主客观要件要素，如行为时的认知状态和意志状态，行为后果、行为方式中与法律评价有关联的信息等；三是能够证明量刑情节的关联要素。如能够证明自首、立功、坦白、主从犯、加重犯等从轻、从重情节的信息等。述事要素和要件要素齐全、有效，才能发挥供述和辩解的证明作用。只有把这些信息固定下来，落实到纸面上，才能真正形成高质量的笔录。

四、侦查讯问的基本要求

侦查讯问工作需要遵循一些底线性要求，这些要求既是证据合法性的基本保障，也是对讯问工作最基本的规范性要求。违背这些要求，可能造成非法取证，也可能侵害被讯问人基本权利。整体而言，讯问的基本要求可以概括为合法、合理。所谓“合法”，是指侦查讯问要符合法律规范的要求，获得的供述和辩解要经得起法律的检验。所谓“合理”，是指讯问手段要符合伦理和情理，不能采用不道德的手段进行讯问。

（一）合法

依法讯问是办案的基本要求。讯问不仅要做到主体合法、程序和手段合法，还要做到所取得的供述和辩解的形式合法。这里的法，既包括宪法，也包括刑事诉讼相关的法律规范。

1. 讯问手段合法

手段合法是侦查讯问最基本的要求。讯问中采用非法手段，本身属于违法行为，为刑事诉讼法所禁止，对于采用非法讯问方法获取的供述和辩解，也要予以排除。《刑事诉讼法》第 52 条规定："严禁刑讯逼供和以威胁、引诱、欺骗以及其他非法方法收集证据，不得强迫任何人证实自己有罪。"第 56 条规定："采用刑讯逼供等非法方法收集的犯罪嫌疑人、被告人供述和采用暴力、威胁等非法方法收集的证人证言、被害人陈述，应当予以排除……在侦查、审查起诉、审判时发现有应当排除的证据的，应当依法予以排除，不得作为起诉意见、起诉决定和判决的依据。"采用非法讯问方法，不仅影响证据的合法性、侦查的正当性，而且有可能导致冤假错案。

要做到讯问手段合法，必须准确把握讯问谋略与非法讯问之间的界限。讯问中为了提高讯问效率，采用一些技巧和谋略是必要的，但要注意把握讯问谋略与非法讯问之间的区别。讯问谋略与非法讯问之间界限本身是一个要靠诉讼机制解决的问题，完全罗列哪些讯问手段是合法的，哪些是非法的并不现实。对此，在讯问实践中可以从以下两个方面把握。

一是不得使用法律法规明确禁止的讯问手段。在实际操作过程中，讯问带有很强的策略性和灵活性，完成讯问任务也需要办案人员充分发挥主动性和创造性，根据案情和被讯问人的实际情况创造性地设计出相对合适的讯问办法。但是讯问手段不是无限制的，必须遵守法律和法规的规制。为了保障案件公正处理和被讯问人的基本权利，法律规范对收集证据的手段进行了一些禁止性的规定。这些禁止性规定有的普遍适用于所有证据的收集，有的只适用于口供的收集。这些禁止性规定对于讯问工作而言是底线性的规定，办案人员不得违反。

一旦违反，可能直接影响证据的合法性，也可能需要对办案人员进行追责。

法律法规明确禁止的手段主要体现在刑事诉讼法律规范体系中。刑事诉讼法律规范所禁止的行为，在侦查讯问中不得使用。根据《刑事诉讼法》第56条规定："采用刑讯逼供等非法方法收集的犯罪嫌疑人、被告人供述和采用暴力、威胁等非法方法收集的证人证言、被害人陈述，应当予以排除。在侦查、审查起诉、审判时发现有应当排除的证据的，应当依法予以排除，不得作为起诉意见、起诉决定和判决的依据。"根据最高人民法院《关于适用〈中华人民共和国刑事诉讼法〉的解释》第123条、《人民检察院刑事诉讼规则》第67条和《办理刑事案件排除非法证据规程》第1条的规定，采用下列非法方法收集的犯罪嫌疑人、被告人供述，应当予以排除：（1）采用殴打、违法使用戒具等暴力方法或者变相肉刑的恶劣手段，使犯罪嫌疑人、被告人遭受难以忍受的痛苦而违背意愿作出的供述；（2）采用以暴力或者严重损害本人及其近亲属合法权益等进行威胁的方法，使犯罪嫌疑人、被告人遭受难以忍受的痛苦而违背意愿作出的供述；（3）采用非法拘禁等非法限制人身自由的方法收集的犯罪嫌疑人、被告人供述。采用刑讯逼供方法使犯罪嫌疑人、被告人作出供述，之后犯罪嫌疑人、被告人受该刑讯逼供行为影响而作出的与该供述相同的重复性供述，除法定的特殊情形外，也应当一并排除。最高人民法院《关于建立健全防范刑事冤假错案工作机制的意见》第8条第1款规定："采用刑讯逼供或者冻、饿、晒、烤、疲劳审讯等非法方法收集的被告人供述，应当排除。"

根据刑事诉讼法和相关司法解释的规定，至少有几点需要注意。第一，讯问中不得使用冻、饿、晒、烤和疲劳审讯等手段。其中疲劳审讯不仅仅是指超过法律规定的期限长时间讯问，对于特定体质、年龄的犯罪嫌疑人，即便没有超过特定时长也可能构成疲劳审讯。第二，不得采用殴打、违法使用戒具等暴力方法以及肉刑或者变相肉刑等恶劣手段，使犯罪嫌疑人、被告人遭受难以忍受的痛苦。第三，不得采用以暴力或者严重损害本人及其近亲属合法权益等进行威胁的方法，使犯罪嫌疑人、被告人遭受难以忍受的痛苦。第四，不得采用非法拘禁等非法限制人身自由的方法进行讯问。第五，不得采用其他使犯罪嫌疑人、被告人在肉体上或者精神上遭受剧烈疼痛或者痛苦的方法，迫使犯罪嫌疑人、被告人违背意愿供述。如强光和强噪声干扰，让犯罪嫌疑人、被告人长时间保持痛苦姿势，服用药物等，对犯罪嫌疑人、被告人的强迫程度与刑讯逼供或者暴力、威胁相当，也应当不得使用。

二是不能使用可能使无辜的人作有罪供述的讯问手段。法律法规不可能列举所有的非法讯问手段，对于法律法规没有明确禁止的讯问手段，也需要注意把握界限并根据具体情形来判断。如夜间讯问算不算疲劳审讯？讯问谋略中带有威胁、引诱、欺骗因素的，在多大程度上是非法的、在多大程度上是合法的？这些法律和司法解释都很难统一规定，需要根据具体情形来判断。一般而言，判断的标准有两个维度，其一是看结果的可能性，其二是看讯问手段本身的合伦理性。作为侦查人员，在讯问实践中首先需要看结果的可能性。把握界限时要注意这样的评价标准，即不管采用什么样的讯问技巧和谋略，都不能使无辜的人作有罪的供述。如果讯问手段可能使无辜的人违背自己的意愿作有罪供述，这样的手段即便再精妙也是非法的。不管是否存在威胁、引诱、欺骗或是让讯问对象疲劳的因素，只要有可能冤枉无辜，就是非法的，就要注意避免使用。之所以先看结果，是因为冤枉无辜的社会危害性更大，既放纵罪犯，又导致一个新的错案。关于讯问手段的合伦理性，在之后论述侦查讯问的合理性要求部分详细展开。

2. 讯问的程序合法

讯问应当遵循法定的程序要求。根据刑事诉讼法要求，检察人员必须依照法定程序，收集能够证实犯罪嫌疑人、被告人有罪或者无罪、犯罪情节轻重的各种证据。对司法人员相关职务犯罪的侦查也是如此，必须严格遵守法定程序。

首先，讯问不得超过法定的时间限制。讯问的时间节点和持续的时长是影响讯问效果的重要因素，同时也关系到被讯问人的权利保护。办案人员应当合理安排讯问的时间和时长，兼顾讯问的效率，更要遵循法律的规定。由于案情多种多样，我国刑事诉讼法没有明确规定禁止讯问的时间，对于讯问持续的时间，是通过传唤、拘传持续的时间来限制的。一般案件，传唤、拘传持续的时间不得超过12小时，特殊案件，也就是案情特别重大、复杂，需要采取拘留、逮捕措施的案件，传唤、拘传持续的时间不得超过24小时。实践中不得变“特殊”为“一般”，任意把传唤、拘传时间延长到24小时。为防止通过连续传唤的方式变相延长讯问时间，刑事诉讼法规定，两次传唤间隔的时间一般不得少于12小时，不得以连续传唤的方式变相拘禁犯罪嫌疑人。传唤犯罪嫌疑人，应当保证犯罪嫌疑人的饮食和必要的休息时间。

其次，除情况紧急必须现场讯问以外，不得在规定的办案场所外讯问。规范讯问，包括遵循讯问场所的相关规定。讯问需要相对封闭的场所，如若讯问场所不规范，既有可能造成安全隐患，也会为刑讯逼供等非法讯问提供操作空间。刑事诉讼法规定的讯问场所主要包括现场、看守所、犯罪嫌疑人所在市、县内的指定地点和其住处。根据刑事诉讼法和《人民检察院刑事诉讼规则》的规定，对于不需要逮捕、拘留的犯罪嫌疑人，可以传唤到犯罪嫌疑人所在市、县内的指定地点或者到他的住处进行讯问。对在现场发现的犯罪嫌疑人，经出示工作证件，可以口头传唤，并将传唤的原因和依据告知被传唤人。在讯问笔录中应当注明犯罪嫌疑人到案时间、到案经过和传唤结束时间。犯罪嫌疑人被送交看守所羁押后，检察人员对其进行讯问，应当填写提讯、提解证，在看守所讯问室进行。因辨认、鉴定、侦查实验或者追缴犯罪有关财物的需要，经检察长批准，可以提押犯罪嫌疑人出所，并应当由两名以上司法警察押解。不得以讯问为目的将犯罪嫌疑人提押出所进行讯问。

对于在规定的办案场所外讯问取得的供述，属于非法证据，应当予以排除。最高人民法院《关于建立健全防范刑事冤假错案工作机制的意见》第8条第2款规定：“除情况紧急必须现场讯问以外，在规定的办案场所外讯问取得的供述，未依法对讯问进行全程录音录像取得的供述，以及不能排除以非法方法取得的供述，应当排除。”据此规定，除情况紧急必须现场讯问以外，不得在规定的办案场所外进行讯问，否则取得的供述应当排除。

最后，讯问不得违背特定的程序要求。刑事诉讼法和相关司法解释对侦查讯问还提出了一些特殊的规范要求，违背这些特定的要求，取得的供述可能被作为非法证据而排除。

如根据最高人民法院《关于适用〈中华人民共和国刑事诉讼法〉的解释》第94条、第95条和《关于建立健全防范刑事冤假错案工作机制的意见》第8条的规定，讯问取得的供述具有下列情形之一的，不得作为定案的根据：（1）讯问笔录没有经被告人核对确认的；（2）讯问聋、哑人，应当提供通晓聋、哑手势的人员而未提供的；（3）讯问不通晓当地通用语言、文字的被告人，应当提供翻译人员而未提供的；（4）讯问未成年人，其法定代理人或者合适成年人不在场的；（5）除情况紧急必须现场讯问以外，在规定的办案场所外讯问取得的供述，未依法对讯问进行全程录音录像取得的供述，以及不能排除以非法方法取得的供述，应当排除。讯问笔录有下列瑕疵，不能补正或者作出合理解释的，不得作为定案的根据：（1）讯问笔录填写的讯问时间、讯问地点、讯问人、记录人、法定代理人等有误或者存在矛盾的；（2）讯问人没有签名的；（3）首次讯问笔录没有记录告知被讯问人相关权利和法律规定的。这些规定，明确了讯问规范的程序性后果，增加了讯问规范的刚性。因此，讯问过程中对于这些规范也应当严格遵守。

3. 讯问的合法性能够证明

在以审判为中心的诉讼制度改革下，对证据的合法性和诉讼证明提出了更为严格的要求。这意味着侦查人员不仅要能够做到合法讯问，还要能够证明讯问是合法的。《刑事诉讼法》第59条、第60条明确了证据合法性的证明责任。根据规定，在对证据收集的合法性进行法庭调查的过程中，人民检察院应当对证据收集的合法性加以证明。现有证据材料不能证明证据收集的合法性的，人民检察院可以提请人民法院通知有关侦查人员或者其他人员出庭说明情况；人民法院可以通知有关侦查人员或者其他人员出庭说明情况。有关侦查人员或者其他人员也可以要求出庭说明情况。经人民法院通知，有关人员应当出庭。对于经过法庭审理，确认或者不能排除存在《刑事诉讼法》第 56 条规定的以非法方法收集证据情形的，对有关证据应当予以排除。这些规定意味着侦查人员对口供的合法性承担着辅助证明的义务。

显然，自侦案件中侦查人员只是做到依法讯问并不够，如果不能证明讯问是合法的，收集到的供述也将可能被排除。这就要求侦查人员在讯问中不仅要有依法讯问意识，还要有证明意识，在讯问时要全面、及时地固定证据。既要收集固定被讯问人的供述和辩解，又要收集固定能够证明讯问过程合法性的证据。

首先，带着证明意识进行讯问。从整体上看，对司法人员职务犯罪的侦查过程是办案人员对案件事实真相进行探知的过程，也是收集证据为向事实裁判者证明做准备的过程。这一过程既有查明的因素，也有证明的因素。查明主要是让自己明白事实真相，而证明主要是让别人明白事实真相。查明是基础，证明是最终的目的，两者相互关联和衔接。侦查讯问一方面是为了查明案件事实，另一方面也是为了证明案件事实收集证据。基于证明的需要，侦查人员应当带着证明的意识进行讯问。所谓证明意识包括两个方面的内容：一是证明案件事实的意识；二是证明口供合法性的意识。前者主要着眼于口供的证明力，后者主要着眼于口供的证据能力。

提升口供的证明力，需要围绕司法人员职务犯罪构成的相关信息进行讯问，既要注意供述的全面性，又要注意供述内容的细致度。例如，被讯问人供述中的细节越生动、细节信息越独特，其证明力就越高。

提升口供的证据能力，需要办案人员注意把握合法讯问的界限，同时在讯问中引导被讯问人供述过程中体现讯问的合法性和供述的自愿性。实践中，为了证明讯问的合法性和供述的自愿性，办案人员常在讯问结束的时候问被讯问人：“我们有没有对你刑讯逼供？”“你的供述是自愿的吗？”“我们在审讯中有没有引供、诱供的行为？”这种提问的方法看似直接，但并不一定能够证明讯问的合法性。如果被讯问人故意回答说“有刑讯逼供”或者“不是自愿的”，书记员对被讯问人的回答是记录还是不记录？如果不记录，有录音录像，会造成笔录与录像不一致；如果记录，讯问的合法性就存在问题。此外，讯问中办案人员有没有引供、诱供的行为，不是以被讯问人的回答为标准的，而是看整个讯问过程中办案人员提出的问题。有可能出现被讯问人说没有威胁和诱供，但办案人员的提问带有明显的威胁和引诱成分，被讯问人是因为害怕而迎合讯问人员才作如此回答的。这样的证据也依然有可能被排除。

其实在讯问中不采用这样的方式也能够提升口供的证据能力。例如，在被讯问人供述案件事实的时候引导其作一些真诚悔罪的供述。被讯问人在讯问中痛哭流涕地忏悔，真诚且深入地剖析自己的错误，这些表现本身就是对供述自愿性的有效证明。类似的方法还有很多，例如，办案人员特意在讯问中说出错误的数字、错误的细节，然后让被讯问人纠正。被讯问人自己提出修改意见，这本身也是对供述自愿性的证明。像这样的讯问技巧，所引出的供述可能与犯罪事实无关，对提升口供的证明力不起什么作用，但对提升口供的证据能力起着重要的证明作用。

如果办案人员带着证明的意识进行讯问，适当设计一些能够证明被讯问人供述自愿性和合法性的问题，就会在着眼于提升口供证明力的同时提升口供的证据能力。

其次，讯问要为可能出庭作证作准备。由于情势变更，犯罪嫌疑人在审查起诉和审判过程中翻供也不足为奇。翻供既有非法讯问的因素，也有被讯问人趋利避害的本能选择因素。在审判阶段，被告人和辩护人质疑讯问的合法性比动摇口供的证明力更容易操作。而讯问人员的强制、引诱和欺骗，又是一个比较有道义基础的托词。在口供的合法性存在质疑的情况下，讯问人员出庭作证是必要的。随着以审判为中心的司法改革进一步推进，讯问人员出庭作证也是一种必然趋势，这就要求讯问人员做好出庭作证的准备。

讯问人员出庭的主要作用是证明讯问过程和讯问手段的合法性。

讯问人员在法庭上作证不在于“气壮”，而在于“理直”，“理直”的基础是讯问的合法性。在法庭上身份的转换可能会让一部分侦查讯问人员无所适从。要避免在作证中过于被动，讯问人员既要做到依法讯问又要在讯问的过程中固定一些对讯问手段有证明作用的证据。讯问的录音录像是对讯问过程是否合法最好的证明材料，如果讯问操作规范，录音录像完整全面，是可以证明讯问的合法性的，甚至可以降低讯问人员出庭作证的必要性。即便出庭，讯问人员可以结合讯问录音录像进行作证，以减少作证的压力。此外，对于一些特殊的案件，必要时可以安排见证人见证讯问的过程，以便将来在法庭上证明讯问的合法性和供述的自愿性。

（二）合理

采用讯问手段不仅要符合法律规定的要求，也要考虑伦理和情理因素。实践中有一些讯问技巧和谋略很难说是违法违规，也不会造成无辜的人作有罪的供述，但所采用的手段极端不道德，严重违背伦理，对于这样的讯问手段，也不得使用。

有的讯问手段，看似不违法，却极端不道德。采用这样的方法可能会迫使被讯问人交代问题，在突破口供方面能够收到一定的效果，但却会侵蚀办案的公正性，社会效果是负面的。讯问手段是否符合伦理，在一定程度上会影响政治效果和社会效果，也会影响办案的法律效果和纪律效果。

虽然法律没有明确规定取证是否应当符合伦理，但作为侦查人员，执法办案应当遵循自己的职业伦理。无论如何，侦查人员不是在真空中办案，办案与社会伦理具有内在的联系，不违背社会伦理是对侦查人员的内在要求。因此，讯问中对被讯问人进行激烈的人格辱骂，利用被讯问人的亲情进行过度要挟等手段，应当杜绝使用。讯问中对被讯问人总是软语温言是不可能达到理想的讯问效果，但我们也应当明白办案是明是非的过程，法治化、规范化是必然要求。手段干净才能强化办案的正当性。把握讯问手段合法性的界限，既要审视手段可能造成的结果，也要看讯问手段本身，不使用极端违背伦理的讯问手段。

五、讯问技巧的灵活性、规律性

关于讯问的方法，每个办案人员都有自己独特的感悟。每个案件都有其特殊性，即便是同一类型的案件，不同的人来办理，讯问的方法也各有不同。而同一组办案人员，办理不同的案件也需要灵活采用不同的讯问方法和策略。对于讯问方法的多样性，用“千人千法”“千案千法”来表述并不为过。

但是，对于具体的案件而言，关键是看讯问的实际效果。同样的案件，为什么有的方法有效，有的方法无效？同样的讯问策略，为什么对有的人有效，对另一些人又无效？如何根据案件的特殊性选择相对合理的讯问策略和方法？要有效解决这些问题，需要准确理解讯问的灵活性和规律性，深入把握讯问过程中制约讯问效果的变量和规律。

（一）讯问无定法

讯问有方法，但无固定性。讯问的方法和策略在实践中是多种多样的，其直接影响讯问的效果。但更为关键的是，讯问的方法不是固定的，讯问策略也决不能僵化。到目前为止，还没有谁宣称已经发现或创造出一种能够让所有被讯问人在12小时内都如实供述的讯问技巧或方法。实际上这种方法根本就不存在。也就是说，在侦查讯问这一领域，没有一种能够在规定时间内让所有被讯问人如实供述的绝活。公安机关的侦查讯问如此，监察调查中的讯问如此，检察机关在自侦中的讯问也是如此。

1. 不要生搬硬套别人的讯问方法

在职务犯罪调查业务培训中，经常有一些业务专家讲授自己办案中运用的谈话或者讯问技巧，但这些技巧是否拿过来就管用，是值得斟酌的。由于不同的人讯问风格不同，不同讯问对象的性格和秉性不同，即便这两个方面是相同或者是相似的，但被讯问人的认知状态、情绪状态、涉嫌的犯罪事实、案件发展的情势等也是不同的。此外，被讯问人与其他被讯问人之间的利益格局、被讯问人对办案人员掌握证据情况的预判、对犯罪后果的预期、讯问过程所传递的信息等诸多因素都会影响讯问的效果。对于司法人员相关职务犯罪案件而言，更是如此。

首先，司法人员相关职务犯罪案件的犯罪嫌疑人不同于其他案件的犯罪嫌疑人。这部分人员知法犯法、司法枉法，具有专业的法律知识，对侦查办案流程比较了解，对如实供述犯罪事实的后果有相对明确的预见。讯问中，在情绪控制、改变认知、沟通说服等诸多方面需要采用不同的讯问策略和方法。不考虑案件的类型特征，照搬其他人的讯问方法显然过于机械。

其次，即便是司法人员的职务犯罪案件，也存在差异性。审判人员、检察人员、侦查人员和监管人员，从事业务不同，犯罪的手段不同，证据样态也不同。情感类型、认知模式、行为特征不同，也是选择讯问方法要考虑的重要因素。

最后，案件中采用的讯问方法往往是根据个案诸多因素综合考虑和选择的结果，具有特殊性。同样的讯问方法，对不同的案件效果不同。由于影响犯罪嫌疑人是否供述的因素多种多样，讯问并不存在普遍适用的方法。对讯问方法进行僵硬套用，相当于用一个病人的药方治另一个人的病，忽略病人个体差异，效果自然与预期有差异。

2. 影响讯问方法的变量是多样的

讯问方法的选择受制于多个影响因素，这些因素不仅多种多样，而且是不断变动的。这些变量制约着讯问的效果，在某一种情形下，讯问中给被讯问人点烟是合理的，是符合讯问规律的，因而也在讯问中起到了积极作用；但在另一种情形下，给被讯问人点烟可能就是不合理的，违背了讯问的规律，因而所起的作用也是负面的。这是因为在讯问中有很多的变量因素在发挥作用，而且这些变量也处在此消彼长，不断变化的状态中。如讯问人的气场、沟通能力、个人形象、年龄、级别；被讯问人的认知能力、判断能力、情绪状态、身体状况；讯问时的环境、情势；案件发展的趋势、利益格局等。这些变量都在不同程度上制约着讯问的进程，影响着被讯问人。不同类型的案件讯问策略是有差异的，同一个案件中对不同涉案人员的讯问也是不同的，乃至对同一讯问对象在不同时间进行的讯问，也都是有差异的。讯问人员必须根据具体的情形来设计相应的讯问技巧，这样才具有针对性和实效性。由于制约讯问的因素众多，讯问的方法也需要不断地变化。

如果办案人员固守某一个或几个具体的讯问办法或技巧，并不一定能够取得理想的讯问效果，这样做是一种僵化的工作套路。在实际讯问工作中，办案人员千万不要被某些看似精巧的讯问方法所固化，而是要发现这些方法背后的规律，分析具体的影响因素，根据自己讯问时的实际情况，创造性地设计出自己的讯问方法。

（二）讯问有规律

讯问没有固定的办法，并不是说讯问没有办法。讯问的方法是多种多样的，而且讯问方法的设计和运用是有规律的，只有掌握了讯问的规律才能创造性地设计出有针对性的讯问方法。

讯问的规律体现在哪里呢？可以通过办案实务中的现象来说明。笔者调研中发现：实践中一些有办案经验的讯问人员，在讯问的过程中不愿意让其他的讯问人员插手。例如，讯问持续到吃饭的时间了，有的同事吃过饭来替换，他却宁愿先不吃饭也不让其他人员插手。为什么？是因为不放心。他是担心别的人员打乱了讯问的连续性，影响讯问的效果。实践中不同的讯问人员发挥的作用不同。有的是正向作用，有的是反向作用，有的是积极的，有的是消极的。究其原因，有人采用的讯问策略符合讯问的规律，是有效的，而有人采用的讯问策略违背了讯问的规律，是无效的，甚至是在"拉倒车"。

为什么说讯问是有规律可循的呢？主要依据有如下几个方面：

1. 人的心理和生理反应是有规律的

被讯问人可能在心理上和生理上具有某些不同于一般人的个性特点，但任何人的心理和生理反应是有共性规律的。人的心理活动都有一个发生、发展、结束的过程，包括认知过程、情绪和情感过程、意志过程。这些心理过程也会伴随着一系列的生理反应，其中有些反应是不可控的，如呼吸、心率、血压、皮电、脑电及内分泌等方面的反应和变化与情绪反应具有关联性。研究发现，个体呼吸的频率和深度与情绪变化有直接的关系。在情绪激动时脸涨得通红，是血液循环加快的反应。皮肤电反应是由皮肤血管收缩和汗腺分泌变化引起的，皮肤电和脑电活动的变化也是情绪的生理反应之一。情绪状态的不同会引起各种腺体的变化，导致内外分泌腺的反应。从心理学的角度来看，人体在受到外界某种刺激时，会不由自主地产生某种应激反应，这种反应与人的神经系统相关联。在人类的神经系统中有一部分神经是可以由意志自由支配的，叫作脑脊神经；还有一部分神经则是意识无法自由支配的，叫作植物性神经，如内脏、内分泌腺等。人体的呼吸、皮电、肌电、脉搏等会随着情绪、行为的变化而变化，是不以人的意志所控制的，这其中体现的心理生理反应相统一的原理就是一种规律。结合生理反应的可检测原理，通过检测个体的生理变化可以推断出个体的心理反应状态。测谎仪就是运用这两个原理而发挥作用的。这些规律在讯问中也是可以运用和借鉴的，如讯问中观察和研究被讯问人的微反应，来判断其心理状态，进而辨别谎言和实话等。

2. 人的认知是有规律的

讯问的目的在于获取被讯问人对过去发生的案件事实的供述。从案件事实发生到向办案人员供述，案件的信息要经过被讯问人的感知、记忆、表述和办案人员的理解、记录等过程。经过这些过程，案件的信息会发生变化甚至扭曲。这些过程其实是人的认知过程，或者说是认知过程中的具体环节。基于相同的心理、生理反应机制，人的认知，即知觉、学习、记忆、思维也是有规律的。讯问也应当遵循和利用这些规律，而不能违背这些规律，否则就难以取得理想的讯问效果。

以记忆为例，认知心理学家通常认为记忆的主要过程包括三个阶段：编码、存储和提取。“编码（encoding）是指如何将一个物理的感觉输入转换成一种能在记忆中存储的表征。存储（storage）是指如何在记忆中保持编码后的信息。提取（retrieval）是指如何获取保存在记忆中的信息。”[①] 认知心理学家研究发现，存储过程中会因为信息衰减和干扰——包括前摄干扰和后摄干扰——而出现遗忘和记忆扭曲现象，而编码和提取又会受到内部和外部环境的影响。被讯问人供述案情的过程实际上是对记忆中信息的提取过程。在被讯问人意志发生转化、开口供述后，讯问人员在引导被讯问人供述的过程中需要根据记忆的规律，让被讯问人根据记忆自动呈现案件信息。因此，在此阶段的讯问要避免打乱讯问对象的思维和记忆脉络而随意提问。在被讯问人出现遗忘，记不起来相关细节时，办案人员可以引导被讯问人回想案发时的外部和内部环境因素，利用编码时的环境因素唤醒被讯问人的记忆。由于被讯问人记忆的信息可能会受到后摄因素的干扰，其中也包括讯问行为的干扰，因此，在讯问过程中，向被讯问人出示证据需要评估误导被讯问人的可能性。在评估被讯问人供述真实性的过程中，也需要把前摄干扰因素和后摄干扰因素以及影响被讯问人记忆的可能性考虑在内。

3. 人与人之间的沟通交流是有规律的

讯问主要是以言语交流方式进行的。侦查讯问的过程也可以看作是办案人员与被讯问人之间以言语表达为主要方式的沟通交流过程。换言之，讯问过程是一种人与人之间特殊的沟通交流过程。这一过程也需要遵循人际沟通交流的基本规律，如讯问中交谈双方信息的传递、观点的表达理解、情感的传输与释放都需要遵循基本的规律，否则就无法顺利进行沟通。这是因为任何沟通都是从一个人的大脑出发到达另一个人的大脑，而大脑的生理构造和反射规律决定了信息的发出、传递、接收、反馈存在着共性的规律。

例如，人与人之间有效的沟通需要以信任为基础，这是一个基本的规律。正因如此，讯问也需要在讯问人员与被讯问人之间建立信任关系，有的讯问操作模型甚至主张讯问要从建立信任开始。[②] 有一些讯问规范和技巧正是基于建立信任而实施的，如讯问中尊重被讯问人

① ［美］斯滕伯格（Sternberg, R. J.）:《认知心理学》（第三版），杨炳钧等译，中国轻工业出版社 2006 年版，第 138 页。

② 如 PRICE 讯问操作模型。

的人格和自尊感、消除或利用被讯问人的逆反心理、在讯问中建立讯问人员与被讯问人共同的理解平台等。这些讯问规范和技巧正是对人际沟通规律的运用，也是这些规律的体现。

4. 人的选择和决策是有规律的

讯问过程从不同角度审视会呈现不同的样态。从办案人员的角度来看，讯问的过程是办案人员对被讯问人施加影响的过程，但从被讯问人的角度来看，这一过程却是一个不断选择和决策的过程。被讯问人从开始的抗拒到最后的配合，其实是其选择的结果。被讯问人的选择和决策会受到相关因素的制约，如被讯问人的认知因素、情绪和情感因素、意志状态等。讯问中，办案人员通过控制和影响被讯问人的情绪、改变被讯问人的认知和态度可以影响被讯问人意志，进而制约其选择和决策，通过改变被讯问人的决策进而改变被讯问人的立场，从而让被讯问人产生如实供述的真实意愿。其中，情绪因素、认知因素对被讯问人的选择和决策的影响和制约是有规律的，办案人员掌握相应的规律可以提高讯问的效率，也可以缩短讯问持续的时间。

2

第二章 侦查讯问的构成环节和操作流程

讯问环节如何划分，法律上并没有明确规定。刑事诉讼法规定了侦查讯问的相关程序，但没有明确讯问的环节。其第 120 条规定："侦查人员在讯问犯罪嫌疑人的时候，应当首先讯问犯罪嫌疑人是否有犯罪行为，让他陈述有罪的情节或者无罪的辩解，然后向他提出问题……侦查人员在讯问犯罪嫌疑人的时候，应当告知被讯问人享有的诉讼权利，如实供述自己罪行可以从宽处理和认罪认罚的法律规定。"显然，这样的规定只是明确了讯问开始和讯问过程中应当完成的几个规范行为，也就是所谓的"规定动作"，这些不是也不可能是讯问的全部内容。办案人员必须要根据案情在讯问中设计和运用大量不同的"自选动作"。同时，这也不是对讯问进行环节划分，因为诉讼程序中没有明确具体环节开始和结束的标志点，也没有明确每一环节相对独立的任务。当然，从时间上看，也没有明显的时间点来区分侦查讯问的环节。

然而，要准确把握侦查讯问的特征，深化对侦查讯问规律的把握，就有必要对讯问的进程作更进一步的区分。司法实践中，多数学者认为侦查讯问由初讯、续讯、结束讯三个阶段组成。[①] 有的认为讯问包括讯问初始（开始）阶段、深入阶段、结束阶段三个阶段。[②] 有

---

① 云山城：《侦查讯问主要理论研究述评》，载《湖北警官学院学报》2004 年第 6 期。

② 杨迎泽、刘品新：《检察机关侦查讯问实务》，中国检察出版社 2002 年版，第 72—150 页。

的则借鉴雷德讯问技术，把讯问分为讯问的开始、纠正供述障碍、促使承认犯罪、查明犯罪细节和讯问的终结五个阶段。[①]也有的将讯问过程分为导入、切入、铺垫、突破、过渡和结束六个环节。[②]总体上看，这些划分是按照核实被讯问人身份、告知办案人员身份、告知被讯问人的权利和义务、提问是否有罪、听取辩解和供述、核实问题、核实笔录和签字等具体操作步骤依次推进的。这只能说是讯问操作的程式或步骤，而不是讯问的环节划分。

其实，侦查讯问是可以进行阶段划分的，只不过这种划分是相对的，而不是绝对的。在侦查讯问中，讯问的目的、任务、侧重点和外在的表现随着讯问进程的推进会出现变化。在不同的阶段，讯问的目的、任务、讯问工作的重心、讯问中讯问人员与被讯问人员说话所占的时间比例是不同的，根据这些区别可以对侦查讯问的过程进行阶段划分，区分成不同的讯问环节。

第一节　讯问的核心环节

一、讯问环节的划分

讯问的环节是指在讯问过程中承担不同任务、前后相连、相对独立又彼此联系的组成部分。这些组成部分时间上前后相连，构成了整个讯问的过程，因此，也可以称为讯问的阶段。

划分讯问环节的依据主要有两个方面：一是讯问的具体任务。在不同的讯问环节，讯问的任务有所区分，如初始环节中侦查讯问任务侧重于程式性的权利告知和身份核实；态度转化环节则侧重于灵活运用各种讯问技巧和策略改变被讯问人的认知、态度和决策；供述引导

① 王怀旭主编:《侦查讯问学》，中国人民公安大学出版社2004年版，第162—188页。

② 薛宏伟:《审讯过程论》，载《中国人民公安大学学报（社会科学版）》1999年第1期。

环节主要任务是引导被讯问人供述案情，核实案件信息，形成笔录；回顾和评估环节的任务则是回顾讯问过程，发现遗漏问题和细节，为下一次讯问做准备。这些任务相互关联，但又各有侧重。二是讯问活动的外在特征。由于讯问的具体任务和目的不同，不同的讯问环节表现出来的外在特征也不同。在不同环节，讯问人员的问话模式不同、讯问人员对谈话内容的掌控度不同、讯问人员与被讯问人的话语量分配不同，说话占用的时间比例也不同。这些外在的特征也是区分讯问环节的重要依据。

根据不同阶段的任务和外在特征，可以把讯问分为六个环节：准备计划、讯问开始、态度转化、供述引导、讯问结束和回顾评估环节。不同讯问环节在讯问过程中的地位和重要性也不同。有的讯问环节是必备环节，是每一次讯问都不可或缺的环节，如讯问开始环节，对每一个被讯问人的首次讯问需要完成四个方面任务：（1）填写讯问笔录首部信息；（2）查明被讯问人的基本情况；（3）告知与询问；[①]（4）讯问是否有犯罪行为。这些是法律明文规定的要求，不管案件的进程如何，开始环节是所有讯问中都不可或缺的环节。有的环节则是选择性的环节，在一些讯问中存在，但在另一些讯问中可能不存在，如态度转化环节就属于这一类型。在有的案件中，被讯问人非常配合，如实供述自己的罪行，在这种情形下，不需要进行态度转化，可以直接进入供述引导环节，在讯问开始环节的任务完成后，直接引导被讯问人供述案情。

根据不同讯问环节的重要性，又可以把讯问环节分为核心环节和辅助环节。核心环节是对讯问成果和质量起关键作用的环节，如被讯问人是否开口、开口后是否愿意说真话，取决于办案人员讯问的态度转化工作，态度转化环节决定了讯问能否取得供述，是讯问的核心环

① 根据刑事诉讼法和相关司法解释的规定，告知内容包括四个方面的内容：（1）告知犯罪嫌疑人在侦查阶段的诉讼权利和义务，权利如自行辩护或委托律师辩护的权利、对无关问题拒绝回答的权利等，义务如对侦查人员的提问如实回答的法律义务。（2）告知侦查人员（书记员、翻译人员）的姓名、单位和职务。（3）告知犯罪嫌疑人如实供述自己罪行可以从宽处理和认罪认罚的法律规定。（4）告知将对讯问进行全程同步录音录像。询问是指询问犯罪嫌疑人是否申请回避。

节；同样的，被讯问人愿意配合后，如何把记忆中的信息客观、全面地讲清楚，取决于办案人员的引导，供述引导环节决定了笔录的质量，也是办案人员应当重视的核心环节。辅助环节则是那些程式性的，在讯问中发挥铺垫、预设、过渡和总结作用的环节，如准备与计划环节是为讯问顺利进行创造有利条件；讯问开始环节虽然是必备环节，但主要是程式化的操作，不是获取核心信息的关键环节；讯问结束环节是为了核实笔录、修正错误、完善签名、签字手续；最后的回顾评估环节也是为了查找问题和虚假供述、发现新的线索，为下一次的讯问做准备。这些都在讯问中发挥铺垫、总结、完善作用，对讯问的成果和质量不起决定性的作用，属于辅助环节。关于讯问中核心环节和辅助环节的划分，如图 2.1 所示。

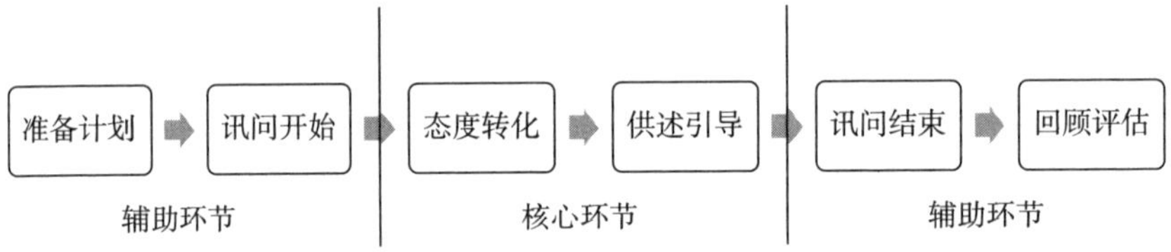

图 2.1　侦查讯问中的核心环节和辅助环节

二、被讯问人的表现与讯问核心环节

如果暂不考虑讯问中发挥铺垫、预设、过渡和总结作用的辅助环节，讯问中发挥核心作用的环节主要有两个，即被讯问人态度转化环节和供述引导环节，这两个环节的划分与被讯问人在讯问中的表现有着内在的联系。被讯问人的类型不同在讯问中的表现也不同，讯问的两个核心环节在整个讯问中的地位以及发挥的作用也不同。

被讯问人大致可划分为两种情形：一种是实施了涉嫌犯罪的行为，也就是所谓的“有罪者”；另一种是没有实施涉嫌犯罪的行为，也就是所谓的“无辜者”。同时，被讯问人的反应也可以大致分为两种情形：一种是配合，即愿意如实回答讯问人的问题；另一种是抗拒，即不回答或者不如实回答讯问人员提出的问题。至于被讯问人保持沉默，则需根据不同的情形来判断是配合还是抗拒。

把两者组合起来，则会出现讯问中的四种情况，如图 2.2 所示：

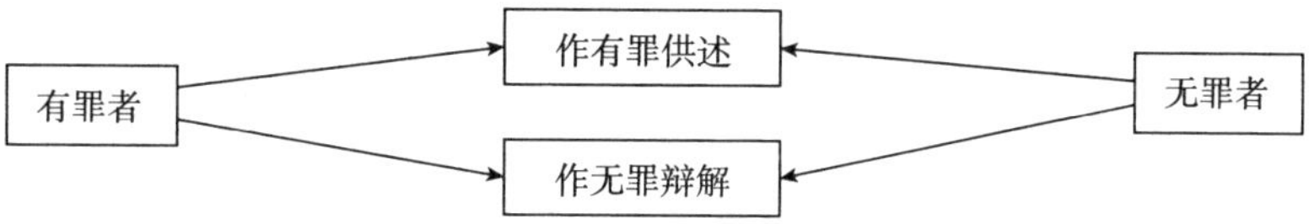

图 2.2 不同类型被讯问人的表现

第一种情形是有罪的被讯问人作有罪的供述。在这种情形下，被讯问人从讯问的开始就采取配合的态度，承认自己有罪，并如实供述自己的全部罪行，也有可能只供述了部分罪行，但没有供述的部分不是因为故意隐瞒，而是因为遗忘或者是其认为不构成犯罪以及办案人员没有问到等其他原因。

第二种情形是无罪的被讯问人作无罪的辩解。在这种情形下，被讯问人本身是无罪的，通常为了清洗自己的犯罪嫌疑，对讯问非常配合，如实回答讯问人的所有问题。但也可能因为紧张、害怕被误解而从自己理解的角度去叙述案件信息，而不是故意扭曲案件信息。

第三种情形是有罪的被讯问人作无罪的辩解。这种情形比较普遍，是多数案件中被讯问人的常见反应。被讯问人实施了涉嫌犯罪的行为，但因为害怕被追究刑事责任而全部或部分隐瞒对自己不利的案件信息。行为上表现为欺骗，态度上表现为抗拒，故意不如实回答讯问人员所提出的问题。

第四种情形是无罪的被讯问人作有罪的供述。这种情形比较罕见，但是一旦出现，办错案的风险极大。因为被讯问人明明是无罪的，没有实施涉嫌的犯罪行为，但却故意作虚假的有罪供述。动机上可能是为了情感或者其他利益，如毒品犯罪案件中贩毒的马仔替幕后老板顶罪、职务犯罪案件中下属替上级顶罪、伤害案件中亲人之间相互顶罪等。在这种情形中，被讯问人其实也是一种抗拒态度，故意不配合，不如实供述案件信息。

对于第一种和第二种情形，讯问的核心任务只有一个，即引导被讯问人供述案件信息，并对供述内容加以核实。对于有罪的被讯问人需要引导其供述案件信息，根据犯罪构成要件要素构建案件事实；对于无罪的被讯问人需要认真听取其无罪辩解以及支持其无罪的事实信息。由于案件信息是在被讯问人的记忆中，这些信息要经过感知、记忆、表述、理解、记录、核实等多个环节，所以会出现各种出错的风险，如感知错误、记忆遗忘、表述错误、理解错误、记录中的遗漏、核对中忽略等。为了防止出错，讯问必须围绕案件的相关信息展开，对于被讯问人遗忘的信息要想办法唤醒其记忆，对于记忆中无意识添附的信息要剔除。这两种情形下，被讯问人在讯问中积极配合，没有对抗的意志，无须进行态度转化，因此，讯问的核心环节只有一个，那就是引导供述。引导供述之前的态度转化环节因被讯问人的配合而省略了。

而对于第三种和第四种情形，被讯问人从一开始就不是配合的态度，而是故意不说话或者不说实话。被讯问人态度上呈现对抗倾向，行为上故意撒谎，可能编造不实的信息，也可能故意遗漏相关的信息。在这两种情形中，讯问需要经过两个核心环节：

首先是态度转化环节。讯问人员要转化被讯问人的态度，引导被讯问人产生如实供述的真实意愿。如果被讯问人故意不说话或者故意不说真话，那么后面的讯问工作就无法顺利进行。因此，办案人员必须想办法转化被讯问人的态度，让其配合办案人员的工作，如实供述所知晓的案件信息。这一环节的任务完成之后，被讯问人的态度发生了改变，讯问才能转入下一环节。

其次是供述引导环节。在被讯问人对抗态度发生转变，愿意开口说真话之后，讯问人员要引导被讯问人供述案情以形成证据，此时讯问开始进入引导供述环节。这一阶段与第一种、第二种情形是一样的，主要任务是通过话轮和话题的控制，引导被讯问人供述案情，构建案件事实，唤醒记忆，核对信息。

实践中第三种情形（有罪的被讯问人作无罪的辩解）最为常见。这主要是因为刑事案件都要经过立案程序的过滤，具有犯罪嫌疑的人才能进入侦查讯问程序。[①] 通常情况下，被讯问人中有罪者的比例要

① 职务犯罪案件初核的甄别作用更为明显。

高于无辜者。另外，对于有罪者而言，如实供述就意味着要承担刑事责任，面临不利后果，撒谎作无罪的辩解倒是有逃避惩罚的可能性。有罪的讯问对象在讯问开始作无罪的辩解，既有趋利避害的心理驱动因素，又是理性选择的结果。剩余情形在办案中可能会出现，但比例相对而言较低。

由于实践中第三种情形最为常见，所以从数量上看，绝大多数案件的讯问要经过两个核心环节，即态度转化环节和供述引导环节。其中，供述引导环节是所有案件侦查讯问必经的环节，态度转化环节只是第三种（有罪者作无罪辩解）、第四种（无辜者作有罪供述）情形案件的必经环节。第一种情形（有罪的人作有罪供述）、第二种情形（无辜者作无罪辩解）则不需要经过态度转化环节，可以直接进入供述引导环节，如图 2.3 所示：

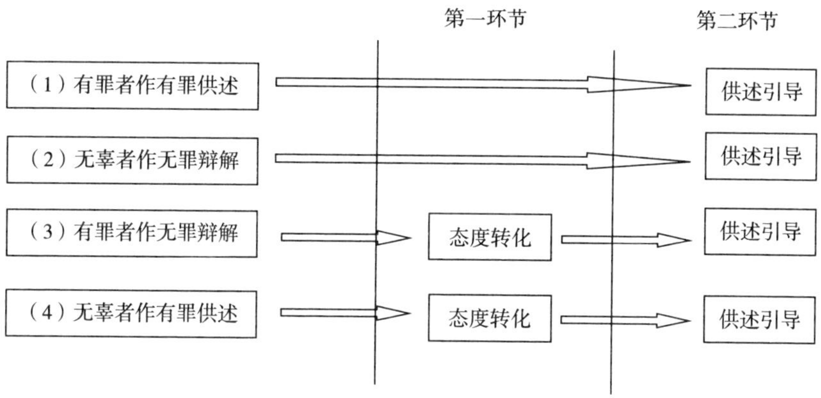

图 2.3　讯问的核心环节分布情况

三、讯问核心环节的任务

在不同的讯问环节，讯问的任务是不同的。讯问的根本任务不是简单地拿下口供，而是收集案件信息，核实固定言词证据。但在实践中，这一根本任务需要根据不同的案件情况和不同的讯问环节进行分解和细化。在不同的案件中，讯问的任务和侧重点不同，在不同的讯问环节，讯问的任务和侧重点也有所不同。

（一）态度转化环节：转变态度，引导配合

在被讯问人对抗讯问、拒不配合的情况下，讯问的首要任务是转化被讯问人的态度，引导其配合。具体而言，办案人员首先要通过言语劝说的方式转变被讯问人的态度倾向，逐步引导被讯问人从对抗转向配合。强调言语劝说，是因为讯问实质上是一种言语沟通和交流，讯问只能动口而不能动手，否则就可能是刑讯逼供。在这一环节中，讯问的主要任务不是核实案件信息，而是要解决被讯问人愿不愿意开口说真话的问题。供述只有在自愿的状态下才是合法有效的，这是自白任意性原则的基本要求。如果被讯问人不愿意说话或者不愿意说真话，就不可能进行信息核实。而且，被讯问人作出对自己不利的供述，其诚实性风险也是最大的。这就需要先解决被讯问人的配合问题，目的是要被讯问人真心配合，否则就有可能办错案。因此，对于那些有罪而作无罪辩解的被讯问人以及明明无罪却作有罪供述的被讯问人，讯问的第一个环节只能是先转变他们的态度取向，弱化抗拒心理，引导配合。

被讯问人的态度是内在的心理倾向，配合则是外在的行为。心理学研究表明，态度和行为具有一定的关联性。态度会影响行为，行为也可能影响态度。[①] 在一定条件下，态度和行为具有高度一致性，[②] 改变态度可以影响和改变人的行为。讯问中引导被讯问人从抗拒转向配合的重要途径就是通过改变被讯问人的态度来改变其行为。而态度是包含情感成分（affective component）、行为成分（behavioral component）和认知成分（cognitive component）的持久反应倾向（态度的“ABCs”）。[③] 特定的态度可以分为三种类型：以认知为基础的态度、以情感为基础的态度和以行为为基础的态度。改变态度的不同

① ［美］戴维·迈尔斯：《社会心理学》，侯玉波等译，人民邮电出版社2006年版，第110页。

② ［美］谢利·泰勒、利蒂希亚·安妮·佩普卢、戴维·西尔斯：《社会心理学》（第12版），崔丽娟等译，上海人民出版社2010年版，第158页。

③ ［美］谢利·泰勒、利蒂希亚·安妮·佩普卢、戴维·西尔斯：《社会心理学》（第12版），崔丽娟等译，上海人民出版社2010年版，第132页。

技巧，其成功与否取决于我们想要设法改变的态度的类型。[①] 显然，改变态度就必须在情感、认知和行为倾向等方面用力。基于此，可以把这一环节的任务细化为控制情绪、改变认知、说服沟通和引导决策四个方面：

1. 控制情绪

讯问中通过影响情感来改变态度，实际上是从控制情绪开始的，这是因为情绪和情感是有机统一、不可分割的心理过程。情绪是情感的基础和外部表现，情感是情绪的深化和本质内容。情感是在多次情绪体验的基础上形成的，并通过情绪表现出来，影响情感需要从控制情绪入手。控制被讯问人的情绪，拉近办案人员与被讯问人的情感距离对于审讯突破具有铺垫和过渡作用。

被讯问人到案之后，内在的情绪反应通常都比较强烈，如焦虑、恐惧、愤怒、羞耻等，有的甚至出现哭闹等现象。在这种情绪状态下，被讯问人是一种防卫心态，一般是不会开口说真话的。被讯问人的情绪中，有的对促使其供述是有利的，有的则是供述的障碍。办案人员首先需要控制被讯问人的情绪，或增加焦虑，或降低恐惧，或平复愤怒，或克服其羞耻感，以使被讯问人的情绪朝着有利于供述的方向发展。对于情绪反应比较强烈的被讯问人，控制其情绪是讯问的首要任务。即便办案人员开始平复了被讯问人的情绪，但在讯问中依然可能出现情绪波动和反复，这就需要办案人员根据被讯问人情绪波动情况在讯问的过程中及时控制其情绪。

2. 改变认知

态度与认知相关。态度本身包含人们对某一对象的认知成分，一些态度甚至主要依赖于支持它们的认知。[②] 认知也是决策的基础，被讯问人在讯问的开始阶段选择抗拒立场，实际上是在一定的认知基础上完成的。被讯问人对讯问情势的认知、对办案机关证据掌握情况认

① ［美］埃略特·阿伦森、提摩太·D. 威尔逊、罗宾·M. 埃克特：《社会心理学》，侯玉波等译，世界图书出版公司 2012 年版，第 213—228 页。

② ［美］戴维·迈尔斯：《社会心理学》，侯玉波等译，人民邮电出版社 2006 年版，第 160—161 页。

知、对犯罪行为可能带来的不利后果的认知、对不同当事人之间利益格局的认知、对案件发展趋势的认知等，都在不同程度上影响着其在讯问中的态度和下一步的行为。因此，在讯问的态度转化环节，办案人员要想办法改变被讯问人对相关因素的既有认知。

在案件查办过程中，办案人员要让被讯问人认识到推进案件的必然性，找任何人、找任何关系也不可能扭转彻查案件的趋势。在讯问情势上，办案人员要展现不突破案件决不放手，打消被讯问人对抗的念头。在证据展示上，办案人员要让被讯问人形成即便其不说也能够证明犯罪事实的认知，杜绝其侥幸心理。在责任后果上，办案人员要弱化被讯问人对不利后果严重程度的认知，减少其恐惧心理等。改变认知是改变态度的基础，在很多情况下，只有改变被讯问人对某些关键因素的认知，才有可能让其开口说真话。

3. 说服沟通

改变被讯问人态度的常用方法是说服。说服本身是一种人际沟通，也被称为说服性沟通。说服的手段通常包括陈述论据和事实、推理、做结论、说明结果等，目的是让受众相信并按照某种方式行事。说服主要是针对态度系统中的认知成分发挥影响作用的。

讯问中的说服在实践中也被称为“说服教育”，是一种特殊类型的沟通。其沟通者也就是信息源是办案人员，说服的目标对象是被讯问人，沟通的信息主要是以犯罪事实和刑事责任为核心的相关信息。影响说服效果的因素是多种多样的，既有说服者的因素，又有说服信息和说服对象的因素，具体如办案人员的可信度、被讯问人的认知状态、双方观点的差异性、沟通信息与被讯问人知识结构的契合度等。办案人员需要根据不同的情景，针对不同因素采取灵活的说服策略。然而不管说服沟通的策略如何变动，目的必须明确，方向必须确定，就是影响被讯问人的态度，使其由对抗转向为配合。

4. 引导决策

被讯问人在讯问中面临很多艰难的选择，如有罪者需要抉择开口说话还是保持沉默，开口之后说真话还是说假话，如果说真话是全部交代还是部分交代等。讯问人员的目的就是让被讯问人选择彻底、如实交代，被讯问人选择的过程其实就是决策的过程。

从心理学上讲，合理的决策取决于两个方面的因素，一是个人的理性和决策能力，二是掌握的信息。其中，个人理性和决策能力是前提，个人理性越强，决策能力越强，作出的决策就越合理。但个人的理性和决策能力总是有限的，同时也是可以施加影响的。信息则是合理决策的基础，信息越客观、全面，决策人掌握的信息就越准确、及时，决策的难度就越低，反之，决策的难度就越高。讯问中可以通过控制影响被讯问人决策的信息，来控制被讯问人的决策。

对于被讯问人而言，最合理的决策未必就是彻底坦白。从有罪者的角度来看，抗拒才有逃避惩罚的可能性，对办案人员撒谎是对其有利的选项；而对于办案人员来讲，有罪的被讯问人选择如实供述才是对办案最有利的。这就需要在讯问中对被讯问人的决策进行引导和干预，让被讯问人觉得如实供述才是最合理的决策。这种引导和干预通常是通过两个方面进行的，一是利用个人理性的有限性，二是控制被讯问人获取的信息。实践中对被讯问人采取羁押措施，之所以有利于讯问工作的进行，是因为这些措施在一定程度上限制了被讯问人与外界的信息沟通，减弱了被讯问人决策的信息基础。

总体而言，控制情绪、改变认知和说服沟通是从情绪和认知两个方面影响被讯问人的态度倾向，推动被讯问人形成供述动力，而引导决策则是对供述动力的启动和强化，被讯问人选择的过程也是克服供述障碍增强供述动力的过程。实践中，转变态度、引导配合的具体方法是多种多样的，不管如何操作，必须围绕转变对抗立场、软化抗拒心态的目的来实施。

（二）供述引导环节：引导供述，形成证据

被讯问人的态度发生转变，愿意开口说真话之后，讯问开始进入下一核心环节，就是供述引导环节。这一环节的主要任务是引导被讯问人供述，收集信息，还原案件事实并形成证据。要注意给被讯问人充足的说话时间，尽量让被讯问人多说，让其知无不言，言无不尽。在被讯问人不知从何说起的时候，办案人员要进行适当的引导，或按

照时间顺序，或按照关系远近等。办案人员讯问的重点是在“引”和“导”上，而不是在自己“说”上。这一环节，办案人员通常需要完成的任务有如下四个方面：

1. 提取记忆信息

在供述引导环节，首要的任务就是引导被讯问人供述与犯罪相关的各种信息，从而构建案件的基本事实真相。该环节是讯问人员通过被讯问人的记忆和供述探知案件事实的核心环节，也是让讯问笔录形成证明力的最关键环节。这一环节的任务是导引出被讯问人记忆中的犯罪信息并加以固定。具体而言，在讯问中引导被讯问人根据记忆供述与涉嫌犯罪事实相关的各种信息，并通过笔录、录音或者录像的方式加以固定。其中的关键部分是引导被讯问人供述犯罪事实的基本要素和细节，具体包括：何人（who）、何事（what）、何时（when）、何地（where）、如何（how）、为何（why）、结果（consequence）、因果关系（causality）以及相关细节。有多个犯罪事实的，每一起犯罪事实的构成要素和细节信息都应当核实清楚。办案人员要根据具体情形引导被讯问人按照一定的顺序供述犯罪事实信息，避免因供述内容混乱而导致信息遗漏和碎片化。

办案人员在提取记忆信息的过程中，要力争做到三点：一是客观。要尽量引导被讯问人讲述案件客观事实的相关情况，具体来讲，就是要让被讯问人说“事”，供述案件的事实经过。如果发现被讯问人撒谎，要及时纠正，并要在态度上进行适当的引导。二是全面。要引导讯问对象尽量把事情交代周全，力争做到知无不言，言无不尽，凡是与案件有关的事实和信息能讲多少就讲多少。三是有序。在客观、全面的基础上，尽量让讯问对象有条理的呈现记忆信息，在引导的时候，尽可能让被讯问人按照记忆的规律、认知的顺序或者时间、空间的顺序和内在的联系把记忆中的信息表述出来。

当然，客观、全面和有序这三者可能出现冲突。为了有序，可能会影响供述的全面性，为了让被讯问人说得全面，有可能忽略了客观性的审查。因此，在引导供述的过程中必须进行取舍时可以依据客观是第一位的、全面是第二位的、有序是第三位的序位作出选择。也就是说，要先保证讯问对象供述的事实真相，在真相的基础上力争说全面，在全面的基础上尽可能做到有序。这三者之间，相对于前者，后者更容易补救。例如，在全面和有序之间有冲突的时候，可以先让被讯问人把事实说全了，即便有些乱，可以再引导被讯问人做一次整理性陈述，这样就做到有序了。

2. 核对心理状态

犯罪主体实施犯罪时主观心理状态是犯罪构成的基本要件，刑法学上称为主观方面。主观方面是指犯罪主体对自己危害行为及其危害结果所持的心理态度。犯罪主体实施犯罪行为时的心理状态可以通过客观方面加以推理，也可以通过事后讯问进行核对。犯罪心理状态既包括认知状态，也包括意志状态，两者都是主观的。办案人员根据客观方面的信息只能推断出部分结论，难言准确。因为实施危害行为时的认知状态和意志状态，行为人自己最清楚，所以通过讯问，让被讯问人把行为时的心理状态自己表述出来，并结合客观方面的证据进行对照和核实，是认定犯罪主观方面的重要方式，也是较为可靠的认定途径。在多数犯罪案件中，这种方式是不可或缺的。因此，在被讯问人愿意配合讯问并如实供述情况下，办案人员在提取记忆信息的同时，还要核对被讯问人实施行为时的主观心理状态，即对危害行为和危害后果的认知状况和主观意志状态。认知状况具体包括：对危害行为的认知、危害后果的认知、对行为产生后果可能性的认知；主观意志包括对行为及后果的发生是积极追求、放任还是极力避免等。

3. 唤醒记忆

犯罪事实发生在过去，离发案已经过去了一段时间。尤其是职务犯罪隐蔽性强，有的被讯问人讲述的犯罪事实是发生在十几年甚至是几十年前的事情。被讯问人对自己实施的犯罪行为发生遗忘是正常的事情。实践中，很多被讯问人在讯问时宣称记不清了。这种“记不清”，有的是托词，有的确实是回忆不起来了，二者通常都表现为笼统地宣称“记不清了”“想不起来了”。而真正因遗忘而记不清的情况也是客观存在的，既有对整体事实的遗忘，也有对细节的遗忘。一般而言，如果被讯问人笼统地说“这件事已经过去这么长时间了，我记不起来了”“一点印象也没有了”，这种表达是托词的可能性比较大，通常是由被讯问人态度转化不彻底造成的，对于这种情形可以继续进行态度转化。如果被讯问人说行贿人的名字记不清了，或者时间、地点、收受贿赂的具体钱数记不清了，则有可能是事实。

在被讯问人记忆模糊的情况下，办案人员就要想办法唤醒被讯问人的记忆。如果对插手、干预案件办理的人记不清，可以拿出其通讯录或相关单位工作人员名册让其查找。如被讯问人说犯罪事实发生的具体时间记不清楚了，只记得大致是某个突发事件前后，那可以借助这个突发事件引导被讯问人回想当时的热点新闻事件和相关的背景信息，从而唤醒相关记忆。通过查找有关事件的新闻报道核实时间，由这个确定的时间可以推出相对确定的犯罪行为发生的日期。这些只是讯问实践中用以唤醒记忆的一种方法，叫作重大事件联想法。可以唤醒记忆的方法还有许多，有待于进一步开发和探讨。

遗忘对每个人来说都是经常发生的事情，被讯问人遗忘犯罪相关的事实也是很正常的。在这种情况下，唤醒记忆就成为讯问工作的一部分，也是完成讯问任务不可或缺的环节。

4. 核实信息

对于被讯问人供述的信息，办案人员在讯问中要及时进行核实。办案人员在倾听和记录被讯问人供述的同时，要注意对其供述内容的真实性进行核对。具体包括：供述的内容与其他证据之间的印证情况、供述中的细节之间相互的印证情况、供述是否符合常情常理和经验法则等。对于不能相互印证的矛盾和细节，要进一步追问，进行核对和确认。

四、不同环节在讯问中的地位

不同的讯问环节，在讯问中承担不同的任务，发挥不同的作用，因而也具有不同的地位。在讯问的实践工作中，办案人员对其重视的程度也有所不同。

（一）态度转化是讯问的难点

讯问中最常见的现象是有罪者作无罪辩解。在这类案件中，讯问的难点集中在态度转化这一环节。讯问中出现的僵局（实践中也称为“卡壳”）现象多见于态度转化过程中。在这一环节，被讯问人是一种防卫姿态，面对办案人员的提问，或采取“硬对抗”，或采取“软对抗”。前者如不断的争吵、哭闹、指责；后者如从头至尾一句话不说，摆出一副“死猪不怕开水烫”的架势。也有的被讯问人对办案人员的提问直接回应：“你们说我有问题，你们拿出证据来证明就是了，别问我！”被讯问人的防卫态势会给办案人员的讯问带来障碍，办案人员需要寻找合适的突破口，找不到关键点，讯问就无从切入，双方的僵持会导致出现僵局。

态度转化环节持续的时间相对较长。对办案人员而言，讯问是工作职责，这一阶段没有突破就拿不到口供，工作任务就无法完成；对被讯问人而言，关系到个人最根本的利益和荣誉，这一阶段坚持不住，就意味着要被追究刑事责任而变成阶下囚，生命、自由、金钱可能被依法剥夺，个人荣誉就会丧失殆尽。因此，这一环节有言语的对抗，有认识观点的对抗，也有意志力的对抗。对双方而言，都要耗费相当的精力和时间。

对于讯问工作而言，这一环节是基础，是关键，也是难点。这一环节不突破，后面的讯问工作无法推进。被讯问人的态度转变得越彻底，随后的讯问工作就会进行得越顺利。而要有所突破，既需要时间，也需要能力、经验、智慧、证据等多种因素和条件的支持。突破不成，讯问就会僵持下去，甚至有可能导致整个案件陷入僵局。

正因如此，实践中办案人员的关注点也多集中于此，办案人员总结出的讯问经验和技巧也多是关于这一方面的。所谓“攻心夺气”之术，“造势用势”之法，“利益置换”之妙招，其实都是用来转化被讯问人的意志、引导其配合的具体方法。

由于讯问工作的难点和挑战主要存在于这一环节，讯问实践中的问题也多发于这一环节。刑讯逼供、威胁、引诱、欺骗等非法讯问方法，往往都是在转变态度难以进展的情况下被办案人员施加于被讯问人的。

（二）供述引导决定讯问的质量

态度转化环节的任务是促使被讯问人开口说话，但被讯问人说的是否为真话，被讯问人供述的案件信息与案件事实是否有出入，这些问题还需要进一步核实，也是讯问环节所要完成的任务。从整个讯问的功能和作用来看，供述引导直接影响被讯问人供述的真实性和条理性，对口供的证明力具有形塑作用。供述引导环节关系到讯问目的的实现，也直接决定了讯问工作最终成果——犯罪嫌疑人、被告人供述和辩解的质量。

侦查中讯问的目的不仅是获取被讯问人的有罪供述，而是要获取被讯问人真实的供述。如果被讯问人作虚假供述或者遗漏了与案件有关的重大信息，那么这样的供述对于查明案件事实具有误导作用，因此，讯问的核心不在于拿下口供，而在于获取诚实客观的供述。如果忽视供述引导和信息核实，只停留于获取供述，最终会弱化口供的证明力甚至增加办错案的风险。因此，讯问的这一环节关系到讯问目的的实现，也是被讯问人供述和辩解真实性的根本保障。

实践中，由于态度转化环节是难点，往往会耗费掉办案人员大量的时间和精力，于是到引导供述和核实信息的时候会有些放松，这其实是对引导供述环节的重要性重视不够造成的。从讯问的规律看，通过上一环节的讯问工作，转化了被讯问人态度，让其愿意开口说话了，这仅仅是讯问工作的开始。提取记忆信息、核对心理状态、唤醒记忆、核实信息这四个方面的工作才是讯问工作的实质。供述的真实性和证明力在一定程度上决定了讯问工作的价值。

五、不同讯问环节的外在特征

讯问是发生在办案人员与被讯问人之间的会话，与一般的会话不同，说话者的角色是法律预先设定和分配好的。办案人员是会话的权力方，也是问话方，被讯问人是权力的作用方，也是回答方。从会话分析角度来看，讯问的两个核心环节不仅存在任务上的差异，而且在信息流向、会话模式、办案人员与被讯问人的话语量、话题控制等外在方面也存在诸多差异。

（一）信息流向

信息流向是指讯问过程中信息传递的方向。从外在形式上看，信息流向是由交谈中信息的输出方和输入方决定的，但在实质上，信息流向取决于不同环节讯问的任务。

1. 态度转化环节：办案人员——被讯问人

讯问的态度转化环节是办案人员向被讯问人施加影响的环节。这一环节中，办案人员不仅要通过言语劝说、坐姿矫正等方式对被讯问人的情绪施加影响，同时要传递信息改变被讯问人的认知、灌输观点纠正被讯问人的观念。在这一过程中，信息是从讯问人员一方流向被讯问人一方，即办案人员是信息的输出方，被讯问人是信息的输入方。办案人员向被讯问人传递信息的目的在于说服。所谓说服，是通过提供信息、进行推理、提出解决方法、作出推断和结论等一系列手段，使自己的观点、意见对信息接收方产生效果。[①] 因此，办案人员向被讯问人输入的信息是可以改变被讯问人认知和判断的信息，不一定必须与案件事实相关。

2. 供述引导环节：被讯问人——办案人员

供述引导环节，是办案人员在态度转化的基础上对被讯问人的供述进行引导和核实的环节，是被讯问人向办案人员供述案情的环节。在这一环节中，讯问的侧重点不是对被讯问人施加多大的影响，而是让被讯问人把自己知道的案件信息全部、真实地表述出来。从信息流向上看，信息从被讯问人一方流向讯问人员，被讯问人是案件信息的输出方，办案人员是信息的接收方，被讯问人提供的信息的可信度决定了讯问的质量，也制约着信息传递的方式（如图 2.4 所示）。

① 郑洁:《侦查讯问话语的对抗性与信息势能的选择》，载《政法学刊》2014 年第 3 期。

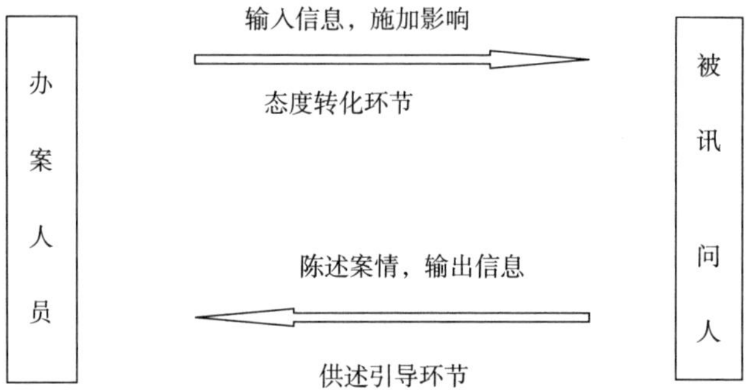

图 2.4　不同讯问环节中的信息流向

（二）话语量

话语量是指讯问中讯问人员与被讯问人双方话语的数量，具体表现为双方在讯问中所用语词的数量。在人际交往中，话语是信息的载体。讯问中问答双方的话语量体现了交谈的信息量和信息的流向。话语量是衡量讯问信息量的指标，也是衡量信息流向的指标。在不同的讯问环节，问答双方的话语量也会存在差异。

1. 态度转化环节："问多答少"

在态度转化环节，讯问的目的主要在于说服被讯问人，因此，讯问人员说的话通常要多于被讯问人员。有时候为了阐明观点，讯问人员需要说很长时间。从形式上看，办案人员问得多，被讯问人答得少；办案人员说话的时间长，被讯问人说话占用的时间短；办案人员提问和说话比较繁复，被讯问人的回答比较简洁，甚至闭口不说。这种情形可以归结为"问多答少"，即办案人员作为问话方说得多，被讯问人作为答话方说得少。

话语量上的"问多答少"现象其实是信息的流向决定的。办案人员是信息的流出方，要把问题表述清楚，因此，要多说、细说，甚至在必要的时候重复说；被讯问人是信息的接收方，对其言语应当控制在是否听清楚、是否明白这样的反馈上。在时间分配上，讯问人员说话时间占绝大部分比重，被讯问人说话的时间通常短于讯问人员。

2. 供述引导环节："问少答多"

在供述引导环节，讯问的主要目的是引导被讯问人根据记忆诚实供述，从被讯问人记忆中提取案件信息，并对信息内容进行核实。为了获取全面、真实的信息，办案人员要激发被讯问人的表达欲望，让其多说。在讯问要领上，办案人员在这一环节首要的是“听”而不是“说”。“听”是主要的，讯问人员要耐心倾听被讯问人的供述，听事实，听细节，同时要听出问题；“说”是次要的，办案人员要让被讯问人说，而不是自己说。即便办案人员说话，也是为了帮助被讯问人说，办案人员在这一环节也需要问一些话，但重点不在“讯”，而在“引”和“导”上，最理想的状态是让被讯问人“知无不言，言无不尽”。因此，从话语量上看，这一环节是“问少答多”，即讯问人员作为问话方说得少，被讯问人作为答话方说得多。在时间分配上，被讯问人说话的时间通常要占绝大部分比重，讯问人员说话占用的时间通常短于被讯问人（如图 2.5 所示）。

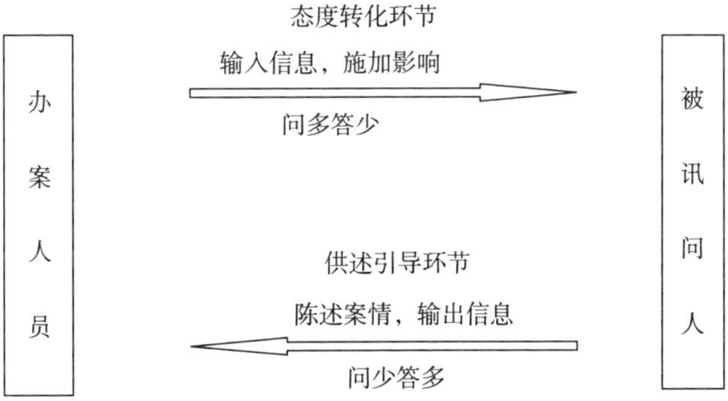

图 2.5　不同讯问环节中的话语量

（三）话轮和话题控制

讯问也是一种会话，这种会话模式主要采用的是问答模式。通常一问或一答，构成了讯问中的一个话轮（turn）。[①] 话轮的交替过程也是双方信息交流和沟通的过程，同时交流话题的转换也是在话轮交替

① 话轮（turn）和话轮转换（turn-talking）是美国社会学家 H.Sack 于 20 世纪 60 年代末提出的理论概念。话轮是话语互动中的一个基本单位，通常表示两个方面的含义：一是指在会话过程中的某一时刻成为说话者的机会，二是指一个人作为讲话者时所说的话。

中完成的。新话题的引入、启动和新旧话题的转换是衡量会话控制权的重要指标。讯问中，话轮的转换和话题控制与管理是一种技术性讯问手段，也是讯问工作的一项重要内容。

在讯问的话语体系中，法律对话轮顺序预先进行了分配，即第一个问的话轮分配给了办案人员，回答的话轮分配给了被讯问人。由于话轮的预先分配和讯问的职权因素，办案人员在话题的引入、启动和转换中具有控制权。但在不同的讯问环节，办案人员对话轮和话题的控制也有所区别。

以话题控制为例，在态度转化环节，新话题的引入、启动以及新旧话题的转换，主要围绕着说服被讯问人这一目的，话题的管理和控制着眼于被讯问人态度的转变。因此，在这一环节，办案人员需要绝对掌控讯问双方会话的话题，要让被讯问人被动接受办案人员引入的话题并跟随话题的转换而转换谈话的内容。就被讯问人而言，几乎没有机会启动新的话题，即便偶然启动某些话题，也会被办案人员主导的问答模式所淹没。

但在供述引导环节，话题的控制和管理服务于案件信息的收集。在这一环节，办案人员是信息的索取者，被讯问人是信息的发出者。话题的管理会受到被讯问人供述故事的影响，新话题的引入和启动以及新旧话题的转换要根据被讯问人供述的情况而定。因此，虽然办案人员主导着讯问话题的走向，但被讯问人的供述对话题有一定的制约作用，办案人员对话题控制的度与态度转化环节有所区别。

（四）打断与重叠

打断与重叠是会话中转换和控制话题的手段。打断是指在会话过程中，一方没有等到另一方完成自己的话轮，就打断对方的话语，抢过话轮的话语行为，其目的和功能是控制会话的发展方向。[①] 如果一方插入话语后，说话方不停止说话，就是重叠（overlapping）。[②]

---

① 郑洁：《侦查讯问话语的对抗性与信息势能的选择》，载《政法学刊》2014年第3期。

② 曾范敬：《警察讯问话语批评分析》，中国政法大学2011年博士学位论文。

在态度转化环节，如果被讯问人的会话偏离了办案人员的目的，办案人员会不停打断被讯问人说话，甚至故意不让其说话，这是允许的，有时也是必要的。尤其是被讯问人无根据的异议和争吵，只会强化其对抗心态，办案人员在这一环节应当及时制止，可以尽量不给其发表异议和争吵的机会。当办案人员打断被讯问人的话轮，而被讯问人又不停止说话时，就会出现会话重叠现象。由于这一环节问答双方的对抗性和冲突性比较突出，讯问中出现打断与重叠的现象比较普遍。

而在供述引导环节，办案人员是信息的接收方，讯问的主要目的是收集犯罪相关信息。因此，只要是与案件相关的事实，就应当让被讯问人把话说完。只要被讯问人的会话不偏离讯问的目的，就不能中途打断被讯问人的话轮，这是因为“被讯问人以叙事方式做出的供述是达到收集信息目的最理想的手段”。[①] 对于没有讲清楚的地方，办案人员适时提问引导，把关键点问出来。无论是无罪的辩解还是有罪的供述，只要是与案件事实相关，都应当让被讯问人说清楚，不要轻易打断。在被讯问人把能讲的话全部讲完之后，办案人员再针对遗忘的地方唤醒记忆，对矛盾的地方进行核实。所谓“有效的讯问应该允许篇幅较长的，不被打断的被讯问人叙述”，[②] 主要就是发生在这一环节。当被讯问人以叙事方式回答问题时，打断其话轮会严重影响讯问的质量，甚至构成胁迫式讯问。因此，这一环节打断与重叠的现象相对较少，办案人员打断被讯问人的话轮主要是为了催问和确认，而非阻止信息传递。

（五）会话模式

米斯勒在分析医患机构话语时，提出了问—答—评（Question-Response-Assessment/Acceptance，Q-R-A）的话语结构单位，认为这是医患会话的基本结构单位。有学者通过对警察讯问话语语料的分析发现：警察讯问话语中最经常采用的对应结构是 Q-R 的问答模式，其变体为 Q-R-q1-r2……qn-rn 的问答模式，Q-R-A 对应模式则较

① 曾范敬：《警察讯问话语批评分析》，中国政法大学 2011 年博士学位论文。
② 曾范敬：《警察讯问话语批评分析》，中国政法大学 2011 年博士学位论文。

少。[1] 而根据笔者对职务犯罪讯问的跟踪和调研发现，Q–R–A 模式在职务犯罪讯问中存在的数量虽然不及 Q–R 和 Q–R–q1–r2……qn–rn 问答模式那样多，但依然是重要的会话模式，并发挥着重要的功能和作用。Q–R–A 模式通常出现在两种场合：一是办案人员在初步核实末期接触涉嫌人员的询问中，二是在侦查讯问的态度转化环节。

在供述引导环节，主要的会话模式是 Q–R 模式及其变体 Q–R–q1–r2 ……qn–rn 模式。在态度转化环节，讯问的会话中较多出现 Q–R–A 模式。在这一环节，讯问的对抗性比较强，被讯问人的配合度不高。在办案人员提问后，被讯问人答非所问、拒绝回答甚至偏离话题的情形比较多，办案人员需要及时进行调整和校正。因此，从话轮转换上看，在一问一答（Q–R）之后，办案人员会及时就被讯问人的回答作出反馈。反馈的方式包括：

（1）接受，对被讯问人的回答以简短的方式予以肯定，通常用语为“嗯”“没错”“是这样的”。

（2）反驳，指出被讯问人回答中的错误和虚假成分。

（3）评价，对被讯问人的态度和心理进行评价，通常是指出被讯问人态度不够认真，抱有侥幸心理等。

（4）要求配合，直接向被讯问人提出改变对立立场，配合讯问工作的要求。

（5）说服，对被讯问人宣讲政策或道理，向被讯问人表明办案人员的态度或者观点。

（6）信息输入，出示证据或者告知被讯问人某些信息，以期望改变被讯问人的认知和判断。

这种会话模式可能会出现变种，如连续问答之后评价反馈，即 Q–R–q1–r2–A 模式，或者反馈伴随新问题“A+ 新问题”（A+Q2），即 Q–R–（A+Q2）模式，这两种变体总体上依然可以归为 Q–R–A 模式。

在供述引导环节，被讯问人的态度和意志发生改变，对办案人员

---

① 曾范敬：《警察讯问话语批评分析》，中国政法大学 2011 年博士学位论文。

的提问持配合态度。因此，会话中评价环节需要压缩、简化甚至省略。此时会话模式主要有两种，即 Q–R 模式和 Q–R–q1–r2……qn–rn 模式。Q–R 模式，即一问一答模式，问话用于话题引导和案件事实构建。在话题引导和转换中，通常是标准的 Q–R 模式。而在案件事实构建中，通常采用漏斗式问话，即先采用开放式问话，然后转向半封闭式问话和封闭式问话，被讯问人回答的自由度越来越小。这种问话表现为大问题套着一系列的小问题，会话模式就转变成 Q–R–q1–r2……qn–rn。

六、讯问环节的反复

由于被讯问人在讯问过程中会出现情绪波动，对多方面因素的认知会出现反复，案件本身利益格局也可能会发生变化，这可能导致被讯问人在第二阶段出现态度上的反复和意志反转，这种变化进而会导致被讯问人翻供或重新进入对抗状态。翻供和意志反转其实是被讯问人的正常反应，在不同的诉讼阶段都可能会出现，如审查起诉、庭审中翻供和反悔是常见现象。在检察机关侦查办案中出现翻供、反悔也很正常；在侦查讯问中前后阶段出现翻供，要么是前面的供述确实假的，要么是被讯问人的态度出现转变，作出了与之前相反的决策。因此，对于被讯问人的翻供，办案人员要倾听并进行核实。如果翻供的是事实，要及时固定形成新的笔录；如果是因为态度转变，故意扭曲案件真实真相，则需要跳回第一阶段，进行态度转化。这就会出现两个环节的循环和交替，办案人员与被讯问人之间再次进行信息的输入和输出。这时候讯问过程呈现出：办案人员施加影响—被讯问人供述案件信息—被讯问人反悔翻供—办案人员施加影响—被讯问人供述案件信息—被讯问人反悔翻供—办案人员施加影响……这一过程是讯问环节的循环和反复。不管重复多少次，办案人员施加影响环节的任务是一样的，时间特征、外在表现也是一样的。同理，引导被讯问人供述案情时讯问的任务、时间分布、外在表现也是一样的（如图 2.6 所示）。

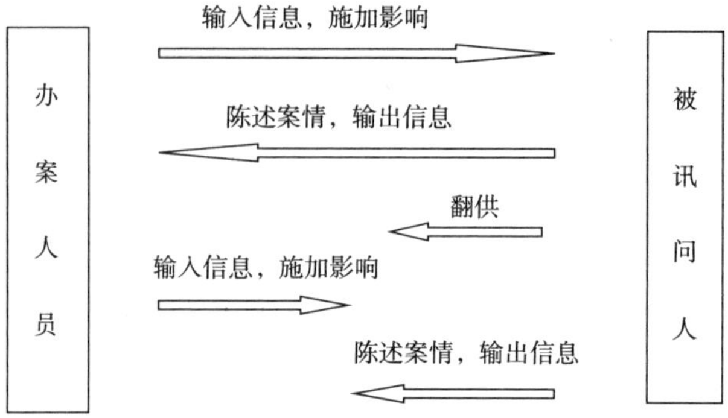

图 2.6　讯问环节的反复

第二节　讯问的技术操作流程

讯问操作流程是指讯问操作环节和执行方式有序组成的程序。讯问操作流程由前后相衔接的讯问环节构成。根据我国相关法律规范、实际讯问工作的操作过程、讯问不同阶段的任务和外在特征，讯问操作流程可分为六个环节，即准备与计划、讯问开始、被讯问人态度转化、供述引导、讯问结束和回顾评估。这六个环节前后相继，相互衔接，构成了讯问的基本流程（如图 2.7 所示）。

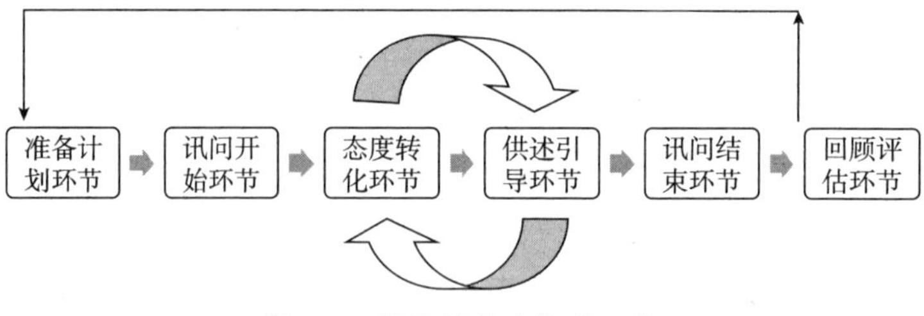

图 2.7　讯问的基本构成环节

一、讯问的准备与计划

准备与计划是指讯问正式开始之前的准备和讯问计划的制订，具体工作包括讯问环境选择和讯问室布置、确定讯问人员和分工、熟悉案情、分析背景和关系、研判被讯问人、列讯问提纲、讯问前的铺垫、安全核查等。

（一）讯问环境选择和讯问室布置

讯问环境的选择和讯问室布置主要是解决在哪里审讯的问题，这里需要解决讯问大环境和小环境问题。

1. 讯问大环境

所谓大环境，是指讯问的地点和场所。根据《刑事诉讼法》第 118 条和第 119 条的规定，被讯问人被送交看守所羁押以后，办案人员对其进行讯问，应当在看守所内进行。对不需要逮捕、拘留的被讯问人，可以传唤到被讯问人所在市、县内的指定地点或者到他的住处进行讯问。对在现场发现的被讯问人，经出示工作证件，可以口头传唤。从理论上看，讯问的场所有四种：看守所讯问室，被讯问人所在市、县内的指定地点，被讯问人的住处，犯罪现场。

基于讯问工作的需要，讯问场所的选择应当考虑如下四个因素：

（1）安全。讯问场所应当具有绝对可靠的安全保障，既要防止安全事故的发生，又要防止被讯问人脱逃。

（2）安静。讯问需要相对安静的环境，应当远离工地、避免临街，周边没有噪声干扰。

（3）便利。讯问地点的选择应当考虑办案人员往返交通、被讯问人医疗救助、押解工作的便利性。因此，讯问地点应当交通便利，与办案机关、医院、还押地距离不宜太远。

（4）效果。在被讯问人住处讯问，环境相对轻松，有助于营造良好的沟通氛围，通常适用于问题较轻、无对抗心理、配合度较好的被讯问人。对于罪行严重，没有配合意愿的被讯问人，熟悉的住处环境是一种心理支撑，对于被讯问人态度转化是一种障碍。看守所讯问室的隔离设备本身对办案人员与被讯问人的交流会形成障碍，同时会构成被讯问人防卫的心理屏障，客观上不利于审讯突破，因而实践中多将看守所讯问室的讯问用于突破后对供述的核实。

2. 讯问小环境

所谓讯问小环境，是指讯问室及其内部摆设。办案区的讯问室、看守所讯问室多已经过设计，房间结构、讯问桌椅摆设相对固定，在其他指定地点的讯问则需要考虑讯问室的布置和摆设问题。从讯问操作技术层面看，需要着重注意如下因素：

（1）窗户。讯问室最好不带窗户，一是出于安全考虑，二是避免干扰造成被讯问人分心。对于已经有窗户的房间，如果用于讯问，则需要将窗户做好安全封闭并拉上窗帘。窗帘的颜色与墙壁的色调尽量一致，窗帘最好不要有图案。在摆放桌椅时，尽量让被讯问人背对窗户，避免被讯问人直面透光的窗户或反光墙面。

（2）桌椅摆设。为了避免造成安全隐患和分散注意力，凡是与讯问无关的东西都不应当在讯问室出现。被讯问人座椅在确保安全的同时，应当避免支撑感和依靠感。讯问桌最好有一定的遮挡，避免被讯问人轻易看到案卷和证据材料。

（3）墙壁。颜色最好用淡色调，不带图案。墙面除软包外不需要其他装饰，尤其要避免反光和挂件。

（4）光线。讯问室的光线不能过强或者过弱，避免直射眼睛。

（二）确定讯问人员和分工

确定合适的讯问人员并进行合理的分工，对于讯问的质量起着至关重要的作用。不同办案人员的讯问风格和控场能力不同，讯问的效果也不同。

1. 确定讯问人员

确定讯问人员主要解决的是具体由谁来讯问的问题，在确定具体案件的讯问人员时，一般需要考虑四个方面的因素：

（1）办案人员自身因素。具体包括讯问人员的能力、身份级别、社会阅历、知识储备等因素。就讯问能力而言，既要考虑讯问工作的实际需要，又要考虑人员素质的培养和提升。对于困难案件可由经验丰富、能力强的人员进行讯问，对于相对容易的案件则应当考虑给年轻办案人员锻炼的机会。在确定讯问人时还要考虑办案人员的身份级别、社会阅历与被讯问人的匹配度。办案人员的知识储备也非常重要，讯问不同系统、不同行业职务犯罪案件，需要不同的行业知识，讯问人员如果具有相关领域知识的储备，更有利于与被讯问人沟通和交流，同时也有助于发现、揭露被讯问人的谎言。

（2）被讯问人因素。具体包括被讯问人的性格、受暗示性、背景、职位、心理状态、性别、认知能力、判断能力等因素。被讯问人的这些相关因素影响其在讯问中的反应和表现。在职务犯罪案件的被讯问人中，既有儒雅型的，也有草莽型的；有的有参军经历，有的则没有；有的在原岗位上是正职，有的是副职。不同的被讯问人认知能力、判断能力、受暗示性也不相同。在确定讯问人的时候，也应当根据被讯问人的相关因素和询问的谋略有针对性地在办案人员队伍中挑选。

（3）讯问的具体环节。讯问的不同环节中讯问任务不同，操作要求不同，对讯问人的要求也不同。在讯问的开始环节，主要讯问的任务是告知法律规定和权利、调查程序性事实、营造氛围和铺垫后续讯问，这一环节的操作通常要严格按照法律规定的程序，一般人员都可以胜任。

在转化被讯问人态度环节，讯问的对抗性强，无论是讯问中的话轮控制还是话题控制，都需要办案人员具有较强的控制能力和相应的技巧。在控制讯问对象情绪、改变认知、影响讯问对象选择和决策方面，更需要经验和智慧，因而需要讯问能力较强的人员来操作。

在引导供述环节，讯问话题的切入、引导与过渡至关重要，而且供述引导关系到证据的证明力和证据能力，需要办案人员具有较强的证据意识和证明意识，因而对讯问的技巧和技术要求更高，需要既有法律素养又有讯问能力的人员来操作。

在结束环节，讯问工作的主要任务是查漏补缺，仔细核实供述的细节，形成内容完整、形式完善的笔录，因而需要细心且具有耐心的工作人员进行操作。

（4）案件特点。案件特点也会制约讯问人员的选择。不同性质的案件，讯问中的关键点不同，如渎职案件的讯问，需要特别关注被讯问人的身份职权、被讯问人对危害后果的认知以及因果关系等问题，被讯问人也通常会从这些方面进行辩解；而贿赂案件，则需要关注赃款赃物从哪里来、到哪里去等因素。这就需要办案人员对不同性质案件讯问关键点拿捏到位。不同领域的案件，讯问中需要的知识储备不同，如医疗卫生领域、建筑工程领域、工商管理领域、环境保护领域，这些领域在业务流程、管理规范、人员分工、岗位职责等多个方面差异巨大，发生职务犯罪的节点、涉嫌人员、作案的手段各不相同。讯问不同领域的被讯问人，就需要具有与之对应的知识储备和相关经验。在确定讯问人员的时候需要考虑办案人员与案件性质、涉案领域和犯罪特点之间的匹配度。

对于司法人员的职务犯罪案件而言，不仅主体特殊，而且涉案领域、行为方式和发案环境也不同于一般案件。刑讯逼供、暴力取证、虐待被监管人案件中，行为发生的环境封闭，行为人往往对被害人有绝对掌控权，事发前后，行为人往往会实施应对追溯的行为。选择确定讯问人员需要考虑其对侦查、执行、监管工作的熟悉程度，对相关法律规范与行为界限的精准把握等因素。至于徇私枉法案，民事、行政枉法裁判案以及执行判决、裁定失职和滥用职权案，涉案人员本身多是法官，通常也牵涉到贿赂犯罪问题。办理这类案件往往需要与监察机关沟通协调，也需要大量前期调查核实工作。在选择确定讯问人员时，需要考虑对审判及执行工作的熟悉程度、对前期调查工作的参与程度、对涉及案件法律知识和专业知识的储备等因素。

2. 明确具体分工

在职务犯罪讯问中，办案团队分工和协作至关重要。单个人的精力、智力、决策能力是有限的，而且职务犯罪具有复杂性，讯问工作离不开团队的有机协作。有团队就必然有分工，合理的分工决定了讯问团队的工作效能。讯问的分工包括场内和场外两个部分。

场内分工是指讯问室内的相关工作人员之间的分工，其中主要是主审、副审之间的分工和配合。在确定讯问人员之后，紧跟着要确定谁担任主审、谁担任副审，解决主审和副审之间如何配合的问题，然后是讯问人员与记录人员的协调和配合。讯问的节奏与记录的速度要相互协调搭配，如果问得快，记录慢，笔录信息会出现遗漏；如果记录人员总是不停地插话确认，又会影响讯问的节奏和进程。因而也需要将讯问和记录磨合度较高的人安排在一起，这样会让讯问更为有效。此外还需办案人员与测试人员之间相互配合。在使用测谎和身心监护仪的情况下，需要讯问人员与测试人员的配合。如测试人员测前谈话、编题、测后谈话都需要根据讯问的进程和要解决的问题来进行，如果配合得好，即便测不出什么结果，测试的过程也会对后续的讯问产生影响。

场外分工则是指讯问室之外的人员分工，包括讯问的场外指挥、录音录像的观察和判断、讯问过程中的外围辅助调查等。场外指挥人员可以及时根据收到的信息、证据和被讯问人的表现研究讯问对策，并对讯问人员提出指导性意见。外围观察人员可以根据录音录像分析被讯问人撒谎的表现和节点。辅助调查人员则可以通过外围同步调查及时核实供述的真实性、到场核实或提取相关证据。

（三）熟悉案情

熟悉案情是讯问必须要做的准备工作。办案人员必须在讯问前掌握案件信息和证据情况，做到心中有数才能有效掌控讯问过程。熟悉案情必须要解决两个方面的问题：已经知道的信息和证据有哪些，讯问需要完成的具体任务是什么。

对于第一个问题，需要梳理已经掌握的证据情况和已经收集到的案件信息情况。已经掌握的证据情况主要是讯问之前已经收集到的证据和掌握证据线索情况。讯问人在准备时既要审查已经掌握的证据，核实证据的来源和真实性；又要关注前期已经掌握的证据线索材料，该材料在讯问中能够为讯问的方向提供参照和借鉴。已经收集到的案件相关信息情况，既包括与案件直接相关联的信息，也包括间接关联的背景信息，如被讯问人的个人兴趣爱好、活动规律、交往的圈子、既往经历等。这些信息可能在证明案件事实方面发挥不了作用，但在讯问中影响被讯问人、识别谎言、帮助办案人员探知犯罪事实真相等方面具有重要作用。因此，在梳理案件相关信息时，一定要对相关信息作广义理解，办案人员掌握的信息量越大、质量越高越好。

此外，案件的信息和证据是两个不同的概念。证据虽然也包含着案件的信息，但不包括全部案件信息。在职务犯罪讯问实践中，首次讯问前能够掌握的证据无论是质量还是数量都是有限的，但可以掌握的案件信息却是无限的。讯问前的初核工作一部分是收集相关证据，但更多的是掌握案件相关信息，包括有证据证明的信息和无证据，甚至不需要证据证明的信息。

对于第二个问题，办案人员需要根据掌握的证据和信息确立讯问的具体目标和任务，如讯问的重点是对被讯问人施加影响、改变其对抗意志还是要引导供述、从被讯问人那里获取案件信息。讯问的任务不同，需要使用的证据不同，可能要用的信息也不同。因此，办案人员在全面掌握证据和信息的同时，还需要根据讯问的任务有侧重地对相关信息和证据进行整理。

（四）分析背景和关系

讯问之前，讯问人还需要对案件背景和背后的关系进行分析和研判。所谓背景是指案件发生的背景，所谓的关系是指案件背后的社会关系网络。由于职务犯罪案件的犯罪行为与职权相关联，被讯问人身份相对特殊，案件发生后更容易引起各方面关注，办案人员更容易受到各种关系的困扰，因而掌握和分析案件背景情况和社会关系网络，可以提前发现问题，便于做好应对。一般而言，讯问人需要提前掌握的背景和关系信息包括如下方面：

1. 舆情趋势

与办理案件相关联的舆情会影响案件发展的趋势，尤其是网络舆情的发展趋势会对调查办案产生一定的影响。对于办案人员而言，一方面既要掌控舆情，引导舆情朝着有利于办案的方向发展；另一方面也要避免被舆情所左右。案件的舆情也会对被讯问人的认知和判断产生重要影响。办案人员提前分析舆情及其发展趋势，有助于在讯问中利用舆情改变被讯问人对案件发展趋势的认知和判断。

2. 被讯问人背后的社会关系网络

基于人情社会的关系文化，被讯问人在讯问中有可能寄希望于亲属、领导借助关系网络帮助其“脱困”或“摆平”。现实中这种关系网络也会给讯问造成障碍，提前掌握被讯问人背后的关系网络，一方面可以对可能的说情和干扰提前做好应对准备，另一方面也可以在讯问中利用被讯问人寄希望于关系的心理，或掐灭其希望或利用关系引导其供述案情。

3. 领导关注程度

上级领导对案件的关注会对案件的查办和被讯问人的心理产生一定的影响，尤其是对于涉嫌职务犯罪的被讯问人而言，领导的关注对案件的影响在其心中具有比较重要的分量。实践中可以借助领导对案件的关注来强化被讯问人的情绪压力，也可以用来改变被讯问人对案件发展趋势的判断。因此，了解领导对案件的关注情况可以在讯问中对被讯问人员施加影响。

4. 行业潜规则

不同行业职务犯罪的发案节点和规律的不同，源于不同系统权力运行机制和工作流程上的差异。同时权力运行机制和工作流程也决定了行业的潜规则，例如，工程建设领域的潜规则与医疗系统的潜规则存在巨大差异。建筑工程的招投标与医疗系统药品、医疗器械和耗材的采购，内在差异很大，潜规则涉及的主体和利益输送的方式也存在明显不同。同样，司法工作中权力运行机制和工作流程也极具特殊性，司法裁量权的运用、当事人请托方式、利益输送的方式、利用职权的方式等，明显不同于其他类型的职务犯罪案件。只有掌握了涉案行业的潜规则，办案人员才能准确把握职务犯罪案件的发案规律、节点以及可能的涉案人员和犯罪手段。

5. 行业案件特征

对于讯问借鉴意义最大的是其他地方已经办理的同行业同系统的案件。对于司法工作人员职务犯罪案件，一个省份与另一个省份的发案规律区别不大，调查方式也可相互借鉴。尤其是细分案件类型的规律和特征，具有更大的相似性。例如，监管人员、侦查人员、审判人员等不同类型司法工作人员的职务犯罪涉案环节、行为手段等有明显的差异，但同一类型的人员，内在相似性也非常明显。对于讯问人员而言，在讯问前系统研究这些规律和特征，对于讯问具有现实启发意义。

6. 专业领域相关知识

在讯问之前办案人员还应当补充涉案领域的专业知识。了解和掌握涉案领域的相关知识在讯问中可以发挥如下作用：第一，便于在讯问中及时甄别和发现被讯问人的谎言；第二，熟练掌握涉案领域专业知识可以改变被讯问人对办案人员的认知，增强其对讯问人员的信任度；第三，讯问中展示办案人员在相关领域的知识是对前期调查工作扎实程度的显示，可以在一定程度上改变被讯问人对案件发展情势的判断。

（五）研判被讯问人

讯问之前应当对被讯问人进行分析研究。研究的目的是准确把握被讯问人的个性特征和心理特征，对被讯问人在讯问中可能出现的反应进行预判。对被讯问人进行准确预判可以提高讯问的针对性和讯问的效率。研判被讯问人时，一般可以从如下几方面入手：

1. 身份职权

所谓身份主要是指被讯问人的社会身份，即被讯问人在单位的任职、兼职情况等，通过这些因素可以判定其社会地位和活动的大致圈子。至于被讯问人的家庭情况，则可以通过其家庭关系予以确认。所谓职权主要是被讯问人的岗位、权力和职责事项。对于职务犯罪而言，犯罪行为与职权紧密联系。身份和职权会影响一个人的知识储备和行为特征，也会影响被讯问人在讯问中的初始反应。

2. 思维特征

不同的人，思维特征是不同的，而不同的思维特征也会影响其意志和行为。有的人是发散性思维，有的则是直线型思维；有的人以理性思维为主，有的人则以感性思维为主。提前了解和把握被讯问人的思维特征，可以有针对性地采用讯问策略，提高讯问效率。

3. 行为倾向

行为倾向即采取行动前的一种准备状态，是人们作出某种反应的意向。提前研究讯问对象行为倾向性，把握其意向特征，有助于办案人员把控被讯问人的行为和态度。

4. 情感类型

人的情感、思维和意志是有机联系的。情感对人的思维和态度具有内在的影响作用，掌握一个人的情感类型和特征，可以为影响其行为提供突破口。

5. 辩解角度

被讯问人针对办案人员的指控往往不是被动接受的，有的被讯问人在进讯问室之前就已经想好了应对的策略和辩解的托词。尤其是涉嫌犯罪的司法工作人员，对侦查办案的流程和规范相对熟悉，面对可能的犯罪追诉，提前做好准备更为常见。因此，在讯问之前，办案人员需要揣测被讯问人可能会从哪些角度去辩解，再根据这些辩解的角度想好应对之策。

6. 撒谎节点

被讯问人面对指控试图通过谎言进行掩饰、隐瞒是一种正常反应。对于办案人员而言，必须要在讯问中识别这些谎言，并采取有针对性的应对策略。对谎言识别和应对，需要相应的技能，也需要事前准备。讯问之前对被讯问人可能撒谎的节点进行预判，可以减少被欺骗的机会，有助于办案人员在讯问中把握主动性。

（六）列讯问提纲

讯问准备中的一项重要工作是列讯问提纲。对于讯问人员而言，列讯问提纲的意义重在过程而不在结果。由于实际讯问中的变量很多，办案人员需要灵活应变，有可能所列的提纲在讯问中完全用不上，但列提纲的过程不可替代也不可或缺。这是因为办案人员动手列讯问提纲的过程也是强迫自己梳理案情、对被讯问人行为进行预判的过程，通过列提纲可以让办案人员的思路更加系统、有条理。列讯问提纲必须自己动手，不可让别人替代。

列提纲和使用提纲是两个不同的环节。列提纲要动手，而在讯问中用提纲则要用心。细言之，讯问中办案人员应当把提纲牢记在心中，根据讯问的变化灵活运用。讯问中反复查看提纲是讯问工作准备不充分的表现，办案人员千万不要一边提问一边对着提纲看，这样会给被讯问人以负面暗示，增强其对抗的信心。因此，讯问中办案人员应当将提纲牢记于心，这样才能在讯问中灵活应对。对于级别稍高、具有领导职务的讯问人员尤其要注意，讯问和准备讯问提纲都应当亲力亲为，切不可让下属代列提纲，在讯问中照提纲提问。

（七）讯问前的铺垫

在正式开展讯问之前，还需要根据讯问的谋略和计划进行相应的前序铺垫工作，为正式讯问预设或创造条件。讯问前的铺垫工作一般包括如下几方面：

1. 传递信息

这里的传递信息是指基于对被讯问人认知控制的需要，在正式讯问前通过非正式途径向被讯问人传递可以改变其认知状态的信息，从而为正式讯问创造有利条件。所传递的信息以改变被讯问人认知状态为目的，主要是在正式讯问前起暗示和适度刺激作用，所以传递的方式不需要那么正式，信息也不需要非常准确，信息量也不需要过大。例如，在到案途中办案人员不经意地提出问题来传递信息，类似的问题包括："你交往的朋友怎么一个个都靠不住呢？""搞那么多的钱自己又花不上，图什么呀？""你在单位的人缘看来真是不咋地呀？"等。这些与案件相关或不相关的问题会让被讯问人对讯问中可能被提出的问题产生猜测和遐想，也会改变被讯问人对办案人员掌握案件信息的认知，对正式的讯问起到铺垫作用。实践中可操作的方法还有很多，如押解人员看被讯问人时的特殊眼神、押解过程中故意接打电话讨论案情让被讯问人不经意间听到某些信息等。

对于司法工作人员职务犯罪案件而言，常规的办案套路和方法，他们有可能也比较熟悉，这就需要有针对性地对传递信息的内容和方式进行专门设计。讯问前传递什么样的信息，以什么方式传递信息，需要根据被讯问人的心理特征、工作经历、关联案件的影响、社会关注程度、其他涉案人员的反应等因素进行综合考虑。

2. 渲染氛围

在讯问前渲染氛围也是为了改变被讯问人的认知或者影响其情绪。常用的方法包括：在被讯问人刚到达办案区时故意安排人员进进出出形成忙碌紧张的氛围；在被讯问人等待讯问时故意安排人员围观或窥视；在办案区的楼道里故意低声讨论案情等。氛围需要根据讯问的需要而设置，既可以渲染紧张忙碌的氛围，也可以营造宽松舒缓的氛围，通常依照案情和被讯问人的特点而设置。

对于司法工作人员涉罪案件，渲染氛围更需要合情合理。通常而言，这些人对办案环境熟悉，对办案机关的日常工作样态也比较了解。讯问前氛围的渲染不可刻意，否则容易被发现，反而会弄巧成拙。

3. 情绪铺垫

在讯问前也可以根据情况对被讯问人的情绪施加相应的影响，为正式讯问作铺垫。对于焦虑情绪不足的被讯问人可以通过环境和办案人员的表情、态度增强其焦虑，对于需要舒缓焦虑情绪的被讯问人也可以通过讯问前办案人员同情、怜悯的表情、貌似理解的态度减轻其压力。除焦虑情绪的铺垫外，也可以对被讯问人的犯罪感、羞耻感、暴露感、解脱感等情感施加相应的影响，为正式讯问进行铺垫。

对于某些类型的司法工作人员涉罪案件，适当采用情绪铺垫也是可以的。如让犯罪嫌疑人间接感受被虐待人员的惨状，在过道呈现被害人家属撕心裂肺的哭声，传递脱逃人员再犯罪的恶劣后果的局部信息等。

4. 造势借势

被讯问人对案件发展情势的认知也可以通过讯问前的准备工作施加影响，如一反常态的武警押送、刚进办案区时戒备状态的提升会让被讯问人感受到相应的压力，讯问前较高级别办案人员的非正式会面会让被讯问人感受到案件被重视的程度。这些非正式的设计能够让被讯问人体验到某些压力和信息，在一定程度上有利于改变被讯问人对案件发展趋势的判断。

（八）安全检查

在正式讯问开始前，办案人员还需要进行安全检查，排除可能的安全隐患。讯问中的安全隐患有两个方面，一是讯问室中存在的安全隐患，二是被讯问人自身携带的安全隐患。讯问之前，办案人员应当对讯问室进行安全检查，检查讯问室是否存在可能的逃跑通道和讯问对象自杀、自残的工具。具体检查事项一般包括：

（1）门窗的位置和封闭情况；

（2）电门、电线、电器的设置情况；

（3）是否存在可以成为工具的尖锐物、坚硬物，如座椅上的螺丝钉、钉子等。

为了排除讯问对象自身携带的安全隐患，讯问前也需要对被讯问人进行人身检查。具体事项一般包括：

（1）装饰物，如眼镜、戒指、手表等；

（2）带状物，如鞋带、腰带等；

（3）化妆品和工具，如刮眉刀、修眉笔、口红等；

（4）口袋隐藏物，如硬币以及其他小型工具等；

（5）自带药物。对于被讯问人的自带药物，一般应当询问药物的来源和用途，对于被讯问人在讯问中要求吃药的，应当由专门的医务人员检查和许可。除非特殊情况下，办案人员不能给讯问对象吃药。

二、讯问开始

刑事诉讼法和《人民检察院刑事诉讼规则》对自侦案件讯问的初始环节作了一些具体的程序规定，同时也限定了一些具体的任务。这些规定让讯问的初始环节具有了程式化特点，也使其具有相对的独立性。从讯问的操作看，一系列的初始工作流程构成了讯问的开始环节。为了保证讯问的规范性和讯问笔录的质量，讯问开始环节的任务主要包括如下四个方面：

（一）填写讯问笔录首部信息

讯问笔录是对讯问情况的记录，也是记录被讯问人供述和辩解重要的书面材料。讯问笔录目前并没有统一的样式，从文书规范的角度来看，一般包括首部、正文、尾部等基本组成部分。对于讯问而言，应当从完善和核实讯问笔录的首部内容和信息开始。首部一般包括标题、讯问时间、地点、讯问人、记录人、被讯问人等内容，主要是由记录人员填写。

从办案的实践看，填写首部内容需要注意如下方面：

（1）标题名称完整，字体规范。

（2）应当标明是第几次讯问。讯问可能出现多次，不同次的讯问应当表示清楚。

（3）讯问的开始和结束的具体时间都应当记录，不能只记录开始时间，不记录讯问结束时间。

（4）讯问地点应当标明第几讯问室。实践中个别笔录只标明地点，如“某某管理中心”“某某办案点”，但不标明第几讯问室，容易引起误解。

（5）讯问人员应当具有办案资格，且不少于两人。

（6）标题和内容相符。

（二）查明被讯问人的基本情况

讯问一般应先查明被讯问人的基本情况，包括：姓名、出生年月日、户籍地、公民身份号码、民族、职业、文化程度、工作单位及职务、住所、家庭情况、社会经历、是否属于人大代表、政协委员等情况。

根据讯问实践中的问题，第一次讯问，应当注意以下方面：

（1）姓名部分，不仅要问明现用姓名，还需要查明别名、曾用名。

（2）出生年月日应当写明出生的具体年、月、日，标明是公历还是农历，不能只写年龄数字。被讯问人的出生年月日具有法律意义，讯问笔录只写年龄数字，法律意义不大。

（3）职业问题不能忽略。

（4）住所可能有多个，需要逐一问明。

（5）性别、政治面貌、联系方式等内容虽然没有明确要求，但是对于办案有影响，一般也应当问明。

（6）对于职务犯罪案件而言，家庭情况、社会经历、是否为人大代表、政协委员至关重要，需要仔细核实。

（三）告知与询问

核实被讯问人基本情况后，要进行相应的告知和询问工作。告知内容包括四个方面的内容：

（1）告知犯罪嫌疑人在侦查阶段的诉讼权利。有的地方给被讯问人发放权利义务告知书，并让被讯问人签字。从笔者调研的情况看，不同地方权利义务告知书的内容有所差异。但是，有权自行辩护或者委托律师辩护的权利，必须在权利告知的内容当中。

（2）告知办案人员（书记员、翻译人员）的姓名、单位和职务等基本情况。

（3）告知被讯问人如实供述自己罪行可以从宽处理和认罪认罚的法律规定。

（4）告知将对讯问进行录音录像。

询问通常是问询两个方面的情况：一是问询被讯问人是否申请回避；二是问询被讯问人身体状况是否能够接受讯问。

基于讯问合法性证明的需要，讯问中告知和询问情况应当在录音录像中予以反映，并记明笔录。

（四）讯问是否有犯罪行为

《刑事诉讼法》第120条规定侦查人员在讯问被讯问人的时候，应当首先讯问被讯问人是否有犯罪行为，让他供述有罪的情节或者无罪的辩解，然后向他提出问题。因而在侦查讯问中，进入正式讯问环节，应当首先讯问被讯问人是否有犯罪行为，让被讯问人供述有罪的事实或者无罪的辩解，并允许其连贯陈述。从证据角度来看，讯问中这一操作能够体现供述的自愿性，提升口供的证据能力。

三、态度转化

在讯问案件事实的过程中，如果被讯问人没有配合意愿，拒不交代相关事实，讯问则进入态度转化环节。这一环节讯问的具体任务主要包括四个方面：控制情绪、改变认知、沟通说服、引导决策。在具体策略和措施方面则是多样化的，办案人员可以根据讯问的对象、情景、案件特征和证据情况等诸多因素灵活设计。实践中讯问的策略大多围绕这部分展开，主要是解决被讯问人开口的问题。本书前面已经将此作为讯问的核心环节予以论述，在此不再赘述。

四、供述引导

供述引导是在被讯问人开口问题解决之后，愿意如实供述的情况下进行的讯问引导工作。这一环节主要解决的是“怎么说”的问题。引导的目的就在于让被讯问人把要说的和该说的讲清楚，力争做到条理清晰，信息准确全面。一般认为，解决被讯问人开口的问题是难点，被讯问人愿意说，问题就好解决了。但实际上这一环节也是技术含量很高的环节，它直接关系到证据的质量。在这一环节，既有犯罪事实构建问题，也有话题的监控和管理问题，话题如何引入、不同话题之间如何过渡和转换，对被讯问人在供述中的表现如何反馈等，都需要相应的法律知识和专业素养。对不同犯罪的引导、对不同对象的反馈都需要在实践中不断探索、总结和提升。

五、讯问结束

在被讯问人交代犯罪事实之后，讯问进入结束环节。结束环节包括如下方面的任务：

（一）总结梳理案件事实

在讯问结束环节，办案人员应当根据被讯问人对案件事实的供述情况，引导被讯问人对案件事实根据一定的逻辑或者空间顺序做一个总结性供述，从而形成一个相对完整、有条理的供述。这一部分对于以后的证据审查具有铺垫作用，也是保证笔录证明力的关键环节。在以后的程序中，这一部分内容往往是侦查人员、公诉人、法官甚至是辩护律师主要关注的部分。这部分总结性的供述可以说是侦查讯问工作的亮点，也是讯问笔录发挥证明作用的关键点。因此，在最后环节引导被讯问人做总结性供述十分必要且要让总结供述做到全面、准确、有条理。

（二）核对或宣读笔录

讯问笔录应当忠实于被讯问人的原话，字迹清楚，详细具体，并交被讯问人核对。被讯问人没有阅读能力的，应当向他宣读。如果记载有遗漏或者差错，被讯问人有权补充或者改正。在核对或者宣读环节需要特别注意如下问题：

第一，笔录的粘贴复制问题。一些书记员在记录时把前面的笔录进行粘贴复制，再根据讯问情况进行修改。这种做法可以节省人力，但如果操作不细致会造成证据合法性问题，如不同时间、不同地点讯问的笔录表述一致，甚至是标点符号和错别字也是一致的。这种情况在核对的时候需要特别注意，否则会严重影响笔录的证据能力和证明力。

第二，讯问笔录和录音录像不一致的问题。对人工制作笔录的效率和准确性不能与同步录音录像做同等要求，笔录和录音录像存在一些差异是不可避免的，也是允许的。但是在制作讯问笔录时应当坚持“不多”和“不少”原则。所谓“不多”是指录音录像中没有的供述，笔录中不能有，也就是笔录不能无中生有。所谓“不少”是指与案件事实紧密相关的供述，笔录不能缺少和遗漏。对于与案件无关的一些过渡性话语在时间紧迫的情况下是可以省略的。

对于被讯问人请求自行书写供述的，可以允许，但在核实的时候尤其要注意被讯问人在供述中藏头、嵌字的现象。发现有藏头、嵌字的，应当问明原因，核实真实意思，并将提问核实情况记录。

（三）逐页签名、签字

对于核对和修改后的笔录，被讯问人和办案人员都应当签名。根据《人民检察院刑事诉讼规则》第188条的要求，犯罪嫌疑人认为讯问笔录没有错误的，由其在笔录上逐页签名或者盖章，并捺指印，在末页写明“以上笔录我看过（向我宣读过），和我说的相符”，注明日期。如果犯罪嫌疑人拒绝签名、盖章、捺指印的，应当在笔录上注明。

对于被讯问人的签名，办案人员需要仔细核实，实践中有的被讯问人签名时写上“以上笔录我看过（向我宣读过），和我说的不相符”，故意把“不”字写得很小或者很潦草，因此，办案人员在核对时尤其注意小写或者草写的“不”字。

讯问人员、翻译人员、书记员也应当在讯问笔录上签名。办案人员签名需要注意如下情况：

一是未参加讯问的办案人员不能签名。实践中有的地方在人手不足的时候，由一个办案人员讯问，然后由其他办案人员补签名，这种做法会影响讯问的合法性和讯问笔录的正当性。

二是一名办案人员同时在两份讯问笔录上签名。在讯问共同犯罪或者“窝串案”件中，个别办案指挥人员同一时间段参与两个甚至多个讯问室的讯问，并在讯问室之间来回穿梭，最后也在多个不同的被讯问人的讯问笔录上签名。这种情况会造成所谓的“分身讯问”，即同一个办案人员同时讯问两个或者多个被讯问人，并在笔录上签名的现象。这种情况会影响讯问笔录的证据效力。

（四）对被讯问人的配合态度予以肯定

在讯问结束，根据讯问情况和被讯问人的表现对其配合态度予以肯定，有助于安慰被讯问人的情绪，也有助于强化被讯问人的配合意识。对于下一次讯问而言，这种肯定有助于形成一种行为定式，强化其配合。

（五）对被讯问人提出要求

在讯问的结束环节，可以根据下次讯问的任务和需要，对被讯问人提出具体的要求，如仔细回忆某些犯罪细节等。这种要求也被称为给被讯问人“布置任务”。在讯问结束时给被讯问人提出某些具体的要求，可以在两次讯问的间隙占用被讯问人休息时的精力，在一定程度上可以减少其考虑后果和思考应对下一步讯问的时间。

六、回顾评估

在讯问笔录核实无误，被讯问人签名、捺指印完成并被带走之后，讯问工作并没有结束，而是进入回顾与评估环节。具体而言，讯问中的回顾与评估环节的具体任务包括如下方面：

（一）复盘讯问过程

即对讯问的全过程进行回顾和复盘，有录音录像的，可以回放或者选择性回放。重新对讯问过程进行检视，查找和发现问题。

（二）评估讯问对象状态

在被讯问人带走以后，通过录音录像回放，对被讯问人的状态进行评估。具体包括被讯问人的情绪状态、认知状态。评估的目的在于分析被讯问人的状态与供述案件事实的匹配度。对情绪状态的评估主要是分析被讯问人供述案件事实时的情绪反应是否正常，是否与正常情感体验相一致或者成比例。认知状态的评估主要是就供述的内容与被讯问人的感知能力、认知条件、注意程度是否相对应，查找可能存在的疑点和问题。

（三）分析撒谎的可能性和具体表现

在面对面讯问结束后，办案人员还应当结合被讯问人供述的内容分析其撒谎的可能性和具体表现。具体包括如下方面：

第一，撒谎的动机分析，分析研判被讯问人是否存在撒谎的内在动因和心理取向。

第二，查看被讯问人的语音、语气和微反应情况，查找与撒谎相关联的微反应。

第三，与其他证据核实比对，查找被讯问人供述和辩解中与其他证据不一致的地方和原因。

（四）查找遗漏的问题

对本次讯问中相关的问题进行梳理，查找遗漏的问题和问得不透的问题并列出清单。一方面，要检视系列问题的全面性，查找没有问到的问题和事实；另一方面，要查找讯问中出现的新问题，尤其要特别注意被讯问人在回答和供述过程中出现的有关其他犯罪事实相关的线索。

（五）审核引导供述中的问题

主要是审核引导被讯问人供述犯罪实施过程中话题管理和话轮控制情况。查找核实引导供述过程中是否存在指供、诱供的现象，包括出示证据过程中是否存在信息污染，评估信息污染导致虚假供述的可能性。

（六）审核笔录是否有瑕疵

对讯问笔录的首部、正文和尾部进行核对，查找是否有遗漏项或可能存在的错误和瑕疵。事后的核对在于查找和发现问题，保证证据的质量。

（七）分析下一步讯问的方向

根据回顾和评估过程中发现的问题和线索，整理下一次讯问需要查明的问题和注意事项，在此基础上确定下次讯问的方向。评估和回顾不仅仅在于发现问题，更重要的是为下次讯问做准备。

3 第三章 讯问中的心理学原理

转变被讯问人的意志，使其从对抗转向配合是讯问的重要环节。在这一环节中，对被讯问人进行情绪控制是讯问工作的重要组成部分，情绪控制的效果对被讯问人态度的转化起着至关重要的作用。情绪控制原理在这一讯问环节中对诸多讯问技巧和谋略的使用具有指导意义，也是一些重要讯问操作规范的依据。

第一节　供述机制的理论模型

为了解释侦查讯问中被讯问人供述的机制和过程，国外学者构建了不同的理论模型，且依据不同的理论，从不同的角度出发试图解释促使被讯问人供述的机制。这些模型不仅对认识被讯问人供述的心理过程有着深化作用，而且对讯问的谋略和技巧具有启发意义。

英国学者古德琼森对国外一些供述理论模型进行了总结和评价，并提出了自己的供述理论模型，这些理论模型对实践中的讯问具有较强的启发意义。[①] 相关供述模型具体包括如下五种：

① ［英］古德琼森：《审讯和供述心理学手册》，乐国安、李安等译，中国轻工业出版社2008年版，第109—119页。

一、里德（Reid）供述模型[①]

1986年，美国伊利诺伊州、芝加哥市的约翰里德协会中里德测谎小组的指导员布瑞安·杰恩（Brain C. Jayne）基于里德等人《刑事侦讯与自白》（第三版）完成了《刑事侦讯的心理原则》一文。该文以“九步讯问法”为基础，提出了一种“资料翔实的模型”，杰恩称为“里德模型”。[②]该模型试图解释为什么“九步讯问法”能够在引导供述中得以成功运用。

该模型认为，侦查讯问是一个拆解谎言的过程。被讯问人撒谎都有一个共同的动机，就是躲避说实话可能带来的后果。现实的后果是自由受到限制或者金钱损失，个人的后果则是影响自我认同。被讯问人撒谎成功就有可能逃避惩罚。虽然撒谎有“好处”，但由于社会普遍认同撒谎不好，所以会产生内心的矛盾。矛盾冲突的结果就是会让被讯问人有深深的挫折和焦虑。焦虑可以通过行为减缓，也可以通过防卫机制来减缓。防卫机制的作用主要有两种，一种是合理化作用，另一种是投射作用。

杰恩认为，一个人之所以愿意认罪（说实话），应该是他认为与其继续撒谎而焦虑不安，倒不如认罪面对可能的后果。相反地，如果嫌犯认为宁可因为撒谎而焦虑也不愿意说实话，面对可能的后果，那么他就会继续撒谎下去。影响这两种不同决定的变项就是嫌犯要继续焦虑还是要接受惩罚；这两个变项在侦讯的时候都可在心理上加以操作。所以侦讯的目的就是要减缓刑责对嫌犯产生的压力，同时强化因为撒谎所造成的焦虑情绪。[③]

杰恩认为，就刑责结果与焦虑之间的关系，以及侦讯者应该如何操作来达成所追求的目标，有四个基本的概念应该注意：预期、劝

① 在不同的译文版本中，John E.Reid的中文译名也不一样，有的翻译成“约翰·E.莱德”，有的翻译成“约翰·E.雷德”，也有的翻译成“约翰·E.里德”，实际是指同一人。

② ［英］古德琼森：《审讯和供述心理学手册》，乐国安、李安等译，中国轻工业出版社2008年版，第109—111页。

③ ［美］佛瑞得·英鲍、约翰·莱德、约瑟夫·巴克莱：《刑事侦讯与自白》，高忠义译，商业周刊出版有限公司2000年版，第428页。

说、信念和行为（自白）。其中劝说是一种沟通的技巧，借着这种技巧来改变听者的态度、信念或观念；预期经由劝说的过程来加以改变；信念则是劝说的工具。在刑事侦讯中，事实是不可能改变的，但侦讯者可以借由改变嫌犯的信念来合法地改变嫌犯对认罪后结果的认知，或者对因为撒谎所产生焦虑的认知。

杰恩认为，减轻预期的后果通常通过合理化或推卸责任的论调来减轻。同情跟怜悯也是有效减轻后果的方法。

杰恩指出，增强预期的焦虑必须视被讯问人在侦讯环境中对自己的反应如何而确定。增强焦虑的供述通常在话题的范围内被扩张，而且借由实例及证据予以补强。预期的后果与预期的压力并非互相排斥的现象，如果侦讯者只降低预期的后果，随着后果的降低，焦虑也会减轻。在增加焦虑的同时，不能同时增加预期后果。

对于杰恩所总结出的“里德模型”，古德琼森认为该模型似乎表明，讯问的成功依赖于讯问人员对被讯问人的心理弱点进行成功识别，并改变其信念和供认犯罪的结果认知，劝说其接受讯问人员的“事实”版本的程度。这也是讯问过程中的一条有效制服反抗的潜在途径。①

二、希尔根多弗（Hilgendorf）和埃尔维因（Irving）供述决策模型②

除了里德模型，古德琼森还介绍了另外三种供述模型。其中之一是希尔根多弗（Hilgendorf）和埃尔维因（Irving）于1981年针对羁押讯问期间的被讯问人决策提出的供述决策模型。模型的基本假设是，当被讯问人接受讯问时就开始进入复杂、苛求的决策阶段。被讯问人必须作出下列基本决定：

（1）是说还是保持沉默。

① ［英］古德琼森：《审讯和供述心理学手册》，乐国安、李安等译，中国轻工业出版社2008年版，第111页。

② ［英］古德琼森：《审讯和供述心理学手册》，乐国安、李安等译，中国轻工业出版社2008年版，第112—113页。

（2）是否供认犯罪。

（3）是否告知真相。

（4）是告知全部真相还是只说部分。

（5）如何回答警方讯问人员的提问。

希尔根多弗和埃尔维因认为，决策的决定因素有：

（1）对可选行动方案的感知。

（2）对这些行动方案附带的将同时产生多后果的可能性感知。

（3）与这些行动方案相关的实用价值或收益。

这些因素表明，被讯问人必须考虑他们的各种选择，然后评估这些选择可能产生的后果。被讯问人的决策并非基于可能发生的客观现实甚至实际情况，而是由认知后果的“主观可能”所决定。被讯问人此时相信的就成为可能后果并影响着他的行为，这意味着我们不能假定被讯问人会客观考虑供认犯罪的严重法律后果。一个无罪的被讯问人可能因误以为“自己无罪，法庭就不会判他有罪，真相最终会水落石出”的想法而供述。

被讯问人必须权衡选择某种行动方案可感知的价值（“有用性”）与潜在后果。例如，供认犯罪之后是否就会停止讯问并允许他回家？供认后是否被允许与家人会见？希尔根多弗和埃尔维因认为，有时非常轻微、含蓄的威胁和诱导都会影响被讯问人的供述决策，因为他所感知到的警方力量已经超过情境和其言语的表面可信性。

希尔根多弗和埃尔维因又发现，决策并不仅仅受功利的得与失的感觉影响，还受到相关的个人、社会认同或不认同的因素影响。

希尔根多弗和埃尔维因假设，在实际警方讯问中，有许多社会的、心理的和环境的因素可能影响或者严重削弱被讯问人的决策能力，这些因素可能破坏被讯问人供述的可靠性。其中，包括下列几种重要因素：

（1）警方可以控制讯问中的社会和自我认同效用来影响被讯问人的决策。

（2）警方讯问人员可以控制被讯问人既定行动方案的后果感知。

（3）警方讯问人员可以削弱被讯问人信息处理和决策的能力。

希尔根多弗和埃尔维因模型提出了“自愿和压制的法律概念”，并指出了可能使供述不可靠的许多重要因素。[①]

三、里克等人的供述精神分析模型[②]

供述精神分析模型是以弗洛伊德的精神分析学说和相关理论为基础而建立的。根据古德琼森的介绍，供述的精神分析模型的假设前提是“犯罪感是供述和虚假供述的根本原因”，即犯罪感是供述的心理动力。

对该模型表述最为详细的是里克。里克以20世纪20年代在德国所著的书和资料为基础建立了供述的精神分析模型。该模型试图表明，供述的潜意识冲动在宗教、神话、艺术、语言和其他社会活动包括犯罪中起着重要的作用。

里克主要依靠弗洛伊德的自我、本我和超我的概念，在这个结构中供述被解释为“超我所承担的为了调和自我和本我矛盾的尝试”。此时超我在个体供述需求中居于重要地位，如果超我保持沉默，就会发展出强烈的犯罪感和自我惩罚的需要，从而导致供述的“冲动”，但有时供述是虚假的。犯罪后形成的犯罪感和自我惩罚的潜意识作为个体的普遍特征对其情绪和行为产生重要的影响。人们只有在供述后，自我才开始接受行为的情感意义，这与理智接受行为不同，对罪犯而言往往先由情绪接受。依照里克的精神分析模型，对犯罪行为的情感需要数年才能接受。罪犯只有在供述后才能迈出回归社会的第一步，供述能使人们从犯罪感中得以解脱。根据古德琼森的介绍，罗格也认为供述建立在犯罪感基础上，其认为犯罪感由两部分组成：害怕失去爱和害怕复仇，那些触犯刑法犯罪的人总是处于焦虑之中，唯恐失去爱，如果认罪的话，又害怕遭到报复。

伯格瑞提出了一种心理模型，强调个体对其违反社会规范的供述

① ［英］古德琼森:《审讯和供述心理学手册》，乐国安、李安等译，中国轻工业出版社2008年版，第113页。

② ［英］古德琼森:《审讯和供述心理学手册》，乐国安、李安等译，中国轻工业出版社2008年版，第113—114页。

需要。人们对犯罪的认知形成犯罪感，表现为压抑和抑郁，供述会产生一种解脱感，宣泄效果非常有效，尤其对于牧师或警察等处于权威地位的人，供述的宣泄效果会更好。

但古德琼森也指出，因其基础并未获得科学界的充分认可，供述精神分析模型中存在很多矛盾。没有实验研究关注到犯罪感能促使被讯问人供述的现象，罪犯可能由于早期的训练或习惯，犯罪后不再遭受良心上的痛苦。供述精神分析模型似乎忽视了犯罪后个体和群体间在悔恨感上的显著差异。

四、史蒂芬森和威廉逊的供述相互作用模型①

根据古德琼森的介绍，史蒂芬森和威廉逊提出一个供述模型，该模型假设不管被讯问人是否与被调查案件相关，其最初的辩解反应受三大类因素相互作用的影响：

（1）被讯问人和犯罪的背景特征，如犯罪类型、犯罪的严重程度、被讯问人的年龄性别和个性特征。

（2）案件的相关特征，如法律意见、警方证据的力度（要区别被讯问人对指控的最初反应及其后续反应）。

（3）讯问人员的讯问技术。

这个模型强调注意互动的系列变量，而不是孤立研究逐个变量，因此，讯问结果依赖于所包含因素的相互作用。该模型的一个重要含义是，被讯问人和案件的背景特征与其他相关因素共同作用，并影响讯问人员的信念、态度和讯问风格，进而影响被讯问人的行为。此外，案件的特征对被讯问人和讯问人员双方的行为产生重要的影响。

古德琼森认为，该模型有助于解释被讯问人和案件的背景特征如何影响讯问人员的审问方式，并接着影响被讯问人的行为和讯问结果。该模型的主要缺陷就是没有注意到被讯问人的心智状况和认知过程。

---

① ［英］古德琼森：《审讯和供述心理学手册》，乐国安、李安等译，中国轻工业出版社2008年版，第115页。

五、古德琼森的认知—行为供述模型①

古德琼森在总结四个供述模型基础上也提出了自己的供述模型，即供述的认知—行为模型。古德琼森认为，供述产生于被讯问人、环境和其他主要环境因素之间的特殊关系，也适用于虚假供述。该模型综合了其他模型的基本因素，提出了供述的社会学习理论方法。

该模型通过研究行为分析结构中供述行为的前因和后果来理解认知与行为之间的关系。"前因"是讯问前产生的各种因素。这些因素可能激发或有助于后来的供述，有许多因素可能与此相关，如疲劳、疾病、剥夺食物和睡眠、压力、社会关系孤立、犯罪感和丧失亲人等。被讯问人供述的后果主要有两种，即时或短期后果和长期后果。即时或短期的后果会在被讯问人供述所犯罪行之后几分钟或几小时内产生；而长期后果可能会在被讯问人供述后数天、数星期或数年内产生；无论是即时的还是延后的后果，都依赖于案件的本质和情境以及有关个体的心理特征。前因与后果因素又可以按照社会的、情绪的、认知的、情境的和生理的因素来分类和解释。

1. 社会因素

古德琼森认为，可能促进供述的社会因素有两种：第一种因素是指被家庭和朋友孤立，警方运用多种工具将被讯问人同外界相隔离会迫使其自愿供述。第二种因素是有关讯问自身的本质，社会历程也是获得被讯问人供述的重要因素。

2. 情绪因素

古德琼森指出，大多数被捕和被带回警察局的被讯问人无疑会感到很紧张。一般情况下，被讯问人会感到焦虑和苦恼。不确定的情形会引起焦虑，如在警察局担心会发生什么事情、担心会被监禁、担心犯罪行为的相关后果。因冲动犯了严重罪行的被讯问人可能对犯罪行为本身苦恼，尤其当被讯问人被捕同时丧失亲人，他会在痛苦情绪下变得异常脆弱。犯罪感和羞耻感是与供述有关的重要情绪体验，在

① ［英］古德琼森:《审讯和供述心理学手册》，乐国安、李安等译，中国轻工业出版社 2008 年版，第 115—118 页。

供述过程中，羞耻是可耻和羞辱的体验，同时还常伴随着暴露感。相反，犯罪与意识内容有关（它与现实的或想象的违背个人内化价值标准的先前违法行为有关）。犯罪感和羞耻感之间有显著的动机和行为差异。然而犯罪感促使人们进行行为补偿（即供述、道歉、赔偿）。羞耻感则有相反反应，它使人试图隐藏，并且不愿暴露实情。犯罪感对罪犯承担犯罪行为责任的归因方法也有重要作用。

供述后即时压力消失，被讯问人会体验到情绪解脱，紧接着未来也更加确定。有罪的被讯问人还会体验到诉说罪行的解脱感，警察往往成为被讯问人第一个告知犯罪行为的人。不久以后，尤其当被讯问人必须面对不愿公开的和告知朋友及家人的犯罪时，羞耻感会加剧。

3. 认知因素

古德琼森指出，认知因素包含被讯问人与既定情境相符的想法、解释、假定和感知的策略，该因素能够对被讯问人的行为产生非常明显的影响。在讯问过程中，被讯问人的行为容易受到他们自己对目前情形的感知、解释和假设的影响，而非警方实际采取的行为。当被讯问人感觉到有罪证据非常有力，根本无法否认犯罪行为时就很容易供述。无罪的人如果认为即使他们在持续讯问中屈服，最终还是会真相大白，这种想法则可能产生虚假供述。同样，无罪的被讯问人可能因讯问而困惑，并开始怀疑自己对事件的回忆，还可能接受讯问人员毫无根据的暗示，并相信自己确实犯了事实上并未犯的罪，即所谓的“压力内化型”虚假供述。

古德琼森认为，即时的认知后果可能会与压力缓解有关。无罪的被讯问人认为（或希望），他们的律师会办妥一切。被讯问人因被误导而开始相信自己犯下被指控的罪行后，可能对自己犯下如此恐怖的罪行却毫无记忆而感到奇怪。当他们逐渐平息了混乱的状态时，会非常确信自己是无罪的。供述的潜在长期后果最重要的认知因素，无疑就是供认犯罪的后果。他们开始考虑严峻的处境，这可能会使他们想收回先前的供述。

4. 情境因素

影响被讯问人供述的情境因素可以分为很多种。被讯问人被捕时的情况（如在凌晨突然被捕），尤其当这种情况与生理周期的低谷（最低点）相一致时，会影响被讯问人在随后讯问中的处理能力。同样，在警察局的牢房里关上几个小时或几天会“软化”犯罪嫌疑人（削弱他们的抵抗），并使他们感觉更有义务接受讯问。同时，对警方程序和讯问的熟悉程度会为被讯问人提供一定的知识和经验，使他们更好地理解和主张自己的权利。

5. 生理因素

古德琼森认为，供述前的生理状态处于高度唤醒状态，包括心率增加、血压升高、呼吸加速且不规律、出汗。出现这些情况的原因是被讯问人处于普遍的恐惧、忧虑和害怕的状态。被讯问人一旦作出供述，就会因为即将发生的事情更加确定而使生理和主观唤醒状态急剧下降，未确定的案件判决和后果可能导致主观和生理状态唤醒水平增长，但是，随后生理唤醒会恢复到正常水平。

第二节　讯问过程的心理解读

一、讯问是引导被讯问人从撒谎到如实供述的转化过程

讯问的态度转化环节主要针对两种人，一种是有罪而作无罪辩解的被讯问人，另一种是无罪却作有罪供述的被讯问人。司法工作人员职务犯罪案件在立案之前也需要进行调查核实，办案人员对被讯问人是否有罪已经有了初步判断，并且掌握了一定信息和依据。通常是对那些嫌疑度比较高的人才进行立案。在这种背景下，讯问实践中绝大多数情况是被讯问人明知自己实施了犯罪行为，是有罪的，但却故意作无罪的辩解。实践中也存在无罪的被讯问人作有罪供述的情形，这种情形虽然极少发生，但因为案件的复杂性，是客观存在的。如下属替上司顶罪，亲属之间出于亲情顶罪等也时有发生。这种情况虽然比例很低，但是一旦出现，办错案的风险就比较大。

这两种人其实都是在撒谎。有罪者作无罪辩解是故意隐瞒事实真相，无罪者作有罪供述则是在故意编造谎言，虚构案件信息。这两种被讯问人在言语行为上表现为撒谎，对待讯问是一种抗拒态度，在讯问中对办案人员的问题和要求也不配合。

针对这两种被讯问人的讯问，既是一个态度转化过程，也是一个不断拆解被讯问人谎言的过程。讯问一开始，被讯问人的态度是抗拒，采取不配合的姿态，而行为上则表现为撒谎。讯问的理想结果是让被讯问人配合，让有罪的被讯问人如实供述自己的罪行，让无罪的被讯问人承认自己替人顶罪的事实。简言之，就是让被讯问人如实供述。这一过程必然伴随着对被讯问人谎言的拆解和揭露。唯有谎言和欺骗被拆解干净，被讯问人才有可能开口说实话。

二、影响态度转化的两个因素

被讯问人由抗拒到配合这一转化过程受制于内、外两个方面的因素。

（一）内因

内因是指被讯问人的内在情绪状态和对与案件相关问题的内在认知。情绪因素包括焦虑、恐惧、愤怒、吃惊、悲哀、喜悦、担忧等。情绪对行为有一定的制约和影响作用，被讯问人的情绪状态会影响其认罪的态度和在讯问中的配合度。情绪本身是一种复合状态，有多种情绪因素和种类，其中对被讯问人而言，焦虑情绪起着至关重要的作用。认知因素包括对犯罪后果的认知、讯问情势的认知、案件利益格局的认知、自身能力的认知、法律知识的认知、案件程序走向的认知等。被讯问人对相关因素的认知影响其在讯问中的决策，决策制约其行为。在认知因素中，被讯问人对犯罪后果的认知对有罪者所起的制约作用较大。

（二）外因

外因则是指讯问人员和讯问环境对被讯问人施加的影响。讯问不能强制，办案人员只能动口劝说而不能动手，因此，办案人员施加外在影响的方式主要是言语劝说。即通过言语劝说的方式，影响内在因素，引导被讯问人配合。一方面是通过言语交流，对被讯问人输入观点和信息，改变被讯问人的认知；另一方面是通过交流沟通控制被讯问人的情绪，改变被讯问人的情绪状态。在言语劝说方面，讯问人员的言语表达能力、对被讯问人心理鉴别能力、情绪状态的观察能力、自身的知识储备以及根据讯问情况及时调整策略的应变能力都至关重要。除言语劝说外，讯问人员还可以通过衣着、行为举止增加自身的可信度，也可以通过态势语言的运用对被讯问人施加影响。

此外，讯问环境的设置和变化也会影响被讯问人的情绪、认知和判断。不同的讯问环境会向被讯问人传递不同的信息，这些信息进而会改变被讯问人的认知和判断，对被讯问人态度和决策的转化起着催化作用。讯问人员的劝说和环境的影响都是从外部对被讯问人施加影响的，属于外在因素（见图 3.1）。

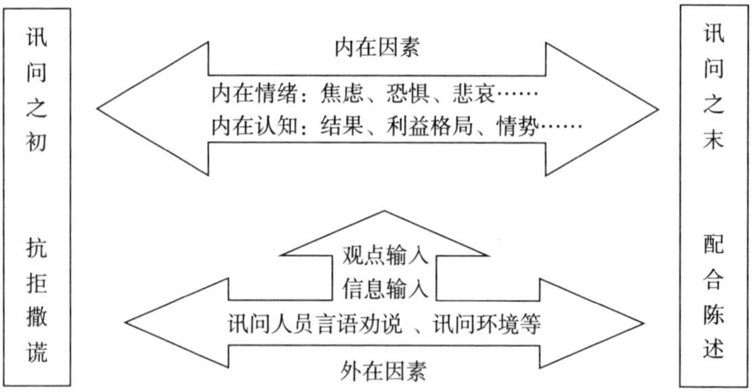

图 3.1　影响被讯问人供述的内因和外因

外因往往需要通过内因来发挥作用。无论是办案人员的言语劝说还是讯问环境的影响，通常从两个方面对被讯问人进行输入。一是观点输入，即办案人员通过言语劝说方式向被讯问人输入某些观点和看法，用以影响被讯问人的判断和决策；二是信息输入，即通过环境选择和布置传递信息或者办案人员直接向被讯问人告知某些信息，用以影响被讯问人对于案件相关因素的认知。无论是观点输入还是信息输入，都是在试图改变被讯问人的认知、判断、决策以及被讯问人的情绪，进而影响被讯问人的意志，把被讯问人导向如实供述。

至此，讯问过程可以作如下解读，即讯问其实就是办案人员以言语劝说的方式对被讯问人施加影响，通过控制被讯问人的内在情绪状态，改变被讯问人对相关因素的认知，引导被讯问人从抗拒到配合，从撒谎到如实供述的转变过程。

需要指出的是，讯问人员的言语沟通是影响被讯问人是否如实供述的重要因素之一，而不是唯一因素。有的案件中，讯问人员的讯问经验很丰富，口才很好，讯问能力很强，但不管其如何努力，被讯问人就是不开口；而有的案件中，讯问人员的能力并不是很强，甚至言语表达都不那么利落，但稍加努力，被讯问人却顺利开口如实供述了。实际上这是很正常的现象。因此，讯问中不仅要考虑讯问人员的因素，选择合适的讯问人选，还要关注讯问人员以外的多种因素，只有把讯问人员的因素和其他因素有效结合在一起，才能有效设计和运用讯问谋略，真正提高讯问的效率和效果。

三、撒谎是有罪者的正常反应

在讯问中撒谎其实是有罪者的一种理性选择，也是一部分被讯问人（有罪者）的正常反应。有罪的被讯问人之所以选择撒谎，其实是为了规避说实话可能带来的不利后果。职务犯罪被讯问人的思考力、执行力和沟通能力整体上强于一般案件中的被讯问人，这类被讯问人懂得权衡利弊，有预见能力。面对侦查和讯问，有罪且有理性的被讯问人通常都会选择撒谎。具体原因包括如下方面：

（一）对刑事责任的畏惧

有罪的被讯问人说实话就会直接面临刑事责任的追究。追究刑事责任可能给被讯问人带来三个方面的不利后果：

1. 生命有可能被剥夺

刑法对职务犯罪的处罚包括死刑，根据《刑法》第386条和第

383条的规定，贪污和受贿犯罪“数额特别巨大，并使国家和人民利益遭受特别重大损失的，处无期徒刑或者死刑，并处没收财产”。检察机关立案侦查的司法工作人员犯罪案件虽然没有直接规定死刑的罪名，但这些人员有可能犯贪污、受贿这类可能判处死刑的犯罪，这也意味着一些司法工作人员职务犯罪案件的被讯问人有可能被判处死刑，被剥夺生命。对于那些已经实施了犯罪行为，且情节特别严重的被讯问人而言，在讯问中如实供述自己的罪行，就有可能被剥夺生命，而选择撒谎从表面上看还有生存的机会。因此，有些被讯问人选择撒谎，在一定程度上是出于求生的本能。

2. 自由有可能被剥夺

根据我国刑法的相关规定，对职务犯罪的量刑除死刑外，还包括有期徒刑、无期徒刑、管制或者拘役，这些都是对被讯问人自由的剥夺。即便是宣告缓刑，也是对自由的部分剥夺。对于有罪的讯问对象而言，说实话还意味着自由被全部或者部分剥夺。

3. 金钱有可能遭受损失

有罪的被讯问人如果如实供述，除生命和自由有可能被剥夺外，还有可能面临金钱上的损失。职务犯罪有可能被并处没收财产、罚金等财产刑，即便免予刑事处罚，也可能受到政务处分或者党纪处分，其中包括被开除公职或者责令赔偿等。这些处罚都有可能让被讯问人把侵吞的财物和金钱再一次吐出来。

（二）对心理负担的规避

司法工作人员职务犯罪案件中的被讯问人所面临的心理负担也会对其如实供述形成障碍。一般而言，职务犯罪案件中被讯问人所面临的心理负担要远大于一般犯罪的被讯问人。这是因为，职务犯罪案件的被讯问人没有出问题的时候，这些人通常是单位的领导、干部或者担任其他公职的人员，有着非同一般的光环，有良好的自我认知和个人形象的认同感。而一旦被定罪，就会从所谓的“人上人”变成“阶下囚”。荣誉被剥夺，自尊受打压，个人形象被毁坏，同时也会丧失自我认同感，这种心理落差会让一部分职务犯罪者难以承受。

实践中，有些职务犯罪案件的被讯问人在办案期间选择自杀，原因之一就是对现实后果可以面对，而对心理上的负担则难以承受。这些人对自己将要面临的处境觉得丢人难堪，面子上磨不开，心理也难以释怀，最后选择自杀或者自残。这种心理上的负担是被讯问人供述的障碍，也是被讯问人选择撒谎的内在动因。

讯问中，有经验的讯问人员通常会强调要给被讯问人以台阶，照顾被讯问人的面子，甚至在侦查中依然尊称被讯问人为“院长”“局长”，这些其实都是在照顾职务被讯问人的心理障碍，降低其心理落差。有的办案人员强调要给被讯问人进行必要的“心理置换”或者给被讯问人“心理支撑”，这些其实也是在避免被讯问人的心理落差，降低其心理负担。

（三）对惩罚的逃避

对于有罪的被讯问人而言，选择配合和如实供述，结果是确定的，即面临刑事责任的追究；有罪者选择撒谎，结果是不确定的，反而有逃避惩罚的可能性。对于一个已经实施了犯罪行为的人而言，坦白虽然可以从宽，但不一定能免除处罚，尤其是对于那些实施了非常严重犯罪行为的被讯问人，坦白就意味着“牢底坐穿”，甚至意味着剥夺生命。而选择撒谎，对有罪者而言结果是不确定的，有可能会被追究刑事责任，也有可能成功逃避追究。因此，撒谎对有罪者是有利的，至少有逃避惩罚的可能性。这种可能性会导致有罪者产生侥幸心理，让有罪者产生某种希望和尝试的动机。

四、讯问应当从被讯问人撒谎开始

正因为撒谎是有罪的被讯问人的正常反应，讯问工作才应当从被讯问人撒谎开始。办案人员应当把被讯问人撒谎当作讯问工作的起点，讯问工作在准备阶段就应当预设被讯问人会撒谎，然后做好拆解谎言的准备。详言之，讯问在开始之前，就应当先预设被讯问人会撒谎，设想被讯问人将会从哪几个方面去撒谎，然后针对每一个可能撒谎的方面准备应对的方法和套路，拆解谎言，出示证据质疑谎言等。唯有如此预设，才能把讯问的准备工作做到位，在讯问时才能够从容应对，提高讯问的效率。

真正的讯问工作不能寄希望于被讯问人一开始就会如实供述，这反而不正常。被讯问人一开始就承认自己的罪行，有可能是避重就轻，也有可能是干扰侦查的对抗策略。对这种情况，办案人员更需要仔细斟酌，查找其认罪的原因，判断其认罪的理由是否充分，否则很容易造成错案。

第三节　撒谎与焦虑情绪

如果把讯问看作拆解谎言的过程，办案人员要顺利拆解谎言就必须先了解撒谎的心理机制、谎言的类型以及撒谎与情绪之间的内在联系。唯有如此才能够甄别谎言，改变撒谎者的心理动机，控制情绪，进而转化被讯问人的态度。

一、谎言、实话与事实真相

在职务犯罪案件中，被讯问人的供述和辩解是常见的言词证据，在证明案件事实过程中可能会发挥重要作用，但也最有可能出现错误。这类言词证据的形成需要经过感知、记忆、表述、记录、识别、判断等诸多环节和过程，在这一过程中，与案件有关的信息可能会被过滤、加工、遗忘甚至扭曲。在案件办理过程中，侦查人员、公诉人、法官要对这类证据进行判断，确定被讯问人是否在撒谎，说的是不是实话，能否据此认定案件事实。办案人员往往基于这样的定式或前提，即实话就是事实真相，谎言与实话的区分是明确的。但实际上，实话并不等于事实真相，谎言与实话的区分并不那么明晰。

（一）实话并不等于事实真相

1. 实话是没有故意歪曲和欺骗的陈述，但并不完全等于事实真相实话通常是指说话的人没有歪曲和欺骗的故意，根据自己的感知、经历和记忆对事实所作的陈述。实话传递了案件事实真相的相关信息，但并不等于事实真相。被讯问人在供述前，要经过对案件事实的经历和感知环节，这是构成被讯问人的基本条件，在讯问时被讯问人对自己经历和感知的信息、内容保留有记忆，这是进行讯问的前提。被讯问人供述案情的环节，是对记忆的提取和表述的环节。笔录的制作和对被讯问人供述的审查判断环节则是对案件相关信息的理解和判断环节。这一过程实际上是案件相关信息经过被讯问人向办案人员进行流转的过程。这一过程的最前端是案件发生的基本事实，最末端是关于案件事实的信息和对事实真相的认定。这一过程也是案件信息不断发生衰减、变化和扭曲的过程，每一环节都有出错的风险和可能。

感知是人通过感官对事实或事件的认知过程，由于感官的灵敏度、感知的能力、注意力的范围和持续性、所处的位置和角度不同，人们对同一事实所感知到的信息不是完全一样的。人们所感知到的是案件事实的全部或部分信息，而不是整个事实的真相。即便人们感知到的是事实真相的全部信息，在记忆过程中也会发生遗忘和扭曲。记忆是在头脑中积累和保存个体经验的心理过程，是人脑对外界输入的信息进行编码、存储和提取的过程。在记忆过程中，大脑记忆功能会消除或失去一部分信息，这就是遗忘。而且记忆是主动的，遗忘则是被动的，人能够主动选择记住某件事，而不能选择去忘记某件事。时间越久，遗忘的信息就越多，记忆保留的信息就越少。大脑在记忆过程中还具有加工功能，会把一些其他信息添加到感知事实记忆中，或者对记忆的信息进行修改，这样就会造成信息扭曲。因此，即便是被讯问人没有故意歪曲的故意，记忆过程也可能会发生信息的遗漏和扭曲。

表达也是容易出错的环节。被讯问人可能对某些事实感知得很清楚，记忆也很清晰，但在表达的时候出现信息遗漏和扭曲。例如，关于动作的描述，用词表意未必恰当，想说的话未必能够准确地说出来，而说出的话所表达的意思未必就是说话人所要表达的意思。同时在表达环节还存在诚实性风险。被讯问人可能记得很清楚，但未必愿意说真话。谎言和实话只是在表达环节才出现分化，感知和记忆的过程是一样的。所谓实话其实只能表明说话的人诚实性没有问题，并不能够保证感知无差错，记忆没有遗忘和加工，表述不会出现词不达意。而即便被讯问人的表达很准确，办案人员也未必能够准确理解。

关于案件事实真相的信息传达到办案人员那里，至少需要经过五道风险，即感知风险、记忆中的遗忘和加工风险、诚实性风险、陈述人的表达风险、办案人员的理解风险。实话只表明陈述人在诚实性上没有问题，没有故意歪曲和虚构其所感知的案件信息，但并不能保证在其他环节没有差错。只有经过这五道风险而没有遗忘、扭曲的真实信息，才有可能反映案件事实的真相，而且这些真实的信息因为信息量和反映的角度有差异，也未必能够全面反映事实真相（见图 3.2）。

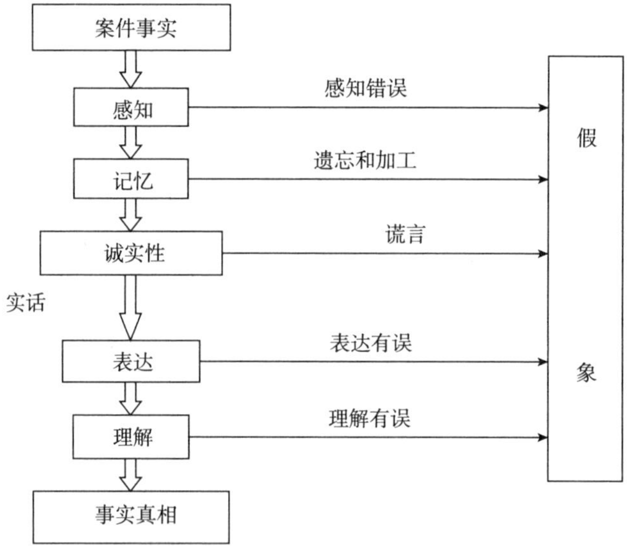

图 3.2　案件信息经过被讯问人的流转过程

2. 有可能感知同一事件的两个人的陈述相互矛盾，但都是实话

生活中两个感知同一事件的人所做的陈述也不一定完全一致，有的甚至相互矛盾。例如，两个人走在大街上，同时目睹了一起交通事故，在办案人员调查时，两个人都作了陈述，但因为所处的位置不同、光线不同、注意的时间不同以及两人的文化背景、健康状况、感官的敏锐度、年龄等内在因素不同，两个人陈述的内容完全是两个不

同的版本，且可能是相互矛盾的，但双方说的都是实话。

在审查判断供述时，“谁说”的至关重要。同一事实，“犯罪嫌疑人说”和“被害人说”是不同的。以司法工作人员职务犯罪案件中关联的请托事实为例，“请托人说”和“被请托人说”也是不同的。当请托人和被请托人陈述的内容相互矛盾的时候，从表面上看似乎相当简单，一方在说真话，另一方在撒谎，但实际上有可能双方都说的是实话，这种情况有四种可能性：（1）请托方在撒谎而被请托方在说实话；（2）请托方在说实话而被请托方在撒谎；（3）双方都在撒谎；（4）双方都在说实话。

如果进行测谎，则有可能得出双方都在说实话的结论。对双方而言，各自感知的都是事实，都是在说实话，但相互矛盾的情况是客观存在的。

（二）谎言与实话的区别

实话与谎言是两个相对的概念，也是人们日常生活中经常讨论的问题，但到底什么是实话，什么是谎言，两者的区别在哪里，并不是很清晰。从字面上看，说实话和撒谎都应当是通过语言表达来完成的，但实际上不通过语言也能撒谎，一个手势、一个微笑、一个书面的意思表示也照样可以完成。在讯问工作中，必须对被讯问人说的是谎言还是实话进行判断，正确判断的前提是对谎言和实话的概念要明确区分。

美国学者戈登和弗雷舍对实话所作的定义是：实话是对人物、地点、实物或事件记忆的审慎地、完全地、客观地传播（不管是通过语言、书面还是通过手势），传播者（说话者）相信其存在、已经存在或发生。[①]

这一概念用于讯问中区分被讯问人所说的话是比较恰当的。第一，这一概念强调实话是对记忆内容的传播，即对人物、地点、实物和过去发生的事件的记忆的传播；记忆是受主观因素影响的，并不等

① Nathan J. Gordon, William L. Fleisher, *Effective Interviewing and Interrogation Techniques*, 2011, Elsevier Ltd. p.11.

于客观事实。第二，实话包含传播者的主观判断因素，即必须是传播者相信其存在或已经发生。如果说话者自己都不相信记忆内容存在以及发生，说出来的话不能叫实话，而是谎言。第三，传播者的态度是诚实的，是审慎地、完全地、客观地传播。传播者故意遗漏部分信息或者故意添加信息，也是在撒谎。第四，传播的方式是多样的，可以通过语言，也可以通过手势、表情、动作或者书面的形式。

谎言是与实话相反的概念。戈登和弗雷舍认为谎言包括两种情形：

第一种情形是故意对另一个人以语言、书面（例如，一张空头支票）或通过手势（例如，一个伪装的微笑）传播一些传播者知道或者认为不真实的事情。

第二种情形是为了欺骗或误导事实调查者，故意呈现或遗漏信息。①

从这一定义可以看出，谎言所包含的信息并不全是虚假的。在第一种情况下，谎言是传播者传递自己明知道不真实或认为不真实的信息，说谎者有明确的故意。但谎言中包含的信息有一部分是虚假的，但也有一部分可能是真实的。撒谎者认为不真实的事情，有可能在客观上是真实的，撒谎者虽然在撒谎，但却传递了真实的信息。因此，谎言也可能传递事实真相。

在第二种情况下，谎言是故意呈现或遗漏信息，以欺骗或误导他人。撒谎者所传递的信息有可能都是真实的，甚至没有虚构，但某些信息被遗漏了，或者因信息呈现的顺序不同，导致这些信息呈现出的事情样貌与事实真相不同。这样的谎言是撒谎者故意没有客观、全面地呈现信息，而不是对事实进行全部编造。因此，谎言并不是对事实真相的全部扭曲。

把谎言和实话仔细对比可以发现，两者有许多一致的地方。一是两者都是对信息的传播，而且传播的信息都有真有假。实话所传播的信息未必就是真实的，而谎言所传播的信息也未必就全是虚假的。二

① Nathan J. Gordon, William L. Fleisher, *Effective Interviewing and Interrogation Techniques*, 2011, Elsevier Ltd. p.11.

是信息传播的方式是一样的，可以通过言语，也可以通过表情、动作、书面等方式进行。

谎言和实话的区分主要在于信息传播者主观态度和认知方面，而不在于信息的真伪。（1）说实话的传播者在态度上是诚实的，不存在扭曲事实真相和误导别人的故意，而撒谎者在态度上是不诚实的，存在扭曲事实真相或误导他人的主观故意。（2）在认知上，说实话的人相信其所传播的事情存在或已经发生，而撒谎者则相反，明知道或者认为不真实的事情而故意传播，或者明知道信息不全而故意诱导。实话所传播的信息有可能是假的，但传播者认为或者相信其是真实的，而谎言所传播的信息可能是真实的，但传播者认为其是不真实的，或者不愿意客观、全面展示真实的信息。信息的真伪需要信息接收者进一步去判断，既不能把实话等同于真实信息，也不能把谎言等同于虚假信息。

只有了解撒谎者和诚实者主观心态和态度上的差异，才能明白测谎的机理。正是说话者主观心态不同，才导致诚实的人和撒谎者生理反应上的差异。测谎仪测的是生理上的反应，而不是直接检测所说话语中真实信息的含量。进而言之，测谎实际上是通过测试被测试者的生理反应来识别其态度，然后通过被测试者的态度来判断陈述信息的真伪。测谎只能测出被测试人在哪些问题上有反应，在哪些问题上没有反应。这样的结论不等同于哪些话所传递的信息是真实的，哪些话是虚假的。正因如此，把测谎结果直接用于证明案件事实存在风险。

二、谎言的类型

谎言根据其危害程度和撒谎的方式不同，可以划分为不同类型。

（一）有害谎言与无害谎言

根据谎言是否会造成伤害，可以分为有害和无害两种类型。在诚信与撒谎之间，诚信是占主导的社会价值。虽然在伦理和道德上，撒谎是错误的，但实际上有一些谎言是能够被容忍和接受的。例如，医生对已经患有绝症的患者故意隐瞒检查的结果，这种行为本身是撒谎，但是为了患者的康复和情绪，在伦理上是可以接受的。即便是在日常生活中，人们对自己的家人、朋友、同事也经常会说一些善意的谎言。例如，夫妇之间，丈夫总是夸奖妻子越来越漂亮，妻子可能明明知道这是假话，但很爱听。家长总是教育孩子要诚实，不能说假话，但有可能让孩子接电话时小声告诉孩子"要是谁谁找我，就说我不在家"。在某些情况下，我们都会撒谎，这类谎言在道德上是必要的，同时也是有益无害的。不管是对听话的一方还是对说话的一方，都不会威胁到他们的福祉。有的甚至会起到减少人际摩擦，促进关系和谐的作用。这类谎言无论是对社会还是对个人都是有益无害的，具有道德上的容许性，可以叫作无害谎言。

另一类型的谎言则是有害的。不管是损人利己的，还是损人不利己的，都有可能威胁或损害一方或第三方的利益，甚至也有可能危害社会福祉。这类谎言才是人们通常所关注或谴责的对象。这类谎言极可能危害听话一方，也可能给说话一方带来麻烦，通常也最容易暴露。

（二）编造、遗漏和扭曲

根据撒谎的方式不同，谎言可以分为编造、遗漏和扭曲三种类型。一旦一个人决定撒谎，能用的手段通常有三个：一是编造虚假的信息；二是故意遗漏某些真实的信息；三是既不编造也不遗漏，而是通过交流的语气、表情、陈述的顺序等因素改变和扭曲所要表达的意思。

编造是一种主动的欺骗手段，通过添加或捏造信息来完成。编造需要耗费比较多的认知精力，脑力活动更为复杂。同时这类谎言的风险也比较大。一旦提供的信息被证明是虚假的，就会露馅，再提供新的信息会增加与前面信息相矛盾的风险。

某官员夜里晚归，妻子问他干什么去了。他说下午一直在单位加班，然后和同事一起出去吃饭，饭后又回单位取了一个文件，所以回来很晚。而实际上单位根本没有加班，他也没有和同事一起吃饭。晚饭是和情人一起出去吃的，然后两人又出去开了房。完事之后又返回单位取了文件回家。他在话语中虚构了部分没有发生的事实，属于典型的编造。

遗漏是一种被动式的欺骗方式，撒谎者通过故意遗漏相关信息达到欺骗的目的。这是一种相对容易且风险较小的撒谎方式。撒谎者从事实的真相出发，没有任何编造信息的行为，但否认或漏掉相关的信息。这种隐性的欺骗所需要耗费的精力相对较少。因为没有编造，所以不需要担心出现矛盾，也不需要忧虑所说的信息将来会被证明是虚假的。这种欺骗的方式被揭穿的风险要明显小于编造，而且因为撒谎所产生的心理负担也要小一些。

某官员夜里晚归，妻子问他干什么去了。他告诉妻子，下午开了一个会，晚上和朋友吃了晚饭，后来又回了一趟办公室，取完文件就回家了。实际上下午确实开了一个会议，但下午四点就结束了，他继续工作，然后六点去和朋友吃饭，但只用了一个小时。然后去和情人见面，到九点半回到办公室取了一个文件就回家了。他告诉妻子的都是实话，但省略了最关键的细节，其实也是在撒谎，这种撒谎的方式就是遗漏。如果他编造一个理由，说饭后和另一帮朋友一起唱卡拉 OK 直到很晚才回家，他就是在主动撒谎，被揭穿的可能性就会大一些。

扭曲是一种更为巧妙的撒谎方式，撒谎者没有遗漏信息也没有编造信息，而是通过说实话撒谎。

在上面的例子中，妻子问他干什么去了这么晚才回来。他用诙谐的语气说："出去见情人去了。"他说的是实话，但却通过说实话撒谎。妻子可能认为他很幽默，开了个玩笑，因而不去当真。他是通过说话的语气和方式来扭曲话语的意思，以达到误导对方的目的。

这种撒谎方式虽然巧妙，但必须运用表达的方式、语气、语调、表情并结合特定的语境才能完成。在日常生活中可能出现比较多，在讯问中由于特定的环境和相对严肃的氛围，被讯问人很难发挥出来。而且语气、语调、表情的掩饰作用较小，即便被讯问人以这种方式撒谎，也比较容易识别。因此，侦查实践中被讯问人撒谎的主要方式是遗漏和编造。

三、撒谎者的内心反应

谎言与实话的区分主要在于信息传播者主观的态度和认知。由于这方面的差异，也导致了撒谎者和说实话的人在说话时的心理和生理反应有所不同。正是这些反应上的差异为谎言的识别提供了依据。因此，有必要进一步研究撒谎者的内心反应。

（一）撒谎的负担

在讯问中，面对办案人员的讯问，被讯问人可能选择说实话告知事实真相或者撒谎。说实话不需要太多的精力，按照事实呈现的样态供述记忆的信息，这种供述相对简单。但被讯问人如果选择撒谎，面临的情况就比较复杂。撒谎者比诚实者面临更多的心理和生理负担，具体表现如下：

1. 应对更多问题的心理压力

一旦被讯问人选择撒谎，额外的选择和顾虑就会随之产生。如编造什么样的信息？程度上如何把握？如何避免与前面信息的矛盾？如果被识破该怎么办？办案人员发现撒谎会不会加重处罚？这些问题都会相伴而来。因此，相对于说实话的被讯问人，撒谎者要面临应对更多问题的心理负担，这些负担会让被讯问人更加紧张。

2. 违背主导价值目标的道德负担

撒谎者还面临社会化过程中产生的更多的道德负担。人是社会化的动物，也是社会化的产物，在社会化过程中，一直会受到所处环境中主导价值目标的熏陶。无论是家庭环境、学校教育环境还是社会环境，其主导价值目标一直是诚信而不是虚伪。试想家长发现孩子撒谎，会怎么办？在学校老师发现学生撒谎会如何处理？社会上消费者发现某一产品是假冒伪劣产品会如何选择？不容否认，社会上依然存在某些虚伪的人，依然存在弄虚作假的现象，但主导的价值倾向一直是诚信，而不是撒谎。在这种环境长期熏陶下，人们在严重撒谎时会习惯性地产生道德上的罪恶感。①

3. 担心谎言被揭穿的恐惧

人在社会化过程中，之所以遵从诚信，是因为选择诚信通常会受到嘉许，同样，不愿意撒谎或者不敢撒谎是因为选择严重撒谎会伴随惩罚。一般人都会有这样的经历，在家中撒谎被揭穿后要承受家长的指责，在学校撒谎被识破会面临老师的批评，在社会上撒谎被揭露可能会在竞争中被淘汰。这种经历会形成一种定式或习惯，即撒谎—揭露—惩罚。在这种定式下，撒谎往往意味着惩罚，撒谎者一旦撒谎就会产生被惩罚的忧虑和担心，不管这种惩罚会不会来，什么时候来，对惩罚的恐惧便伴随着撒谎而产生。这是因为既往的生活经历形成了一种条件反射，即多次的撒谎—揭露—惩罚—恐惧模式经过强化之后会直接把撒谎和恐惧联系起来，形成一种更为直接的对应关系，即撒谎—恐惧。

（二）被讯问人撒谎时的内心矛盾

对于有罪的被讯问人而言，撒谎是一项看似较为有利的选项，但选择撒谎就会面临更多的心理负担，同时会面临更为复杂的矛盾。只有撒谎他才有逃避惩罚的可能性，实话实说则意味着必然受到惩处。基于趋利避害的本能，被讯问人通常会选择撒谎。

另外，每一个职务犯罪案件的被讯问人其实都有一个内化的信条，那就是“撒谎不好”。其实被讯问人也不愿意撒谎，一是因为撒谎会产生违背伦理道德的罪恶感、被惩罚的恐惧感和应对更多问题的

① 不容否认的是，有一部分犯罪嫌疑人抑或犯罪分子是没有罪恶感的。这种人通常被称之为“价值无涉”。这种人撒谎甚至干坏事的时候毫不内疚，甚至可能有某些快感。这种人的心理不属于常态，常出现在某些变态的犯罪中。对于职务犯罪案件而言，这种人格和心理变态的人通常走不到管理岗位，很少有机会去实施职务犯罪。因此，在职务犯罪中撒谎而毫无道德负担的人极为罕见。

认知压力；二是因为每个人都有现实的诚信需求，希望生活在别人都诚实、都值得信赖的环境里。当一个人对别人撒谎的时候，也会意识到别人也会对自己撒谎，当他对所有人都撒谎，心理负担是极其严重的。因为有可能所有人也都对他撒谎，如果周围人都在撒谎，他所获得的信息就无法判断真伪，因而就无法作出合理的决定。因为合理的决策除主观的理性外，还需要客观、充分、全面的信息。没有了真实的信息做基础，人们在做决定的时候，心里必然不踏实。

这样一来，有罪且选择撒谎的被讯问人会面临一种困境，即一方面因为有利而不得不撒谎，另一方面撒谎又伴随着要面对紧张、罪恶、恐惧和莫名其妙的不安，这种复杂的心理状态会让撒谎者产生相应的生理反应，因为人的心理反应和生理反应是互动的，有时是一致的。基于心理和生理反应原理，发现生理反应可以推测出人的心理反应，这为谎言的识别提供了基本前提。

四、撒谎的副产品——焦虑

撒谎者，尤其是严重的撒谎者，会产生一种不同于诚实者的复杂心理状态，这种心理状态在情绪上的反映就是焦虑。

（一）何为焦虑

焦虑是一种复合的情绪状态，人们在日常生活中都有可能感受到焦虑，甚至被焦虑所困扰。但对于什么是焦虑，明白的人并不多。美国讯问心理学研究人员布瑞安·杰恩认为，焦虑其实是个满模糊的状态，通常就是莫名其妙地觉得不安。[①] 也有人指出，焦虑是一种未来取向的情绪状态。人们通过拥有焦虑性的担心或者一种预兆甚至肌肉紧张的感觉了解焦虑。[②]

有的心理研究认为，焦虑是一个复杂的心理过程，包括四个因

① ［美］佛瑞得·英鲍、约翰·莱德、约瑟夫·巴克莱：《刑事侦讯与自白》，高忠义译，商业周刊出版有限公司 2000 年版，第 424 页。

② ［美］约翰·福赛思、格奥尔格·艾弗特：《晚安，我的不安：缓解焦虑自助手册》，王怀勇等译，四川人民出版社 2010 年版，第 35 页。

素:(1)生理上：提高自主系统的警觉性，准备采取逃避或保护措施来应对面临的危险。(2)行为上：采取实际行动来应对面临的危险，以进行自我保护。(3)情感上：产生恐惧感或忧虑感。(4)认知上：出现感官——知觉上的症状、不现实感、过分警惕感或反省自我；思维困难、难以集中精力、无法控制自己的行动、推理困难；认知歪曲、害怕、恐惧和经常性的无意识思维。这些因素是一个特殊的信息加工的结果。①

现代的研究认为，我们所称为“焦虑”的心理状态实际上是由三个彼此相关的方面构成的，它们是：生理、认知和行为。生理方面的焦虑是通过身体感受体验的，这些感受包括：心跳加快、呼吸急促、精神恍惚、手心出汗、烦躁不安、疲惫、身体颤抖、肌肉紧张、喉咙哽咽、头痛、胃痛、背痛以及其他与压力相关的各种症状。焦虑的认知方面是通过对未来充满担忧的思想表现出来的——想象出各种可能发生的灾难，并想出一些方法来避开它们。行为上主要涉及逃避性行为。人们总是会试图避开那些导致不愉快生理反应和思想的情况。②

从相关的解释看，有一些是焦虑的外在表现，如生理上的变化、认知能力的下降、行为上试图采取某些规避危险、自我保护的动作等。实际上焦虑是由紧张、焦急、忧虑、担心和恐惧等多种感受交织而成的一种复杂的情绪反应。

从讯问心理角度来看，我们除了要了解焦虑在不同方面的表现，更需要掌握焦虑产生的原因和焦虑情绪释放缓解的途径，以便更好地控制被讯问人的焦虑情绪，顺利完成讯问任务。

（二）焦虑产生的原因

产生焦虑情绪的因素有多个方面，归纳起来包括：生物学因素

---

① ［法］格拉齐亚尼:《焦虑与焦虑性障碍》，邹媛媛、李俊仙译，天津人民出版社 2010 年版，第 19 页。

② ［美］西格尔:《正念之道：每天解脱一点点》，李迎潮、李孟潮译，中国轻工业出版社 2011 年版，第 114—115 页。

（如遗传影响与生理因素）、心理因素（不良的认知等）、社会因素（如居住空间拥挤、工作压力过大等）、应急事件再现等。对于被讯问人而言，拥挤的关押环境、封闭的讯问环境都有可能导致被讯问人产生焦虑情绪。但这些都是外在的诱发因素，除此还有一些内在的心理诱发因素，具体如下：

1. 内在的冲突

内在的冲突会产生情绪上的焦虑。奥地利精神分析学家威廉·斯泰克尔曾经指出“焦虑是心灵的冲突”。弗洛伊德认为，潜藏于焦虑之下的冲突，是个人本能需求与社会禁制夹缝下的产物。冲突持续得不到解决，终将使当事人压抑冲突的某一部分，于是导致神经性的焦虑。而焦虑反过来会引发一连串的无助和无能感受，以及造成或增强心理冲突的行动瘫痪。①

内在的冲突是多种多样的。对于被讯问人而言，撒谎造成的内心矛盾就是一种内在的冲突，也是造成被讯问人焦虑的原因之一。布瑞安·杰恩认为，期望和任职的不一致或冲突会产生焦虑。“只要当事人所想的和实际上有冲突或认知上有不一致的时候，就会产生焦虑。一旦所期望的和现实的距离越拉越远，认知上的差异越来越大，就会产生更大的焦虑。”②结合被讯问人的状况可以发现，被讯问人不希望承担因犯罪所带来的不利后果，所以才在被讯问的时候撒谎，但在认知上他又明明知道自己实施了犯罪行为。因此，被讯问人撒谎必然会产生内在的矛盾和冲突，这种冲突进而引发焦虑情绪。而且，被讯问人撒谎撒得越离谱，其期望和认知的差距就越大，造成的焦虑越大，心里也会越没有底。

除了期望和认知之间的冲突，认知因素之间的冲突也会造成焦虑。认知上的冲突会造成感知信息的矛盾，相互矛盾的信息会造成选择上的困难，进而增加不确定感。这种不确定感本身就是焦虑的

---

① ［美］罗洛·梅：《焦虑的意义》，朱侃如译，广西师范大学出版社2010年版，第189页。

② ［美］佛瑞得·英鲍、约翰·莱德、约瑟夫·巴克莱：《刑事侦讯与自白》，高忠义译，商业周刊出版有限公司2000年版，第424页。

一种表现形式。

2. 价值受到威胁

当一个人所珍视的根本价值目标受到威胁时，也会产生焦虑情绪。“焦虑是因为某种价值受到威胁时所引发的不安，而这个价值则被个人视为是他存在的根本。”[①] 罗洛·梅认为，威胁可能是针对肉体的生命（死亡的威胁）或心理的存在（失去自由、无意义感）而产生，也可能是针对个人认定的其他存在价值（爱国主义、对他人的爱，以及“成功”等）而产生。[②]“焦虑的情境因人而异，人们所依赖的价值亦然。但焦虑不变的是，威胁针对某人认定的重要存在价值，及其衍生的人格安全感而来。”[③] 罗洛·梅的观点阐释了焦虑与价值之间的内在关系，对于讯问中一些现象的解释具有启发意义。

被讯问人被追诉，其生命、自由和金钱等基本的价值目标受到威胁，因而会产生焦虑。同时，不同的被讯问人所珍视的价值目标是不一样的，及时发现不同的被讯问人所珍视的价值目标，有利于讯问人员更好地控制被讯问人的焦虑情绪。

3. 恐惧

恐惧是一种与焦虑相关联但又不同的情绪体验。从心理学的角度来讲，恐惧是一种有机体企图摆脱、逃避某种情景而又无能为力的情绪体验。恐惧通常是因为生物体受到威胁而产生，并伴随逃避的愿望。当有机体受到威胁时，身体便会发生反应和变化，好让有机体能够对抗或逃离危险。因此，恐惧常伴随有心跳猛烈、口渴、出汗和神经性发抖等，皮肤导电性和呼吸速度等也有所增加。

恐惧和焦虑两种情绪往往相伴而生，恐惧会产生焦虑，而焦虑也会产生恐惧，甚至焦虑情绪体验中本身就包含有恐惧的因素。两者谁是基础的，谁是衍生的，在心理学上有不同的见解。

---

① ［美］罗洛·梅：《焦虑的意义》，朱侃如译，广西师范大学出版社 2010 年版，第 172 页。

② ［美］罗洛·梅：《焦虑的意义》，朱侃如译，广西师范大学出版社 2010 年版，第 172 页。

③ ［美］罗洛·梅：《焦虑的意义》，朱侃如译，广西师范大学出版社 2010 年版，第 173 页。

讯问中，可能发生的惩罚会让被讯问人产生恐惧，讯问人员的威胁或刑讯也会让被讯问人产生恐惧。这种恐惧会进一步加重被讯问人的焦虑情绪，对惩罚的恐惧会让被讯问人撒谎或拒不开口，但会产生严重的内部焦虑情绪。而对讯问人员的威胁和刑讯则会让被讯问人产生逃离当下处境的愿望和内在的焦虑，进而会导致被讯问人屈从。

（三）无罪者和有罪者的焦虑变化方向

有罪的被讯问人撒谎会产生焦虑，无罪者在讯问中也会产生焦虑情绪，但两者焦虑产生的根源不同。前者的焦虑是因为撒谎造成额外的认知负担和道德压力，后者则是因为担心办案人员不称职，让其受到无辜追诉。讯问中，无罪者和有罪者在讯问中焦虑的发展方向是不同的，无罪者“怕出错”，而有罪者“怕不错”。如果办案人员从外在的衣着和表现看上去很专业、很称职能干，无罪的被讯问人的焦虑会逐步缓解，而有罪的被讯问人的焦虑情绪会增加。反之，如果被讯问人言谈举止和外在表象表现得很不专业，无罪的被讯问人会越来越焦虑，有罪的被讯问人的焦虑会因而得到缓解。正因如此，讯问人员在衣着服饰、言谈举止等方面都必须尽量表现出专业性，一定要给被讯问人一种称职、能干的印象。所以在讯问中，要尽量要求讯问人员穿着职业装，避免在讯问中穿奇装异服，佩戴复杂服饰。被讯问人面对专业的讯问人员和不懂讯问的人员，感觉和反应是完全不同的。

对于有罪的被讯问人而言，在讯问的开始阶段通常是抗拒不配合的，但在这一阶段被讯问人的情绪状态是焦躁不安的。这是因为在这一阶段，一方面被讯问人想要躲避不利后果，但另一方面撒谎造成的内部焦虑在煎熬着他，让他难以忍受。当被讯问人如实供述自己的全部罪行之后，被讯问人通常会出现一种舒缓放松的状态。这是因为被讯问人通过认罪供述，缓解了内部矛盾和焦虑，使自己从沉重的压力下获得了解脱。当然，这不是说焦虑会驱使撒谎的被讯问人自动从抗拒转化到配合，如实供述。这种转化的条件是讯问人员控制好被讯问人的焦虑情绪，防止焦虑从其他途径舒缓掉了。

第四节 讯问中施加心理作用的基本原理

布瑞安·杰恩以英博的“九步讯问法”为基础，提出了供述的“雷德模型”。他认为，一个人之所以愿意认罪（说实话），应该是他认为与其继续撒谎而焦虑不安，倒不如认罪面对可能的后果。相反地，如果嫌犯认为宁可因为撒谎焦虑也不愿意说实话，面对可能的后果，那么他就会继续撒谎下去。影响着两种不同决定的变项就是嫌犯要继续焦虑还是要接受惩罚，这两个变项在侦讯的时候可以在心理上加以操作。所以侦讯的目的就是要减缓刑责对嫌犯产生的压力，同时强化因为撒谎所造成的焦虑情绪，如图 3.3 所示。①

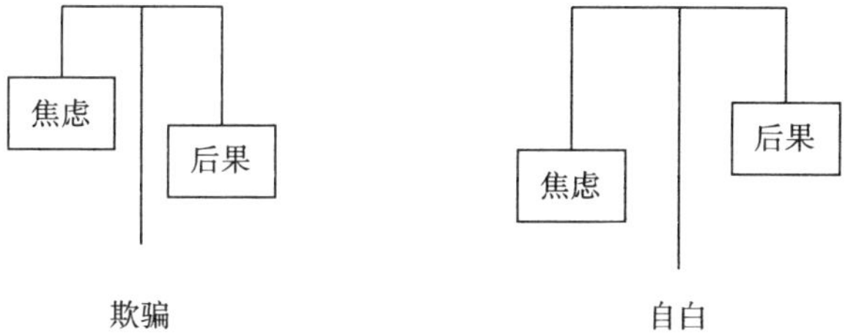

图 3.3 供述的“雷德模型”

布瑞安·杰恩的供述模型阐释了焦虑与后果在被讯问人心中的对比关系，以及这种对比关系对被讯问人的影响。这一讯问模型源于对讯问实践的总结，从特定的角度揭示了讯问的部分规律，对于讯问工作具有非常重要的指导意义。实际上，布瑞安·杰恩所说的焦虑是被讯问人的一种复合情绪状态，既有焦躁不安，也有恐惧和忧虑，后果并不是法律规定的后果，而是被讯问人对可能承担的不利后果的认知

① ［美］佛瑞得·英鲍、约翰·莱德、约瑟夫·巴克莱：《刑事侦讯与自白》，高忠义译，商业周刊出版有限公司 2000 年版，第 428 页。

或预期。因此，布瑞安·杰恩所总结的“雷德模型”，实际上是通过讯问改变被讯问人的情绪与后果认知之间的对比关系，以达到让被讯问人供述的目的。其中，对于被讯问人焦虑情绪的改变关系到情绪控制原理，而改变被讯问人对犯罪后果的认知则牵涉到认知控制原理。在“雷德模型”的基础上，我们可以换个角度对情绪控制原理进行如下总结。

一、心理影响的基本原理

（一）被讯问人抗拒时的心理状态

被讯问人在讯问中选择撒谎，拒不交代所知道的事实真相时，其对办案人员的讯问是一种抗拒态度。这种状态通常出现在讯问的开始阶段，在讯问的过程中也可能会反复出现。在这种状态下，被讯问人的焦虑情绪没有积累起来，或者积累得不够，对被讯问人没有形成足够的压力。同时，被讯问人更担心的是如实供述可能带来的不利后果。例如，供述是不是会被判刑？可能被判处什么样的刑罚？会不会带来经济上的损失？是否会被开除公职？个人荣誉是否会丧失殆尽？等等这样的问题会形成被讯问人供述上的障碍。

如果被讯问人的焦虑情绪积累得不够，而因犯罪可能带来的不利后果给被讯问人产生的压力大于焦虑情绪，在这种状况下，被讯问人会选择忍受焦虑情绪的煎熬，规避不利后果。被讯问人就会在态度上表现为抗拒，在行为上选择撒谎，拒不交代。换言之，如果被讯问人情绪压力不大且可以忍受，而如实供述可能带来的不利后果却让他不敢面对，那么他就会选择抗拒和欺骗。这种心理状态如图 3.4 所示。

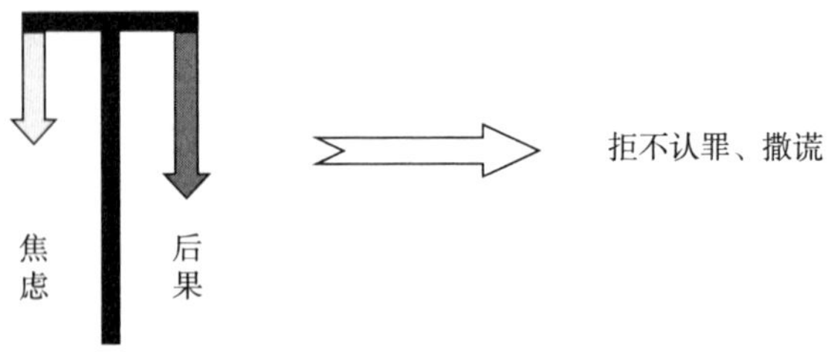

图 3.4　被讯问人抗拒时的心理状态

（二）被讯问人供述时的心理状态

当被讯问人选择如实供述时，其对于讯问持一种配合态度，这时被讯问人的心理状态与抗拒时完全相反。被讯问人的焦虑积累得比较多，焦虑情绪形成的压力比较大，而犯罪后果在被讯问人看来就是那么回事儿，至少在心理上可以面对和承受。在这种状态下，被讯问人会选择如实供述来释放焦虑，以减轻情绪上的压力。这时，犯罪后果所产生的压力可能依然存在，但其作用力相对于焦虑情绪而言，只是没有那么大而已，如图 3.5 所示。

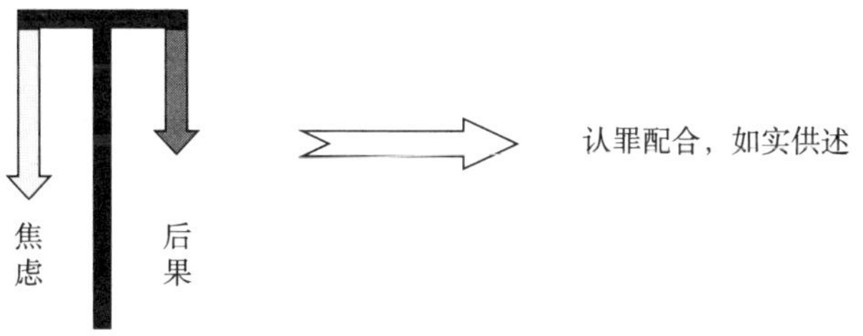

图 3.5 被讯问人供述时的心理状态

（三）心理影响的方向

如果把被讯问人抗拒和供述时的心理状态加以对比，可以发现被讯问人由抗拒撒谎到配合供述转化时，情绪和认知两个方面因素的变化方向。即焦虑情绪在增加，而对犯罪后果的压力在减轻。这也正是讯问人员对被讯问人情绪控制和认知控制的方向。用布瑞安·杰恩的话说，就是“要减缓刑责对嫌犯产生的压力，同时强化因为撒谎所造成的焦虑情绪”[①]。办案人员不管采用什么样的讯问策略和技巧，必须在正反两个方面起作用，要么积累和增加被讯问人的焦虑，强化情绪上的压力，要么降低被讯问人对犯罪后果严重性的认知，减轻犯罪后果给被讯问人的压力；或者是同时起作用，既增加焦虑情绪，又同时减轻犯罪后果的压力，如图 3.6 所示。否则，讯问的效果就是负面

① ［美］佛瑞得·英鲍、约翰·莱德、约瑟夫·巴克莱：《刑事侦讯与自白》，高忠义译，商业周刊出版有限公司 2000 年版，第 428 页。

的，讯问的效率就会降低。讯问中，单独采取所谓的“加压”或“减压”都是不全面的，讯问的关键在于改变被讯问人的焦虑情绪和对犯罪后果认知之间的对比关系。只有朝着正确的方向改变二者之间的对比关系，才能有效引导被讯问人放弃对抗立场，转向配合和供述。

应当说，这种控制方向为讯问措施、讯问策略和技巧的适用提供了一个评价的指标。如果所采取的讯问措施在增加焦虑情绪，减轻犯罪后果的认知，对于引导供述是有利的，可以采用。反之，如果讯问措施是在释放被讯问人的焦虑情绪，增加被讯问人对犯罪后果的担心，使两者的对比关系朝相反的方向发展，对引导供述是不利的，则应当避免。

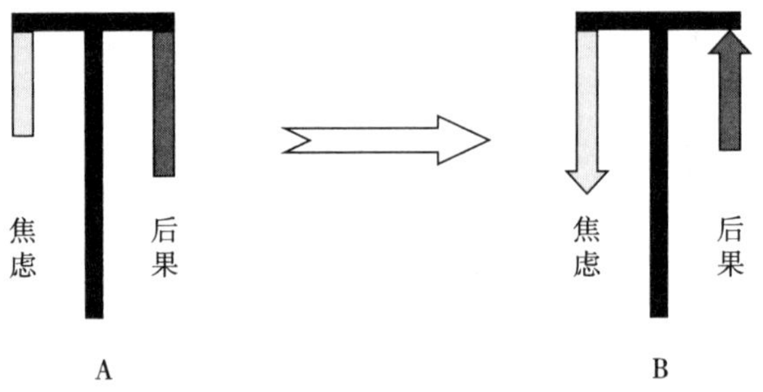

图 3.6　情绪控制的方向

（四）讯问效果与讯问的连续性

讯问中情绪控制的原理，为我们衡量讯问效果提供了两个方面的评价指标，即讯问对被讯问人焦虑状态和对犯罪后果认知状态的改变。基于这两个方面的指标，我们不仅可以对实践中的每次讯问进行评价，而且可以对整个讯问过程进行评价。这种评价虽然不能进行定量分析，但可以进行定性分析。办案人员可以在定性分析的基础上归类，进而对讯问手段和策略进行调整。

1. 单次讯问效果的评价和分类

由于每个办案人员采用的方法不同，所产生的效果也存在差异。基于上述两个方面的指标，可以对每一次讯问效果进行定性评价和归类。具体而言，基于效果上的差异，可以把单次讯问分为如下五种类型：

（1）加压型讯问。如图 3.7 所示，办案人员所采取的讯问措施既增加了被讯问人的焦虑情绪，又增加了被讯问人对犯罪后果的担忧。这种讯问客观上能够增加被讯问人的压力，但并不能突破被讯问人。原因是被讯问人觉得后果很严重，不敢认罪。虽然焦虑情绪让其难以忍受，但对犯罪后果的认知压力迫使其不敢供述。如果持续这种讯问方式，极端情况下可能导致被讯问人自杀或者自残，引发安全事故。从被讯问人的角度来看，不交代问题，忍受焦虑情绪的煎熬，让其生不如死；交代问题，后果极其严重也是死路一条，与其这样不如鱼死网破，从而出现自杀或者自残。

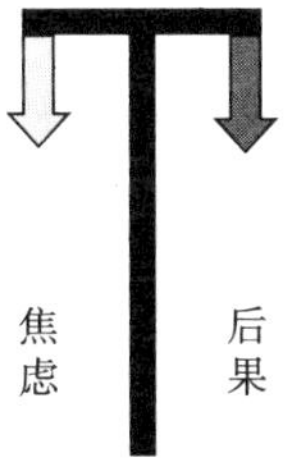

图 3.7　加压型讯问

（2）突破型讯问。如图 3.8 所示，办案人员所采取的讯问措施增加了被讯问人的焦虑情绪，同时也减轻了被讯问人对犯罪后果的认知。这种讯问在两个方向上都是正确的，可以推动被讯问人改变心理状态，使讯问朝着有利于突破的方向发展。但实践中并不是只要采用这种突破型讯问就能让讯问对象交代问题，这是因为被讯问人是否交代问题取决于整个讯问的综合效果。有的办案人员能力很强，采用的方法也很正确，作用上也发挥着突破讯问的效果，但是被讯问人在其讯问期间就是不交代问题。究其原因，是因为其他人讯问的时候在“拉倒车”，中和了其在讯问中的作用。如果前面的讯问人员导致被讯问人对犯罪后果认知压力过大，必会增加后面办案人员减轻认知后果的难度；反之，如果前面的讯问人员过多释放了被讯问人的焦虑情绪，必会增加后面的办案人员强化被讯问人焦虑情绪的难度。

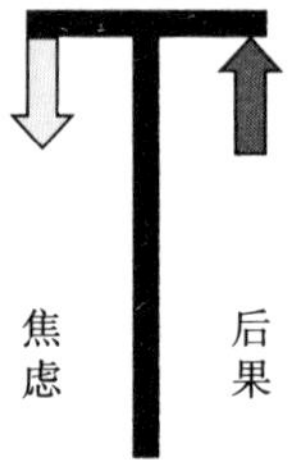

图 3.8　突破型讯问

（3）减压型讯问。如图 3.9 所示，办案人员所采取的讯问措施既释放了被讯问人的焦虑情绪，同时也减轻了被讯问人对犯罪后果的认知。这种讯问在情绪和认知两个方面都发挥着释放压力作用，但并不能让被讯问人转化态度。这是因为被讯问人虽然降低了对犯罪后果严重性的认知，但焦虑情绪的释放也降解了其供述的动机。如果持续这种方式的讯问，只会让被讯问人越来越轻松，压力越来越小，却不能有效转化被讯问人的态度。从外在表现看，被讯问人会逐步适应办案人员的讯问，但突破的时间却遥遥无期。

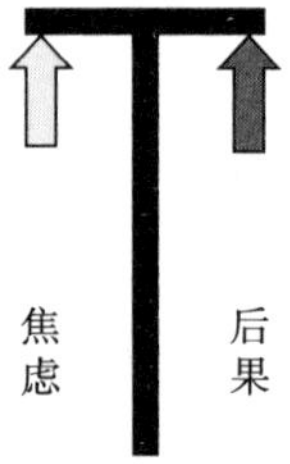

图 3.9　减压型讯问

（4）拉倒车型讯问。如图 3.10 所示，办案人员所采取的讯问措施既释放了被讯问人的焦虑情绪，又增加了被讯问人对犯罪后果严重性的认知。这种讯问在两个方面都在朝着相反的方向发挥作用，对讯问突破有害无益。释放焦虑情绪的压力让被讯问人越来越舒服，增加对后果严重性的认知，会让被讯问人越来越坚定地选择对抗。这种讯问模式表面上看可能有声有响，动静很大，但从效果上看完全是在拉倒车。这种讯问持续的时间越久，运用得越多，被讯问人的对抗就会越坚决，突破的难度就会越大。实践中应当尽量避免这种讯问。

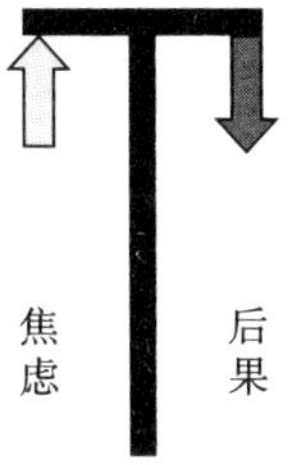

图 3.10　拉倒车型讯问

（5）无效型讯问。如图 3.11 所示，办案人员所采取的讯问措施既没有改变被讯问人的焦虑情绪状态，也没有改变被讯问人对犯罪后果的认知状态。这种讯问对于案件突破没有积极推进作用，当然也没有阻碍作用，其唯一的作用就是耗费时间和精力，不仅耗费被讯问人的精力，而且会耗费办案人员的宝贵时间和精力。这种无效讯问影响办案效率，同时也会影响办案效果，实践中也应当尽量避免。

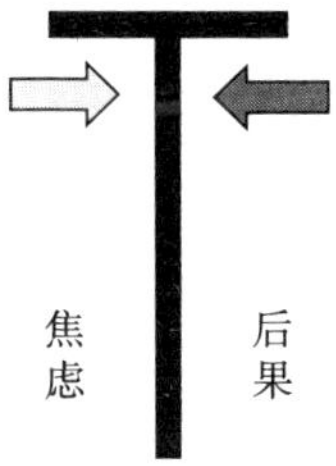

图 3.11　无效型讯问

2. 整体讯问效果的分类

讯问通常不是一次就能够达到目的的，多数案件需要多人多次讯问才能取得效果。讯问的次数有多有少，讯问的时间有长有短。在多次的讯问中，尤其是在多人多次的讯问中，不同讯问之间的连续性和衔接性决定了讯问的效率和效果，也影响了整个讯问所持续的时间。这是因为对被讯问人的情绪控制和认知控制是一个连续性的过程，可能需要多次施加影响，才能使被讯问人的心理达到预定的状态。根据每次讯问之间的内在连续性，可以把整个讯问过程分为不具连续性的讯问和连续性的讯问。

（1）不具连续性的讯问。不具连续性的讯问是指同一讯问人员或者不同讯问人员对同一个被讯问人进行的多次讯问，对被讯问人焦虑情绪控制的方向和犯罪后果认知上相互抵消，不具有内在的承继性和连续性。这种不具连续性的讯问外在表现就是不同的讯问人在讯问时一人一套讯问方法，或者一次一套讯问方法，每一次的方法都不同，讯问的方向也不同，多次讯问作用的方向不一致甚至相反，导致讯问的作用相互抵消。

如图 3.12 所示，讯问经过多次，并且由多人先后参与，但发挥的作用各不相同，有的加压，有的减压，有的拉倒车，有的耗费时间和精力。其中虽然有的单次讯问客观上是有效的，但其积极作用被其他人的讯问中和或者抵消了，整体效果并不明显。

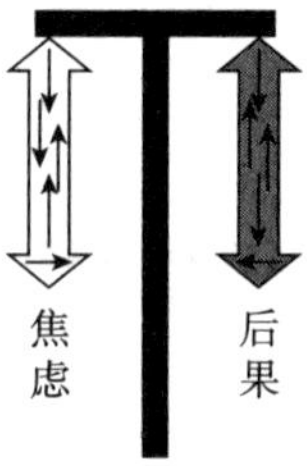

图 3.12　不具连续性的讯问

这种不连续讯问的结果就是虽然参与讯问的人数量众多，但效果非常有限。讯问的方法看似精妙，但就是不起作用。究其原因，就是每次讯问的方向不明确，前后讯问不具有内在连续性，导致前后讯问的效果相互抵消。虽然每次讯问都是在对被讯问人施加某种影响，但被讯问人的焦虑情绪时而增加时而降低，被讯问人对犯罪后果的担心时而增加时而降低，如果把多次讯问过程结合起来看，在改变焦虑情绪和犯罪后果认知的关系方面所起的作用却是有限的。由于对比关系并没有发生实质性改变，被讯问人的心理状态没有发生根本变化，被讯问人必然会一直处于抗拒状态，让其开口说实话就比较难。因此，要想提高讯问的效率，就必须变不连续的讯问为连续的讯问。

（2）连续性的讯问。所谓连续性的讯问，不是指时间上不间断地连续进行讯问，而是指先后多次进行的讯问之间，在增加焦虑情绪、改变犯罪后果认知方面方向一致，作用相互承继，具有内在的连续性。在外在表现上，每一次讯问都考虑发挥作用的方向是否正确，注重讯问的承继性，了解前一次讯问的进程和被讯问人的心理状态，在前一次讯问基础上发挥作用。

如图 3.13 所示，第一个讯问人在增加被讯问人的焦虑情绪，同时减轻被讯问人对犯罪后果的认知和担心；第二个讯问人在第一个人的基础上继续增加焦虑，减轻被讯问人对后果的担心；第三个讯问人、第四个讯问人也如第二个讯问人那样进行。每一个人所采用的都是突破型讯问策略，作用的效果可能存在量上的差异，但方向都是一致的，在作用的本质上是相同的。

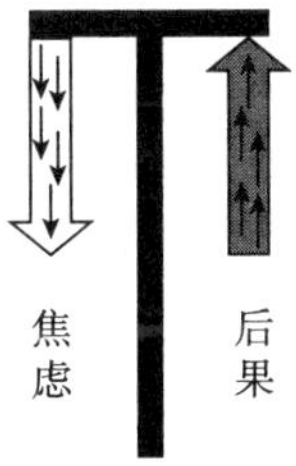

图 3.13 连续性的讯问

这种连续性的讯问，虽然在时间上是短暂的，但由于多次讯问之间内在衔接，被讯问人焦虑情绪的发展方向是明确的，即逐步增加，而其对犯罪后果的担心则在逐步减轻。可能每次讯问施加的影响并不是很强烈，但每次讯问或多或少地朝着正确的方向改变着被讯问人焦虑情绪和对犯罪后果认知的对比关系，多次讯问积累起来，效果就会比较明显。因此，连续性的讯问效率会明显增加，整体的讯问时间会明显缩短。

在讯问实践中，要做到连续的讯问，必须做到两点：第一，加强讯问的团队建设，注重讯问人员内在的配合和默契；第二，在讯问上要防止个人英雄主义。

3. 讯问连续性与讯问团队建设

由于个人的精力和能力是有限的，要提高讯问的效率，就必须凝聚群体的智慧，发挥集体的力量。就职务犯罪讯问工作而言，由于被讯问人的思考力和执行力通常高于其他类型的被讯问人，所以讯问团队的打造至关重要。

组建讯问团队的前提是每一位参与讯问的人员都要懂得讯问的基本知识和基本原理。在此基础上再根据讯问人的生活经历、知识储备、性别、资历形成某些相对具有特点的讯问套路，而且不同讯问人之间能够互补。

在实际操作上，根据被讯问人和案情的不同特点有针对性地进行分工和配合，分别参与不同的讯问环节，完成不同的任务。例如，讯问的开始，主要任务是核实身份、告知权利、告知相关法律规定、讯问是否有犯罪行为，讯问人员要完成法律规定的必备动作，这一环节不需要太多的技巧，可以安排经验稍浅、年轻一些的办案人员讯问；在转变态度、改变认知环节，根据被讯问人的特点和证据情况，安排经验相对丰富的讯问人员分别负责不同任务；在引导供述、核实信息环节，则可以安排与被讯问人性别相同、经历、资历相似的讯问人员进行，以增加被讯问人的认同感。合理的分工可以分解讯问工作的劳动强度，降低讯问人员的体力消耗。要达到这样的目的，团队人员之间的默契与配合至关重要。

讯问团队的关键不在于人多，而在于团队每一个成员的团队意识、配合意识，明白自己在讯问中承担的任务和扮演的角色。团队之间通过沟通和协调形成内在的默契，即便办案人员没有参与上一次的讯问，也能通过简短的交接明白其团队成员在讯问中所用的套路和方法，进而在本次讯问中延续和拓展上次讯问的效果。这样的操作可以让办案人员分工协作，劳逸结合，不仅有利于提升办案效率，而且有利于降低工作压力。通常讯问团队的打造需要一定时间和实践的磨合，也需要组织制度上的支持，在组建办案组时，必须考虑到讯问工作的团队协作要求。

团队协作需要特别重视讯问交接的重要性。办案人员进行讯问，不能各管一段，每次讯问都需要与前后的讯问协调一致。要发挥协调作用，就必须在每次讯问的间隔进行有效交接。每次参与讯问的人员要在讯问结束后与下次参与讯问的人员进行交接，告知讯问的进展、被讯问人的情绪状态、认知状态以及需要特别注意的事项。这样承接讯问工作的人员才能在既有基础上朝着正确的方向推进。

4. 讯问连续性与讯问人个人作用

与讯问连续相关联的另一点就是如何认识讯问人个人在讯问工作中的作用。在讯问中可能出现别人长时间多次讯问毫无进展，而某一个讯问人不到半个小时就取得了重要突破。在这种情况下，谁的讯问工作取得了成效？讯问是这一个人的功劳吗？

从图 3.13 可以看出，答案是“不一定”。没有前面讯问人员的工作，就不可能有后面的突破，有可能最后进行讯问的这个人只是压死骆驼的最后一根稻草而已。与其说是其讯问技巧起了作用，倒不如说是他的运气起了作用。可能是在其讯问的时候被讯问人的焦虑情绪正好达到了承受的极限，心理状态出现了实质的变化才开口说实话的。因此，根据情绪控制的连续性原理，讯问人员要正确认识个人在讯问中的作用。即便被讯问人在自己讯问的时候开口交代问题，也没有什么可以沾沾自喜的，因为这不一定是自己的功劳，况且被讯问人开口交代问题并不意味着讯问的结束，而是下一讯问环节（引导供述、核实信息）的开始。同时，即便在自己讯问的时候没有任何突破，也不必气馁，只要方向正确，讯问的作用也是客观存在的。对于整个团队而言，讯问工作绝不是个人的功劳。

二、讯问策略的界限

在强化被讯问人焦虑情绪，缓解刑事责任压力的过程中，可以采用的措施和方法是多种多样的，但是讯问人员不能不择手段，不能逾越法律规定的界限。同时也应当注意，两个方面有时是互动的，如果方法不当，在降低刑事责任压力的同时可能会附带释放被讯问人的焦虑情绪，增加焦虑情绪的同时会强化刑事责任的压力，同样达不到讯问的效果。这就需要在讯问中把握一些界限，有所为有所不为。

（一）增加焦虑情绪不能威胁和刑讯

讯问人员可以采用多种方法来增加和强化被讯问人的焦虑情绪，但不能对被讯问人威胁和刑讯。威胁和刑讯逼供是我国刑事诉讼法明确禁止的取证手段。单从增加焦虑情绪角度考虑，威胁和刑讯是最有效的手段之一。生理上的折磨以及暴力恐吓和胁迫可以在极短的时间内增加被讯问人的焦虑和情绪压力，进而可以高效改变焦虑情绪与犯罪后果认知之间的对比关系，达到让被讯问人开口说话的效果，但是这种方法是非法的、不人道的甚至是残忍的。以这种方法收集到的供述也应当予以排除，情节严重的，还要追究办案人员的刑事责任。

强调不能威胁和刑讯，其实是对办案人员自身的保护。这种方法可能有效，但会增加办案人员自身的职业风险。况且有些案件必须要耗费一些时间才能达到讯问目的。而如果采用威胁和刑讯等非法取证手段，对办案人员来讲是违法和犯罪问题。一旦出现安全事故，需要被追责的是办案人员。

威胁和刑讯在增加焦虑方面看似是一种简单有效的办法，实则是一种比较笨拙粗暴的办法。实际上，除威胁、刑讯外，还有无数种可以合法增加被讯问人焦虑的方法，而且效果也不差。因此，办案人员应当把威胁和刑讯看作不可触碰的高压线，不仅会伤人害己，而且会影响办案的社会效果。

（二）减轻犯罪后果的压力不能在定罪和量刑上进行承诺

在减轻刑事责任压力方面，办案人员的承诺是最有效的办法，但也是非法的方法。办案人员在讯问的时候，在定罪和量刑上对被讯问人所作的任何承诺都有诱供的嫌疑。这是因为被讯问人将来会被定什么罪、被确定什么样的刑罚，不是办案人员能够最终决定的。定罪和量刑的问题必须由法官在庭审之后，根据证据并参考控辩双方的意见来确定。因此，办案人员在讯问过程中对被讯问人在定罪和量刑上所承诺的任何从轻处罚都是非法的，都是在诱供。以这种方式取得的供述也极有可能在庭审中作为非法证据被排除。

在讯问实践中需要注意，办案人员能够改变的是被讯问人对刑事责任和犯罪后果的认知，而不能改变被讯问人的刑事责任。被讯问人应当承担的刑事责任是由其实施的犯罪行为和刑事法律规范所决定的，办案人员在讯问中无法改变。办案人员只能在讯问中对被讯问人施加影响，改变其对刑事责任和将要承担的不利后果的认知。

办案人员在定罪量刑之外的其他方面能否进行承诺也需要审慎把握。一方面，需要考虑许诺的利益是否合法、合伦理；另一方面，要考虑是否会诱导被讯问人违背个人意志作虚假供述。例如，办案人员对被讯问人说："从目前的情况看，你所涉及的罪行并不严重，如果你认罪态度好，如实供述自己的罪行，我们可以考虑对你作不起诉处理。"这种许诺对被讯问人来讲极具诱惑力。应当明确的是对被讯问人作不起诉处理，也需要审慎把握法律的界限。滥用这种承诺，有可能诱导被讯问人为了获取断崖式处理而作虚假供述。

在被讯问人极其关注犯罪后果，希望从办案人员处获取承诺的情况下，办案人员可以告知从宽处罚的法律规定，引导被讯问人通过检举揭发等争取立功的机会，或者引导被讯问人通过坦白、认罪认罚、主动挽回损失、退赃退赔等途径争取从宽处罚的机会。绝不可以逾越法律和刑事政策的底线在定罪和量刑方面做不切实际的承诺。

（三）增加焦虑情绪的同时不能增加刑事责任的压力

讯问时，可能出现这样的情况，即办案人员所说的话增加了被讯问人的焦虑情绪，但同时也增加了被讯问人对不利后果的担忧。如图3.14所示，这种情况虽然增强了被讯问人的压力，起到了加压的效果，但由于没有从实质上改变焦虑和后果之间的对比关系，被讯问人的心理状态不会发生根本性改变，依然不会说实话。这种讯问属于上面所说的加压式讯问，极端情况下，被讯问人还有可能会自杀，导致安全事故。

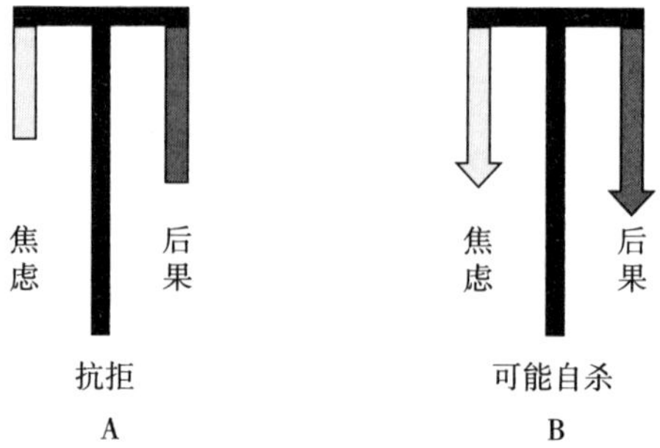

图 3.14　同时增加焦虑与对后果担忧的效果

既增加焦虑情绪又增加对犯罪后果的担忧，会让被讯问人陷入一种绝境。一方面，犯罪后果让被讯问人不敢面对，如实供述对他来说如同死路一条；另一方面，不如实供述，焦虑情绪的煎熬让他难以忍受。这样，被讯问人就会处于一种进退维谷的状态。有的被讯问人可能会一夜白头，有的也可能会选择自杀。其实焦虑在导致自杀方面的作用和抑郁几乎是一样的，抑郁症患者自杀的原因之一就是长期的焦虑得不到有效的缓解。

如果被讯问人有自杀的念头，办案人员是很难防范的。在现有的社会背景下，被讯问人在办案区自杀，办案人员和办案机关都很难摆脱责任。因此，防止自杀事故的发生，首先要防止被讯问人产生自杀的念头。那就要尽量避免让被讯问人处于图 3.14 中那样的绝境。具体途径有两个：其一，在增加被讯问人焦虑情绪的同时，降低其对将要承担后果严重性的认知，至少不能增加不利后果给被讯问人带来的压力。其二，如果无法减缓不利后果给被讯问人带来的压力，那么就要暂缓强化焦虑情绪，在必要的时候甚至要主动减缓被讯问人的焦虑情绪。讯问的进程可以推进得慢一些，不能不顾及被讯问人的生命安全而一味强化其焦虑情绪。

第四章
讯问中情绪控制原理

在心理学中，焦虑是与恐惧相伴随的复合情绪状态。每一个人在生长和社会化过程中都会形成相应的情绪调节机制，其中包括焦虑情绪的调节机制。被讯问人的情绪调节机制一般不会与正常人有太大区别。讯问人员对被讯问人施加影响也需要运用这些调节机制，所不同的是情绪调节的方向。焦虑通常被视为一种不良情绪体验，一般人需要释放和缓解焦虑，而讯问中办案人员对被讯问人的情绪调节正好相反，想方设法阻止被讯问人焦虑的缓释，强化其焦虑。虽然方向有时相反，但运用的机理是一样的。

焦虑情绪的调节可以分为内在调节和外在调节等不同类型，调节的方式和途径多种多样。内在调节可以通过心理防卫机制减缓，外在调节可以通过行为减缓。就讯问而言，办案人员既要了解焦虑的减缓机制也要了解焦虑的生成机制，这样才能对被讯问人的焦虑施加双向调节。要想有效强化被讯问人的焦虑情绪，一方面要了解人的焦虑情绪是如何减缓的，阻止减缓的渠道；另一方面要明白人的焦虑情绪是如何产生的，有哪些刺激因素，以便增加被讯问人的焦虑情绪。结合讯问实践，对具体操作途径总结如下。

第一节　切断焦虑情绪释放的渠道

强化焦虑情绪，首先要控制焦虑情绪减缓的途径和渠道，防止已经积累起来的焦虑情绪通过相关渠道释放和缓解。就像一个储水的池子，要想让水池盛满水，首先要堵漏。焦虑情绪的控制也是如此，只有有效控制被讯问人焦虑情绪减缓的渠道，才能有效强化其焦虑。

一般而言，焦虑情绪的缓解主要是通过行为、情境转移、心理防卫机制及其他方式，要想阻止焦虑情绪的减缓，就必须在讯问中控制被讯问人的行为，防止其注意力扩散，并打乱其心理防卫机制。其中，心理防卫机制的控制方式特殊，也比较复杂，牵涉的讯问技巧比较多，本书将其单列进行阐述。

一、行为矫控

移动位置和适当的肌肉运动是释放焦虑情绪的有效方法。这种方法也就是通过行为来释放焦虑。例如在焦虑症的治疗方法中，有一种称为雅各布森疗法，通过收缩和松弛的方法使肌肉变得柔软。[①] 这种办法简单实用，而且非常有效。

通过行为释放焦虑有其内在的生物学基础。研究焦虑的神经生物学基础的理论家杰弗里·格雷认为，焦虑的生物学基础是人体对新异事物或惩罚的刺激信号以过度抑制方式作出反应的行为抑制系统。

格雷所提出的模型的主要系统是包括膈膜区、海马、Papez 回路在内的行为抑制系统（BIS）。这一系统包括进入膈膜—海马趾系统的新皮质传导纤维，进入前额叶皮质的多巴胺上行传导纤维，进入膈膜—海马趾系统的酰胆碱能上行传导纤维，进入下丘脑的去甲肾上腺素能传导纤维，以及蓝斑处的去甲肾上腺素能下行传导纤维。在特定刺激（尤其是惩罚、无奖赏，以及新异事物的刺激信号）输入以后，抑制系统抑制住当下的行为并将注意转向相关的刺激……在格雷看

① ［法］皮尔吕奇·格拉齐亚尼:《焦虑与焦虑性障碍》，邹媛媛、李俊仙译，天津人民出版社 2010 年版，第 118 页。

来，一个能够对新异事物或惩罚的刺激信号以过度抑制的方式作出反应的活跃而敏感的行为抑制系统是焦虑的生物学基础。[①]

关于焦虑的心理生理学表现，有研究发现长期处于焦虑和压力下的个体，其自主神经系统的灵活性会相对降低。临床或非临床人群中的焦虑患者都表现出高度的唤醒和警觉，并且通常处于一种“过度准备”（over-preparedness）的状态，这种状态可由生理测量得到的数据体现出来。在被测试的个体中，焦虑状态中出现过高的交感神经活性。[②]

无论是过度的抑制还是过度准备中过高的交感神经活性，都需要行动来缓解和释放。有时个体会无意识地通过行动来释放和缓解焦虑情绪。在外在表现上，我们通常可以发现，当某个人处于高度焦虑状态时，总是坐立不安，来回走动，或者躺在床上也是辗转反侧。这其实是在无意识地通过来回走动和翻动身体来释放焦虑。同样，被讯问人撒谎往往也会情不自禁地扭动身体，这也是无意识释放焦虑情绪的表现。

在讯问中，如果办案人员要控制和强化被讯问人的焦虑情绪，就必须留意焦虑情绪释放的各种渠道，观察各种细节，并控制可能减缓焦虑的渠道。因此，在讯问中有大量细节和操作规范需要注意。

（一）坐姿矫正

实践中，通常认为讯问被讯问人的第一步是核实身份，然后告知权利，再就是否犯罪问题对其进行发问。刑事诉讼法、《公安机关办理刑事案件程序规定》、《人民检察院刑事诉讼规则》对讯问的顺序都作了指导性的规定。然而，从讯问的心理学原理看，第一步绝不是核实身份。讯问的第一步不是“问”，而是“控”。所谓“控”就是控制被讯问人的情绪状态，使其符合讯问沟通和交流的需要。在“控”的多种手段中，首要的是坐姿矫正。从被讯问人进入讯问室的那一刻开

---

① ［美］戴维·H. 巴洛:《焦虑障碍与治疗》（第 2 版），王建平等译，中国人民大学出版社 2012 年版，第 33 页。

② ［美］戴维·H. 巴洛:《焦虑障碍与治疗》（第 2 版），王建平等译，中国人民大学出版社 2012 年版，第 144 页。

始，应当告知他该坐在那里，同时告诉他要坐好，不要乱动。这一过程看似细微，但极为重要。第一，让被讯问人直接坐在椅子上，这些动作是在宣示其被追诉的被讯问人身份，必要时锁上安全锁扣，意味着其应当受到约束。第二，告知其不要乱动，实际上是在给被讯问人立规矩。这种定身份、立规矩的过程可以增加被讯问人的被约束感。第三，直接把被讯问人引导到讯问椅上，可以避免被讯问人站着观察打量讯问环境的机会，尤其是在首次讯问中，可以增加陌生讯问环境所带来的压力。如果把被讯问人带到讯问室之后，不管他，任由他来来回回晃悠几圈，会给被讯问人仔细打量周围环境的机会，然后让其信心满满地坐在椅子上，只会增加其对抗的心理支撑。除非为了到达某种特殊的目的，可以一反常态，一般情况下在讯问的开始不要给被讯问人熟悉周围环境的机会。

坐姿矫正还包括诸多具体细微行为动作的制止。在讯问开始和讯问过程中，被讯问人的任何可以缓释焦虑情绪的细微动作都要想办法制止。具体包括如下方面：

1. 腿脚动作矫正

讯问一开始可以引导被讯问人双脚平放，身体重心稍微靠前，让其两脚放实。讯问中一定要注意不要让被讯问人“跷二郎腿”，被讯问人做这一动作会不断晃动双腿，释放焦虑情绪。如果发现被讯问人用脚尖或脚跟无意识轻敲地面，或者晃动腿部肌肉，也要及时制止。还有一种情况也需要办案人员留心观察：有的被讯问人脚看似固定在地上没有任何动作，但其实际上是在偷偷地用脚指头刨挖鞋底部。这其实也是一种释放焦虑的方法，应当予以矫正。

2. 手部动作矫正

不要给被讯问人把玩手指、抠手茧、咬指甲、揉搓手掌、按摩手心手背、做干洗脸等活动的机会。被讯问人做这些动作可能是无意识的，但讯问人员应当有意识且用相对自然的方式去制止。有的被讯问人在讯问时无意识地摩擦虎口，这其实也是在无意识舒缓焦虑情绪，也应当及时予以矫正。

3. 头颈躯干动作矫正

被讯问人摇头晃脑、扭动脖颈、摇晃身体、做上身舒展动作等细微行为，办案人员也应当注意观察，及时矫正。

坐姿矫正的目的就在于最大限度的控制和减少被讯问人肌肉的活动量，减少其通过肌肉收缩、松弛释放焦虑情绪的机会。而且，坐姿矫正不限于讯问的开始环节，它应当贯穿于讯问的全过程，在讯问中只要有矫正的必要，就可以随时随地进行。矫正的方式不要太牵强，最好采用相对自然的方式，以免引起被讯问人的警觉和对立。

需要注意的是，坐姿矫正不是禁止被讯问人做任何活动，也不是让被讯问人长时间固定一个体位姿态，不让其放松。如果这样做就有刑讯逼供的嫌疑了。坐姿矫正应当通过言语进行，是一种言语引导和制止。不让被讯问人做任何动作是不可能的。

（二）减少做动作的机会

除坐姿矫正外，讯问中还应当尽量减少被讯问人的活动范围和走动机会。一般而言，不能让被讯问人在讯问时来回走动，对于必须允许的行为，也应当尽量减少其走动的机会。讯问中被讯问人要求去卫生间、要求喝水，这些都是正常的生理需求，必须允许，否则就是侵犯被讯问人的合法权利。但需要注意的是，被讯问人去卫生间要有人陪同，同时要防止被讯问人在廊道逗留和反复走动。一方面是为了安全，另一方面则是为了减少其走动的机会。被讯问人要喝水，最好不要让其自己起身取水，而是把盛着温水的纸杯递过去，待其喝完之后，再把纸杯取走。强调温水和纸杯是基于安全考虑，热开水可能造成烫伤，玻璃杯可能会给被讯问人自伤自残的机会。除了纸杯，软塑料杯也可以。给被讯问人一瓶矿泉水虽然也可以，但矿泉水瓶的盛水量大，被讯问人一时半会儿喝不完。如果把水瓶留在被讯问人手中，很多被讯问人会在讯问中拿着半瓶矿泉水在手中把玩，这其实也是在无意识舒缓焦虑情绪，讯问中应当尽量予以避免。实践中有的办案人员在讯问中给被讯问人泡杯茶水喝，这种方式能够体现人文关怀，在被讯问人比较配合或者需要拉近讯问人与被讯问人心理距离的时候可以使用。但如果被讯问人不配合，需要增加其焦虑的时候，最好不要给其喝热茶水。一方面，茶水比较烫，被讯问人小口品茶会释放其焦虑情绪；另一方面，茶水比较利尿，喝完茶被讯问人会不停上厕所，这无形中会增加其释放焦虑的机会。

（三）控制抽烟

抽烟其实也是被讯问人舒缓焦虑的途径。在讯问中可能有些被讯问人会提出要求，希望能够抽根烟。这时候是给烟抽，还是不给烟抽？实践中有给被讯问人烟抽的，也有拒绝的。根据情绪控制原理，给不给烟抽，关键要看被讯问人的情绪状态和讯问所处的环节。如果是在转变态度、引导配合的关键环节，需要逐步加大被讯问人的焦虑情绪，则不能给烟抽。伴随着抽烟所做的吸气和呼气动作可以有效缓解被讯问人的焦虑。如果是在引导供述、核实信息环节，不需要强化被讯问人的焦虑，则可以给烟抽。这样做的目的是让其舒缓焦虑，可以更好地唤醒其对案件事实的记忆。因此，给不给烟抽，要看讯问工作的需要，一般而言，在增加焦虑过程中不能给烟抽，在减缓焦虑的过程中可以给烟抽。

（四）防止哭闹

被讯问人在讯问中哭泣和打闹也是时常发生的现象。有的被讯问人一进讯问室就躺在地上不起来，一把鼻涕一把泪地哭泣，还有的甚至与讯问人员推拉撕扯。

对于被讯问人的哭泣，办案人员通常做法是予以劝说。实践中也存在这样的现象，讯问人员越是劝说，被讯问人哭得越厉害，不停地用纸擦鼻涕和眼泪。被讯问人最终在办案人员的劝说下止住了哭声，回到了座椅上。但经过这样的劝说过程之后，办案人员可能发现，被讯问人哭完之后更舒服了，但讯问也更困难了。为什么？被讯问人已经通过哭泣把焦虑情绪全部舒缓释放出去了。其实从情绪控制角度来看，被讯问人用纸擦掉的不仅仅是鼻涕和眼泪，同时擦掉的还有焦虑。

对于被讯问人的吵闹，办案人员通常做法是予以制止。从心理学角度来看，被讯问人的吵闹其实是一种表现敌意的方式，吵闹中的拉扯和表现敌意正是被讯问人宣泄焦虑的方式。因此，在制止被讯问人吵闹的过程中，需要注意两个方面的事项：第一，制止越快越好，尽可能减少被讯问人表现敌意的时间。第二，尽量避免拉扯。拉扯会让被讯问人释放焦虑情绪，同时也让办案人员有刑讯逼供的嫌疑。

对于被讯问人的哭闹，最好要提前做好预案。与其在被讯问人哭闹开始后进行劝解和制止，还不如提前准备，采取转移注意力或其他方式消除其哭闹的机会。

二、集中注意力

在情绪调节和控制上，分散个体注意力，进行情景转移是一种有效办法。所谓情景转移是指受挫者为了摆脱不良情绪的困扰，暂时避开挫折情境，把注意力从引起不良情绪反应的刺激情境上转移到其他事物上。情境转移在于减轻或消除受挫者的苦闷心理，淡化消极、悲伤的情绪，使其重新振作起来。焦虑本身就是一种不良情绪，情景转移也同样适用于焦虑情绪的缓解。情景转移可以分为被动转移和主动转移两种类型。被动转移是外在因素的引导和干预，即从外吸引和转移个体注意力；主动转移是个体内在转移，如通过走神回想一些愉快的过往情景，或者主动转移注意力，不想当前让其焦虑的事情。这些都是人们在进行正常情绪调节时采用的舒缓焦虑的方式。

对于讯问工作而言，办案人员对被讯问人焦虑情绪控制的方向正好相反。讯问中强化被讯问人的焦虑，就必须尽可能防止被讯问人进行情景转移，既包括防止被动的情景转移，也包括防止主动的情景转移。具体而言，可以从如下方面进行。

（一）保持专注

在讯问中让被讯问人保持专注是很多讯问规范的要求。如英博

“九步讯问法”中的步骤五就是“诱导嫌犯的注意力”①。在英国警察讯问培训的理论模型中，PEACE 模式的第二步就是 Explain & Engage，其中，Engage 就是强调吸引被讯问者参与交流。②从情绪控制角度来看，强调吸引被讯问人的注意力，让其保持专注，就是为了不让被讯问人进行情景转移，避免其释放焦虑。

在操作中，讯问人员要时刻吸引被讯问人的注意力，引导其思考案件，或者注意力集中在案件问题，不让其分神。讯问中，可能会出现被讯问人出神发愣的情形，这是被讯问人的注意力已经从案件上转移，思考与案件不相干的问题，这种情况有可能会导致之前的讯问工作和努力付诸东流。引导被讯问人保持专注的方法很多，如讯问中始终保持与被讯问人的目光接触，防止被讯问人的目光转向其他方向；通过不断地提出问题，引导被讯问人思考，以问题吸引被讯问人的注意力；发现被讯问人走神的时候，及时打断并将其注意力拉回；必要时，讯问人走到被讯问人跟前提问等。有时候还可以通过布置作业的方式让被讯问人保持专注，如讯问过程因为某些突发因素被打断，被讯问人无事可干时，或者在办案人员进行讯问交接时，给被讯问人布置任务，让其思考与案件有关的问题，让其注意力集中在案件上。这种方式也可以防止被讯问人释放焦虑。

（二）减少干扰

被讯问人可能因为外在因素的干扰而走神，从而通过被动的情景转移释放焦虑。因此，讯问中必须尽量减少可能存在的任何干扰媒介，避免所有可能让被讯问人走神的因素。办案实践中，讯问环境的选择、讯问室的布置、讯问人员的服饰、讯问设备的摆设等方面都应当考虑可能给被讯问人带来的影响。哪些是有用的，哪些是无关的，哪些是应当避免的，办案人员都应当做到心中有数。从强化被讯问人

---

① ［美］佛瑞得·英鲍、约翰·莱德、约瑟夫·巴克莱:《刑事侦讯与自白》，高忠义译，商业周刊出版有限公司 2000 年版，第 212 页。

② ［英］古德琼森:《审讯和供述心理学手册》，乐国安、李安等译，中国轻工业出版社 2008 年版，第 50 页。

焦虑情绪角度来看，应当尽可能地减少和去除不相关的干扰。

1. 讯问环境的选择

讯问需要一个相对安静、私密的环境，因此，讯问场所的外围应当尽量避免噪声干扰。第一，讯问室应当远离交通、建筑工地等噪声污染，如果不能避免则应当在讯问室安装隔音设备。第二，讯问室外要避免无关人员观望和走动。在讯问过程中不能有人探头探脑或者在过道里来回走动，这样不仅会转移被讯问人的注意力，而且会给被讯问人造成被围观的感觉，增加供述的心理压力。因为没有人愿意在大庭广众下承认错误。第三，避免电话干扰。讯问人员在讯问中应当关闭手机，除非故意安排以接打电话的方式向被讯问人输入某些信息。在讯问过程中，无论在讯问室内还是在讯问室外都应当避免有人接打电话，同时讯问室外也不要有电话铃声的干扰。无论接打电话的声音还是电话铃的响声，都有可能给被讯问人带来干扰，分散其注意力。

2. 讯问室的布置

讯问室是进行讯问的物理空间，讯问室的装修和布置会影响讯问的效果。第一，讯问室应当营造安静、私密的氛围。因此，讯问室的墙壁应当隔音，讯问时门窗应当关闭。第二，为了避免分散被讯问人的注意力，讯问室最好不要留窗户。如有窗户的应当关闭并拉上窗帘，同时在座位摆设时让被讯问人背对窗户，并远离窗户。尤其避免被讯问人面向窗户。如果被讯问人对面有一扇窗，就会在被讯问人的心里开一扇窗。窗外有什么，被讯问人就会看到什么，被讯问人看到什么，就会想什么，即便窗外什么都没有，但被讯问人的思绪可能透过窗户飞向天空。为了防止被讯问人跳窗，窗外应当有封闭和防护设施。第三，讯问室的墙壁、天花板、窗帘尽量用淡色调，色调一致或相近，且不要有图案。第四，讯问室内除必需的桌椅设备外，不要堆放其他任何物品。桌子上应避免摆放任何摆件和装饰品。总体而言，讯问室的装饰和布置应当让被讯问人看不到与案件无关的东西，听不到与案件无关的声音。

3. 讯问人员的服饰

讯问人员的穿着和服饰也影响到讯问的效果。首先，着装和服饰要尽量体现职业性。办案人员的外在职业性会影响被讯问人的焦虑情绪。因此，除非讯问工作特殊需要，一般应当穿着职业装。[①]讯问时，办案人员衣着装束基本要求应当是“穿对的，而不是穿贵的”。其次，避免服饰成为分散被讯问人注意力的因素。过度的化妆、奇异的发型、奇形怪状的饰品以及其他任何能够激发被讯问人好奇心的服饰和装扮，都应当避免。同时，讯问中双方眼神交流至关重要，办案人员如果戴眼镜最好选择透明眼镜或者隐形眼镜，避免有色眼镜。

4. 证据材料、设备的摆放

讯问时需要有必备的记录、打印设备和录音录像设备，同时讯问人员也可能需要把有关的案卷或证据材料带进讯问室。这些设备和材料的摆放也应当尽量避免成为被讯问人分心的因素。

第一，讯问人员的桌子或摆放设备的案台可略高于被讯问人的水平视线，并设置适当的围挡。围挡的高度以被讯问人看不到桌面上的东西同时又不影响双方目光交流为准。设计上可以让被讯问人的眼睛、桌面的外沿、讯问人员的肩部在一条直线上，这样既可以让讯问人员和被讯问人双方看到对方的面部，不影响彼此沟通和交流，又能够避免被讯问人看到讯问人员桌面上的具体设备和案卷材料，避免其分心。

第二，证据材料的摆放服务于讯问中出示证据的需要。证据材料在讯问中可根据讯问的需要向被讯问人出示，但每次出示的证据以具有必要性为前提。不需要出示的证据材料不要带入讯问室；需要在后面出示的证据不能提前让被讯问人看见。因此，证据材料除非有特殊需要，一般应当摆放在被讯问人视线之外。在出示书面证据材料时，应单页出示，如果证据材料被装订在一本案卷中，出示时要避免让被讯问人看到其他证据材料。需要注意的是，讯问中出示证据材料不是出示案卷。

---

① 具体原因本书在谎言与焦虑的关系中已经有所论述。

第二节 增加焦虑的途径

一、揭谎与导谎

及时发现并揭露谎言可以增加被讯问人的焦虑。人们在成长过程中，时常被教导的做人准则是不能撒谎，无论是家庭、学校还是社会，一旦谎言被揭穿，撒谎者就会面临道德上的负面评价甚至惩罚，可能的谴责和惩罚又会导致撒谎者的紧张和焦虑。因此，在社会化过程中，作为社会个体的人会长期处在这样的因果反应链条中：撒谎—揭露谎言—道德谴责或现实惩罚—紧张焦虑（如图 4.1 所示）。长期的社会化，会让社会成员在撒谎与焦虑之间建立直接的条件反射，即撒谎—紧张和焦虑。一旦撒谎，即便没有被揭露和惩罚，撒谎者也会产生焦虑。不仅如此，撒谎的每一环节都会形成这样直接的条件反射，而且会越来越强。即揭露谎言—紧张焦虑，惩罚—紧张焦虑（如图 4.2 所示）。

图 4.1　撒谎的反应链条

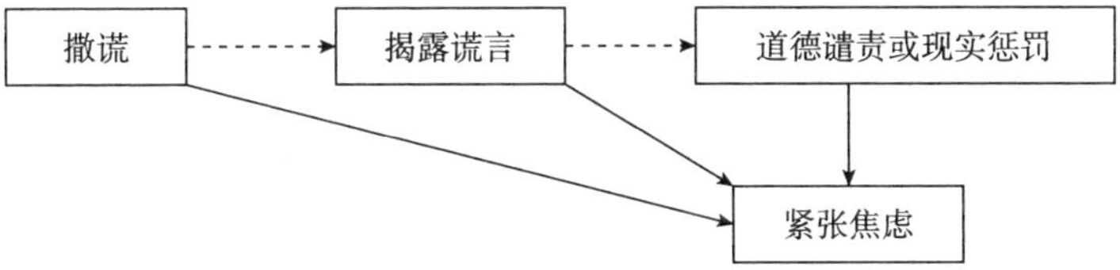

图 4.2　撒谎的条件反射链条

从图 4.2 可以看出，即便不通过惩罚，撒谎也会让被讯问人焦虑，揭露谎言更会让被讯问人焦虑，同时，对撒谎的道德谴责也会让被讯问人焦虑。正因如此，讯问中揭谎和导谎是增加被讯问人焦虑情绪的有效办法，也是实践中常用的讯问技巧。

（一）揭谎

所谓讯问中的揭谎，是指在讯问中直接当面揭穿被讯问人的撒谎伎俩，并对撒谎行为施加道德谴责的讯问方法。在瓦解被讯问人对抗心理方面，揭谎是一种行之有效的讯问方法。揭谎通常能够起到让被讯问人脸红心跳，无地自容的效果。

1. 揭谎方法

讯问中揭露谎言的方法主要有三种类型：一是指出撒谎者谎言中的错误，即“揪错”；二是揭示事实真相，用真相验证撒谎者的陈述是虚假的，即“示真”；三是通过连续的追加问题，让被讯问人不断补充信息，并进行信息确认，让谎言暴露，即所谓“连续追问”。

（1）揪错。撒谎的途径主要是三种：编造、遗漏和扭曲。其中，编造是人们通常所说的无中生有或者虚构，相对于故意遗漏关键信息的办法而言，编造需要更多的认知精力才能完成，而且被识破的风险也比较大。实践中多数编造式的谎言是在真实信息的基础上进行的部分编造，把虚假信息夹杂在真实信息之中更具有欺骗性，而且对撒谎者而言，耗费的认知精力也较少。因此，具有欺骗性的谎言通常都是虚实结合的，而且谎言中包含有大量真实的信息。对于讯问人员而言，需要在讯问中对被讯问人供述的信息进行仔细甄别，及时捕捉虚假的信息，发现并纠正供述中的错误。

编造的谎言背离事实的真相，被讯问人在撒谎时需要根据经验和认知因素进行编造。由于个人经验和认知能力是有限的，在撒谎时不留漏洞非常困难。因此，揭露编造的谎言，最有效的办法就是指出谎言中的漏洞和错误。谎言中的错误通常表现为多个方面，列举如下：

第一，细节错误。在编造式的谎言中，撒谎者编造的信息通常是其没有真正经历的事件或信息，因此，认知基础相对薄弱。编造自己没有经历的事情，通常难以兼顾细节，因为故事编得越细，需要考虑的问题越多，耗费的精力越大。因此，验证谎言比较有效的办法就是看细节。

第二，逻辑错误。编造的谎言往往会超出日常生活的逻辑，不符合日常生活的经验法则。面对这种违背生活逻辑的谎言，可以直接指出其逻辑错误，并施加道德谴责。

第三，前后矛盾。虚构谎言是一种创造性的脑力劳动，编造的情节和故事在大脑中的印象远没有亲身体验的事实记忆那么深刻。在撒谎者没有准备的情况下，谎言中虚构的情节在第二次讲述时出现变动的可能性比较大。因此，讯问中突然重复问一些已经问过的问题，让被讯问人把已经讲过的事情再重复一遍，往往能够起到让谎言暴露的效果。如果被讯问人前后的供述情节有出入，或者相互矛盾，不管是事实上的矛盾，还是逻辑上的矛盾，都可以揪住这些矛盾让被讯问人解释，进而揭露谎言。这种重复提问的方法可以强化被讯问人的焦虑，便于讯问人员发现供述中的问题。

但需要注意，重复提问可以偶尔为之，不能多次反复。重复提问并不是重复讯问。如果多次重复讯问，会强化被讯问人对虚假供述的记忆，甚至在多次重复之后，被讯问人自己都有可能相信自己所说的是事实。这种虚假供述称为强迫内在化虚假供述，是一种很容易导致事实认定错误的欺骗性谎言。

第四，违反规律。虚构的谎言常常会超出常情和常理，违背自然或社会规律。如果讯问中发现被讯问人的供述与常规有违背的地方，可以用来揭谎。常见的类型包括：时间错误，同一时刻完成不可能同时完成的事情；空间错误，同一事物同时出现在两个空间里；法律及规章错误，某一行为明显违法或违规，相关人员不可能去实施。此外还包括违背天文地理、自然条件、风俗习惯、科学规律等方面的常识性错误。这些规律和常识一方面可以用来检验供述的真实性，另一方面也可以用来揭露谎言，增加焦虑。

（2）示真。谎言是对事实真相的扭曲，揭谎最有效的办法就是直接告诉撒谎者事实的真相。虽然全部的事实真相不好确定，但在讯问中，办案人员可以用一些实物证据来展示事实真相的局部，也可以用其他证据来展示事实真相的概貌，从而揭示被讯问人供述中的错误。这种方法就是示真。常用的措施如下：

第一，出示物证、书证等实物证据，指出被讯问人的供述与实物证据之间的矛盾，进而戳破其谎言，进行道德谴责。

第二，指出同案犯的供述、被害人的陈述、证人证言内在一致，而被讯问人的供述与同案犯的供述、被害人的陈述、证人证言的内在矛盾，进而推出被讯问人在撒谎，并进行道德谴责。

第三，指出被讯问人的供述与勘验、检查笔录中记载的情况相互冲突，不符合事实的真相。

这种方法需要把握出示证据的时机和度。告知被讯问人事实真相的同时也会向被讯问人泄露一些真实的信息，可能会造成跑风漏气的后果。因此，出示证据必须要注意把握时机，通常在被讯问人交代了主要事实之后，或者在唤醒记忆核实信息的时候出示要好一些。如果用来揭露谎言，出示的证据只要确保能够达到目的即可，不一定全部都出示，也不一定要求全部出示真实的证据。必要时在这一环节融合某些虚假的情节和证据，用以揭露谎言或者顺势由揭谎转向导谎也是可以的。

（3）连续追问。连续的追问可以让谎言暴露。对于虚构的谎言，由于人的认知精力是有限的，难以在短时间内兼顾所有细节。当办案人员感觉到被讯问人有可能撒谎时，可以连续抛出一连串的问题进行追问，造成被讯问人思维短路，从而让谎言暴露。以追问为策略，在操作时，需要注意以下几个要点：

第一，问题要多，问话语速要快。追问的目的在于用问题打乱被讯问人思维的连续性，不给其思考的时间，从而让被讯问人只能凭借记忆回答问题。因此，在这种状况下提出的问题数量必须要多，问话的语速要快，留给被讯问人思考的时间尽量缩短，甚至可以不给被讯问人思考和回答的时间。这种追问方式实际上是一种问题轰炸，以便在被讯问人大脑中形成一种风暴，让被讯问人顾此失彼，无暇全顾，从而暴露事实真相。

第二，问题要细、要碎。谎言往往疏于细节，越往细处，耗费的认知精力越多。讯问中办案人员提出的问题越细，对被讯问人形成的认知压力越大，越能起到增加焦虑的效果。在对事实的真实供述中，展现事实真相的诸多要素之间的联系也是现实的，不管是时间关系、空间关系还是因果关系，都是客观存在的，这种联系在记忆中通常也是比较稳固的。而谎言则不同，构成故事和情节的诸多要素之间的联系也是不存在的，因此，在被讯问人的脑海里，这种要素间的内在联系是不确定的。这种情况可以通过一些琐碎的问题让其暴露。所谓琐碎的问题，就是指讯问中提出的问题从一个要素的某一方面突然跳跃到另一个要素的另一方面，这些问题是针对不同的认知片段来提问的，彼此之间看似毫无联系，实则可以让被讯问人的思维在杂乱的认知片段中不停跳跃，让其力不从心。

第三，追问可以不按正常的顺序和逻辑。撒谎者编造谎言时思考的维度是有限的，如果打乱正常思考的维度，会让其思维错乱。因此，在追问时，可以不必顾及问题之间的内在逻辑，必要的时候可以故意颠倒，以打乱被讯问人思维的架构。关于事实真相的供述中，各因素之间内在的逻辑关系和时间顺序也是客观的，不管先问什么后问什么，这种客观的联系是稳固的，不会变动的。而谎言则不同，被讯问人需要在大脑中虚构一些情节要素，并以这些要素为材料根据逻辑、时间、空间关系构建情节。这种虚构的关系是不稳固的，有的撒谎者是根据问题边回答边虚构，因此，虚假的供述比较容易受提问者问题的影响，先问什么，后问什么，可能得到的供述就不同。如果办案人员讯问中不按照正常的逻辑和顺序提问，诚实的被讯问人只需按照记忆回答，可以不去考虑回答问题的逻辑和顺序，事实真相和内在逻辑会自动呈现。而撒谎者则需要考虑答案中的内在逻辑和顺序，如果问题是无序的，没有逻辑的，最终供述的内在逻辑也可能是杂乱的，如果撒谎者去思考这些问题，则会造成更大的心理负担。

2. 注意问题

揭露谎言需要先发现和识别谎言。发现谎言的途径有多种，可以分析供述中的矛盾和错误，也可以借助已掌握的事实真相。除此之外，也可以借助被讯问人在讯问中的微反应来判断。谎言和正常的错误是不同的，但又具有某些相似的地方，很容易混淆。办案人员在揭谎时需要注意区分谎言和正常的错误。

（1）被讯问人的微反应。人类在长期进化和社会化过程中，逐步建立了一些应激反应。有些应激反应并非理智所能够完全控制。一些研究发现，人类对自己的语言功能掌握熟练，控制度高，而对于一些情绪化的表现则无法完全有效控制。撒谎者可以有效控制语言逻辑清晰地进行虚假供述，但撒谎时所产生的应激情绪却不能被理智所左右。这种应激情绪也是社会化过程中产生的条件反射。因此，撒谎的人在虚假供述时会有一些细微的反应，包括微表情、微动作、微语义。讯问中办案人员可以借助这些微反应更好地了解和把握被讯问人的心理。在分析和甄别被讯问人是否撒谎的过程中，将其在讯问中的行为特征和微反应结合起来判断，更有利于讯问工作的进行。

需要注意的是，微反应是通过人的外在细微行为和表现来推断其内心状态，这种推断有一定的科学基础，但准确性和必然性依然不足。如果这是一门科学的话，这门科学还处在初始发展阶段，许多科学依据和反应原理还需要进一步明晰。同时把这一原理用于识别谎言，也需要经验的积累。实践中不能将某种微反应行为直接与是否说谎画等号。

例如，美国心理学家约翰·葛瑞德和理察·班德勒研究发现人的目光动向与内心活动的关系（如图 4.3）。[1] 这一发现表明，当人的目光向右上方移动是在进行视觉创造，向左上方移动时是在进行视觉回忆。目光向右平移是在进行听觉创造，向左平移是在进行听觉回忆。人们在沟通交流的时候，目光向右上方移动或向右平移撒谎可能性就比较大。

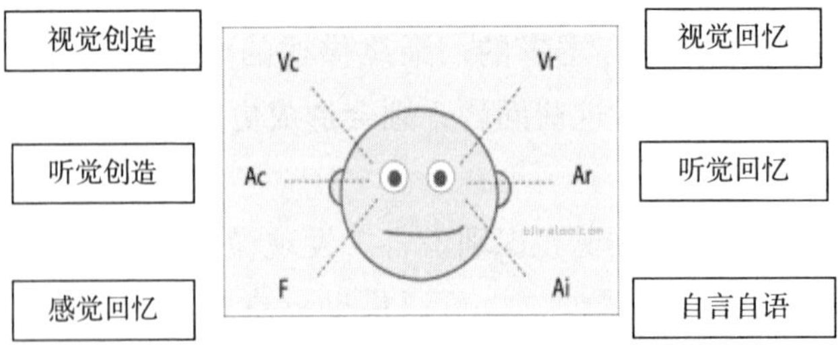

图 4.3　人的目光动向与内心活动的关系

① 约翰·葛瑞德和理察·班德勒是神经语言程序学（Neuro-Linguistic Programming，NLP）的创始人。

如果依照这一理论，发现被讯问人在讯问时目光向其右上方移动，或向右方平移，就认为被讯问人是在撒谎，显然有些问题。因为这样的推论不具有必然性，一个习惯于用左手的人，反应的方向可能正好相反。微反应绝不是这些简单的因果关系推论。

（2）谎言和正常错误。谎言是因为被讯问人在讯问的时候不诚实而故意作出歪曲事实真相的供述。而诚实的被讯问人在供述的时候也有可能出错，导致供述与事实真相有出入。实践中常见的出错情形包括：认知错误，即被讯问人在感知事实的过程中出现错误，被讯问人自认为感知到的是事实，但其实不是；记忆错误，感知的信息没有错误，但在记忆过程中进行了无意识加工或者遗忘，导致信息发生了扭曲；表述错误，是指被讯问人想说实话，但表达不够准确或者因为个人表达能力有限，找不到合适的词汇表达，导致所供述的内容不是其所想要表达的意思；理解错误，是指被讯问人的表述没有问题，而讯问人员的理解出现了差错。这几种错误，都不是被讯问人故意造成的，其与谎言有明显的区别，办案人员应当仔细区分。对于正常的错误，要进行核实，不能对被讯问人进行谴责。如果因为正常错误而对诚实的被讯问人进行谴责，会让其产生排斥心理。从被讯问人的角度来看，其如实供述却不被理解和相信，从心理上对讯问人员产生敌意。被讯问人的这种状态对讯问而言是一种障碍。

（3）时机和分寸。办案人员可以根据讯问的需要把握不同的时机进行揭谎。从时机把握上看，揭谎有两种：一种是“见谎就拆”，发现被讯问人撒谎就予以揭露和批驳。这种方式有利于打消被讯问人的侥幸心理，同时可以矫正被讯问人的敷衍态度，引导其配合。另一种是“欲擒故纵”，发现被讯问人撒谎之后，暂不拆破，让被讯问人继续撒谎，积累到一定程度之后逐一指出被讯问人的谎言。这种方式可以形成轰击效应，有利于打击被讯问人的自信心。具体操作需要根据被讯问人的情绪状态、个人特征、心理压力和案件走势的需要灵活确定。

揭谎的目的在于增加焦虑、转变态度，因此，办案人员在揭谎的时候也需要把握分寸。一般而言，揭露被讯问人的谎言就是要让其羞愧，达到脸红心跳的效果。但如果把握不当，可能会让被讯问人恼羞成怒，产生敌意，给讯问造成障碍。因此，揭谎的时候需要注意，凡是发现虚假的供述都应当或迟或早地指出来，但在方式上可以灵活把握，张弛有度。

3. 揭谎与讯问准备工作

准确揭露谎言的前提条件是能够及时发现谎言，如果发现不了谎言，就无法揭露谎言。如果被讯问人撒谎没有被发现，不仅会增强其继续撒谎的信心，而且会减缓其焦虑情绪。因此，要增加被讯问人的焦虑，就必须尽量降低其撒谎成功的概率。

要想及时发现谎言，就必须在讯问前做好充分的信息准备工作。没有准备的讯问，成功率不可能高。就讯问工作而言，应当强调“没有金刚钻，别揽瓷器活”的理念。如果不是紧急情况，准备不充分就不要急着进讯问室。讯问的准备是多个方面的，就揭露谎言而言，讯问前必须尽量储备好客观、全面、充足的信息。具体而言，包括如下方面：

（1）吃透案情。讯问人员在讯问之前必须吃透案情。如果讯问人员连基本的案件信息都不掌握，就不可能判断被讯问人所说的信息是否真实，也无从发现谎言。讯问人员吃透案情不是为了告诉被讯问人办案机关已经掌握了什么，而是用于判断被讯问人所说是否真实。被讯问人会在讯问中说些什么具有不确定性，因此，对于办案人员而言对案情信息掌握得越多、越细越好。

基本案情包括：

①举报的基本事实和线索来源；

②初步核实的信息、新获取的信息及证据材料；

③被讯问人的身份、职位、职权信息，包括具体职位、任命情况、行政级别、分管事项、行使职权所涉及的具体事项；

④被讯问人的财产情况，包括存款、持有的有价证券、期货、期权、房产、正当的收入来源等；

⑤涉嫌的犯罪事实，包括涉嫌的具体罪名、犯罪行为、时间、地点、数额等；

⑥共犯或可能的同案被告人情况，包括具体人员信息、采取强制措施情况、与本案被讯问人的关系等；

⑦涉案款项、财物的存放位置、转移方式、路径等。

如果对基本案情掌握不到位，不仅难以发现谎言，甚至会向被讯问人泄露案情，给讯问带来负面影响。

（2）全面了解外围信息。讯问不仅要准备案件基本信息，还要准备与案件有关的外围信息。这些外围信息可能不属于具体的犯罪构成要件，但与案件的人、事、物有着直接或者间接的联系。这些信息可能与案件事实或者证据无关，但在讯问中具有对比和核实案件信息的作用。了解外围信息的目的在于两个方面：一是用于发现在讯问中可以继续深挖其他犯罪事实的线索；二是根据掌握的外围信息和细节，办案人员可以更好地核实被讯问人供述信息的真实性。

外围信息主要是与案件中的人、事、物相关的信息。具体包括：

①被讯问人的兴趣爱好、活动轨迹和规律、工作绩效、完成的著作；

②被讯问人的家庭成员、亲属、关系密切的同事、情人以及其他与其有特定关系人员的信息；

③被讯问人所属单位的性质、职能、所属行业；

④涉嫌犯罪的具体领域、业务流程、规章制度、工作机制等相关信息；

⑤案件的影响情况，包括可能造成的网络舆情、群众的反映等；

⑥与涉嫌犯罪行为相关的工程、事件、项目等相关的信息与技术；

⑦与证据相关的物体、文件等实物信息；

⑧与犯罪行为相关联的场景和其他背景信息；

⑨与被讯问人及其关系人相关的水、电、气、暖、交通、通信、住宿、购物等缴费和消费信息；

⑩被讯问人交往的圈子和社会关系网络。

4. 揭谎后焦虑的强化

揭露谎言本身会强化被讯问人的焦虑，如果方法运用得当，在揭谎的基础上还可以将这种焦虑情绪进一步放大。具体而言，讯问人员发现并指出被讯问人供述中有虚假内容之后，不要急于转移话题，而是要继续在撒谎这件事情和话题上稍作停留，以强化被讯问人的焦虑。具体方法包括两个方面：一是对被讯问人的撒谎行为施加适当的道德谴责；二是继续追问其撒谎的原因和心理想法。

（1）适当的道德谴责。单就人们对撒谎的心理反应过程而言，撒谎后的道德谴责和实际惩罚是产生焦虑的最直接原因（见图 4.2）。如果揭露谎言后直接转移话题，刺激焦虑产生的只有撒谎行为和揭露谎言这两个因素，增强焦虑的作用是有限的，实际上道德谴责和实际惩罚的刺激作用更大。讯问中因为被讯问人撒谎就对其施加实际惩罚可能违法，甚至有刑讯的嫌疑，但在发现被讯问人撒谎后对其撒谎行为进行道德谴责并不违法。在增加焦虑方面，道德谴责可以起到与实际惩罚相类似的效果，因此在发现和指出谎言之后，继续对被讯问人的撒谎行为施加适当的道德谴责是增加被讯问人焦虑情绪的绝好机会。道德谴责是对撒谎行为从道德上进行负面评价，需要把握界限，绝不是就此对被讯问人进行辱骂或人格侮辱。

（2）追问撒谎的原因和心理。在发现和指出谎言之后，继续追问被讯问人撒谎的缘由和心理想法也可以强化其焦虑情绪。具体操作就是继续追问被讯问人为什么在这个问题上撒谎？撒谎要达到什么目的？要掩盖什么问题？撒谎时是怎样想的？提出这些问题，一方面，是要了解被讯问人撒谎的动机和心理过程；另一方面，是为了让被讯问人撒谎的错误心态进一步暴露，让其内心产生愧疚感，从而强化其焦虑情绪。

（二）导谎

揭谎的适用范围是有限的。实践中把讯问准备工作百分之百做到位是不可能的，一方面，由于办案人员的精力有限；另一方面，也是因为讯问之前办案人员掌握的信息本身就是有限的。因此，完全发现被讯问人的谎言是不现实的。发现不了谎言，就无从揭谎。

同时，被讯问人即便不编造假话也同样能够实现欺骗办案人员的目的。例如，被讯问人可以通过遗漏关键信息的方式来欺骗办案人员。在这种情况下，被讯问人所说的话可能句句都是实情，单从所说的话中找不出任何虚假的破绽，通过揭谎来增加焦虑的策略就无从实施。

在没有发现谎言或被讯问人没有主动撒谎的情况下，办案人员可以通过导谎来增加和强化被讯问人的焦虑。所谓导谎，是指讯问中办案人员故意设立某种因素，让被讯问人以此编造谎言或扩大谎言，进而以此揭露谎言的方法。从外在形式上看，导谎就是故意引导被讯问人撒谎，然后再揭露其谎言的讯问技巧。实践中通常把这种讯问谋略称为“上房抽梯”或“请君入瓮”。这里的“设立”，就是根据具体犯罪的情境、生活经验和逻辑进行的合理虚构。虚构的因素多种多样，通常包括人、物、事和环境四类。

1. 导谎的方法

（1）设立人，指虚构存在举报人、竞争者、旁观者、潜在受害人、其他知情人或者利益相关者。

（2）设立物，指虚构存在特定的物体、痕迹、书信、通信记录、设备等。

（3）设立事，指虚构发生某件特定的事件、事故，如停电、交通堵塞、管道检修、飞机晚点、通知开会、上级检查、朋友聚会等。

（4）设立环境因素，指虚构某些环境因素，如光线的明暗、天气的变化、噪声的大小、特定的气味、温度的高低、方位的移动、背景音乐等。

2. 导谎与诱供的界限

从操作上看，导谎其实是在揭谎的前面增加了引导的环节，设立人可能会以证言、被害人陈述、鉴定意见等形式出现；设立物可能会以物证、书证、音像资料出现；设立事可能会以能够证明事件发生的相关证据出现；设立环境因素可能会以能够证明特定环境因素存在的证据出现。但这些所谓的证据都是虚构的或者假造的，并不一定是客观真实存在的。这样做是否为诱供呢？其实，导谎和诱供还是有本质区别的。

第一，目的上有所区别。导谎的目的在于让被讯问人谎言暴露，进而增加焦虑，引导被讯问人如实供述，方式上是以虚击虚，目的在于以虚取实（实话）；诱供的目的在于让被讯问人按照讯问人员的意图供述，目的在于获取供述，不顾及被讯问人供述的真假，方式上是以虚引虚，目的在于以虚取供（供述）。

第二，方式上有所区别。导谎通常是前面虚设人、物、事、环境等因素，引导被讯问人撒谎，然后又以这种虚设的因素来揭谎。以此揭谎，必须先告知被讯问人设立的人、物、事、环境因素是假的，这样才能釜底抽薪，让被讯问人的谎言暴露。因此，导谎是先出示假的材料或者假的信息，待被讯问人撒谎后，再告知被讯问人先前出示的材料或信息是假的。也就是先示假，后又告知所示是假的，即先假后真。而诱供则不然，没有告知被讯问人真相这一环节，被讯问人也不知道讯问人员出示的材料和告知的信息是假的。

第三，结果不同。诱供客观上会增加虚假供述的可能性，甚至让无辜的人作有罪的供述，而导谎则增加了虚假供述暴露的概率，降低了虚假供述的机会，客观上会减少虚假供述。因此，导谎是一种讯问谋略，而诱供则是非法讯问方法。

为了避免导谎演化为诱供，实践中需要注意以下几个问题：

第一，导谎必须有后续揭谎。没有揭谎的导谎就有可能变成诱供。换言之，向被讯问人出示假的材料或者输入假的信息之后，必须在适当的时机（整个讯问结束之前）告知被讯问人员示假这一事实。否则就有可能被认定为诱供。

第二，防止造成虚假供述。导谎的方式可以灵活多变，但必须要注意不能造成无辜的人作有罪的供述，也不能让罪轻的人作罪重的供述。如果导谎的方式会增加被讯问人作虚假供述的可能性，则应考虑调整导谎的方式。

第三，导谎方式本身要合伦理。导谎的方式不能违背伦理道德，如果导谎行为本身严重不道德，不仅会影响案件查办的社会效果，而且会影响所取得供述的合法性认定，影响办案的法律效果。

二、打乱心理防卫机制

有一些被讯问人在讯问中既不动又不分神，也没有焦虑情绪，其实际上是通过心理防卫机制达到了内心的平衡。对于这种类型的被讯问人要想增加其焦虑情绪，就必须在讯问中打乱其心理防卫机制。

布瑞安·杰恩认为被讯问人有可能会通过心理学上所称的防卫机制来纾解焦虑。他认为，防卫机制就是个人为了纾解焦虑或罪恶感，或维持自尊而采取的反应；防卫机制可能在人的心智活动当中扭曲或否定现实的情况。第一种防卫机制是合理化作用，“行为人对他所作的行为重新提出一套不同的解释以规避后果所可能课予行为人的责任”。第二种防卫机制是投射作用，“借由投射作用，个人会把自己的想法，或者行为所受到的责备推卸给另外一个人，或是地点、事物种种情景”。①

杰恩的这种理论对于讯问具有启发意义。既然被讯问人可以通过心理防卫机制来舒缓焦虑，那么办案人员可以在讯问中打乱这种防卫机制以防止其舒缓焦虑，甚至增强其焦虑；而对于焦虑情绪过强的被讯问人，讯问人员则可以通过这种心理防卫机制来舒缓其焦虑，以便将其焦虑情绪控制在合理范围内。

心理防卫机制源于弗洛伊德的心理分析防御机制，是指自我对本我的压抑，这种压抑是自我的一种全然潜意识的自我防御功能，是人类为了避免精神上的痛苦、紧张焦虑、尴尬、罪恶感等心理，有意无意间使用的各种心理上的调整。心理防卫机制的技巧包括：否认、反向解释、转移、投射、摄入、合理化等。在弗洛伊德的心理分析防御机制基础上，史凯和马特札提出了犯罪心理上的中立化理论，认为犯罪人通常会用五种技巧来摆脱社会规范对自己的约束，以达到心理上的平衡。具体包括：（1）否认自己的责任；（2）否认造成伤害；（3）否认有被害人；（4）责备掌权者；（5）诉诸更高的情操或

① ［美］佛瑞得·英鲍、约翰·莱德、约瑟夫·巴克莱：《刑事侦讯与自白》，高忠义译，商业周刊出版有限公司2000年版，第427页。

者权威。[①]中立化理论基于心理防卫机制对犯罪者平衡心理压力的方式作了进一步阐释，对研究职务犯罪者的心理平衡机制有积极的借鉴意义。

（一）职务犯罪者常见的心理防卫机制

对职务犯罪现象的研究发现，一部分职务犯罪者在犯罪之初有内疚感和负罪感，甚至感到非常紧张，但时间久了，这种内疚感和负罪感就会消失。有的由原来的玩忽职守或者被动式腐败转为滥用职权或者主动式腐败，如有的司法工作人员开始是面对请托无法推脱而徇私枉法，后来就变成了主动枉法，借而牟利。在这种心理过程中，心理防卫机制起了重要的作用。调查发现，职务犯罪者常见的防卫机制有两种类型，一种是合理化，另一种是投射。具体分析如下：

1. 合理化

所谓合理化是指犯罪者在心里用一套歪理来解释自己的职务犯罪行为，以便达到内心的正当化。职务犯罪者的正当化途径包括如下方面：

（1）强调主观动机的正当性。有的侦查人员实施刑讯逼供，声称是为了提升办案效率，把刑讯逼供归结为工作责任心强的表现；也有的办案人员辩称自己暴力取证是为了推进案件进度，或者想对相关人员施加压力，防止故意撒谎，目的是确保案件质量。但其实，这些辩解都是在为自己的犯罪行为寻找一个貌似合理的动机，以其自以为正当和高尚的动机来弥补行为的违法性和不正当性。

（2）否认行为的危害性。枉法裁判案件中，被追诉的审判人员否认当事人或者当事人近亲属自杀、自残行为与自己的裁判行为有因果关系；对枉法裁判造成的当事人精神失常，归因为当事人心理素质不好，或者本身就有精神问题；对枉法裁判造成的直接损失或者间接损失予以否认；对于自己徇私情、私利，明知是伪造、变造的证据予以

① 周愫娴、曹立群：《犯罪学理论与实证》，五南图书出版股份有限公司2007年版，第91页；黄富源、范国勇、张平吾：《犯罪学概论》，台湾警察大学出版社2002年版，第148页。

采信的行为故意推脱，认为虽然有相关行为，但实际判决的结果依然在法定裁量幅度内，没有造成实际的社会危害。行为人在内心通过这种否认危害后果或者否认行为与后果之间的因果关系，降低负罪感，减轻自责压力。

（3）遵循上级指示或者组织决定。在司法工作人员相关职务犯罪案件中，有的行为人辩解说自己实施的非法拘禁行为、殴打、侮辱、虐待行为是执行上级指示或者组织决定，试图通过上级指令、组织决定或者集体研究等理由来推卸个人责任。其实是为自己的暴力行为提出正当化的托词和借口，以理由的正当性掩盖犯罪行为的不正当性。

（4）提出负面榜样。有的司法工作人员在执行判决、裁定活动中，不依法采取诉讼保全措施、不履行法定执行职责，或者违法采取保全措施、强制执行措施，本来是自己严重不负责任，但辩解其他人也这么做，自己只是按照其他人的做法在操作。例如有的行为人辩解说："我这一点儿不算什么，比我多的人有的是，凭什么抓我？"提出反面榜样实际上是一种从众心理的体现，其背后的逻辑是"别人做了，我也能做"。其合理化的逻辑是，有负面榜样在前，自己不是最坏的，因而没必要那么自责。

（5）提出自认为正当的逻辑。有的行为人认为"权有多大，利就有多大"。这是一种极度扭曲的权力观。有的行为人在内心深处就相信这种判断，并以这种自认为正当的逻辑来解释职务犯罪行为，以期赋予行为以正当性，从而达到心理平衡。

需要指出的是，合理化作用是被讯问人用来平衡自己内心的，而不是用来说服别人的，因此，合理化的理由不需要符合客观规律，也不需要绝对正确，只要其自己相信就可以。所以很多合理化的理由在其他人看来其实非常荒谬，但这并不影响被讯问人在心里对自己的行为进行正当性的解释。因为合理化过程其实是一个自我说服的过程，只要自己相信，自己说服了自己就可以达到目的。

2. 投射

所谓投射，实际上是主观上对自己的过错进行推卸，详言之，行为人否认自己的过错和责任，并将自己所犯的错误和责任归责为自己以外的人、事件、场景、事物等。职务犯罪者通过投射以平衡心态，通常表现在如下方面：

（1）责备受害人。有的案件中，司法工作人员把虐待被监管人责任归于受害人，认为受害者自身存在问题，如受害人不应当反抗、受害人有言语顶撞行为等，认为受害人如果不反抗，不进行言语顶撞，就不会发生虐待、殴打等行为。但实际上，即便受害人没有反抗、没有言语顶撞，行为人也同样可能实施虐待行为。实践中也有人把行为责任归因为受害人行为不检点或有其他不道德行为，但其实都是在为自己的犯罪行为找借口。这其中的道理是一样的，都是一种心理投射机制。

（2）责备不良社会风气或潜规则。有的行为人把犯罪归因为社会风气，声称自己滥用职权行为受到周围不良社会风气的影响。也有的刑罚执行机关的工作人员徇私利，捏造事实，伪造材料，违法报请，导致不符合条件的罪犯被减刑、假释、暂予监外执行，声称是受潜规则影响，认为被执行人员家属请托是正常现象，适当捏造事实材料是潜在常规做法。行为人通常认为在不良风气和潜在规则影响下，普遍都在做，自己做很正常，被查到是因为个人运气不好。

（3）责备制度。有的司法工作人员同其他职务犯罪者一样，把自己犯罪行为归因为制度不完善、制度有漏洞。如刑罚执行人员认为监管制度有问题，漏洞太大，导致有空子可钻；有的审判人员抱怨自由裁量权过大，反而带来职业风险；有的侦查人员刑讯逼供，声称是因为考评制度不合理，导致办案压力大。这实际上是把犯罪的过错投射到制度上，认为制度不合理才导致自己实施犯罪行为。

（4）责备上级和领导。把犯罪的过错归因为上级和领导，也是常见的投射心理。有的侦查人员把暴力取证行为归因为领导暗示；有的审判人员把自己枉法裁判行为归责为领导安排工作有问题，不应当把其安排在民事审判岗位上；也有的监管人员实施虐待行为，声称是按照领导意思办的，出问题领导不买账，自己成了“背锅侠”。

（5）责备其他人。有的司法工作人员在执行判决、裁定活动中，严重不负责任，不依法采取诉讼保全措施、不履行法定执行职责，但把责任归于同事、下属或者其他相关人员。认为自己的不作为是因为同事没有说清楚案情真相，或是因为下属没有及时采取措施等造成当事人或者其他人的利益损失。

（二）心理防卫机制的反向运用

被讯问人通过心理防卫机制舒缓焦虑，在讯问中如果办案人员要增加被讯问人的焦虑，就必须反向运用心理防卫机制阻止被讯问人舒缓焦虑。具体操作可以从如下方面进行：

1. 反驳合理化的借口和托词

对于强调动机正当性的，讯问人员可以反驳并分析其行为的不正当性；对于否认行为危害性的，讯问人员可以正面指出其行为的危害性；对于被讯问人自认为正当的理由和逻辑，讯问人员则需要调整被讯问人的思维角度，指出其理由的牵强和逻辑上的错误；对于提出负面榜样的，则要指出榜样的错误。例如，被讯问人说天下乌鸦一般黑，讯问人员则需指出，即便天下乌鸦一般黑，也并不代表没有长白毛的鸟；如果只盯着乌鸦，看到的当然是黑羽毛，其实除了乌鸦，还有天鹅。

对于合理化作用，讯问人员需要把握一个基本的要领，就是“拆”。把被讯问人所有的托词和借口都予以有力的反驳，让其用来自我安慰的任何依托都没有正当性的支撑。对被讯问人的任何托词和借口不仅要拆，而且要尽力拆彻底、拆干净。要从被讯问人推论的前提、条件、逻辑、周延性甚至所使用的数据、用词造句、语气语调等方面反驳。这种反驳其实是破解被讯问人的合理化基础，拆除其抗拒心理的支撑因素，增加其焦虑。如果被讯问人在内心实现犯罪行为正当化是“立”的话，讯问人员对其立论要进行彻底的“破”。

2. 由外归因转向内归因

对于投射作用，讯问人员则需要反向引导，即由外归因转向内归因。如果被讯问人说是制度的错，办案人员则要引导说，再好的制度也要人来执行，如果执行制度的人有问题，制度的作用是发挥不出来的，归根结底还是其自己有问题。不管被讯问人把责任推卸给被害人、领导还是社会风气、运气等其他客观因素，讯问人员要尽力引导被讯问人把责任找回到被讯问人自己身上来。对于被讯问人的投射作用，讯问人员要把握一点，就是“不管千错万错，都是被讯问人自己的错”。不管是主观的错误，还是客观的错误，总之，被讯问人自己是有过错的。例如，被讯问人说自己犯错误，全是因为制度造成的，讯问人员则可以指出：“同样的制度，为什么别人没有犯错误，你却犯错误？”

（三）心理防卫机制的正向运用

对于心理防卫机制，可以反着用，也可以正着用。在增加焦虑情绪的时候，可以反着用，不断拆解被讯问人的托词和借口，引导其向内找原因，而在被讯问人极度焦虑或压力过大，需要释放其焦虑软化其对抗情绪的时候，讯问人员也可以正着用。办案人员可以主动帮助被讯问人找借口和托词或者主动引导被讯问人推卸道义上的责任。如讯问中指出被讯问人的动机是正当的，说明其主观恶性并不是很严重；适当地谴责被害人、行贿人、权威人士，适当地指出制度的漏洞和危害，适当地指出社会风气等方面的原因，并对被讯问人表示适度的同情和怜悯等。运用这些技巧和方法的主要目的是在被讯问人极度焦虑或者出现情绪崩溃时，减轻被讯问人的焦虑，缓和气氛，拉近讯问人与被讯问人员之间的心理距离。这种做法有利于促进双方的沟通和交流。因此，对于被讯问人的心理防卫机制，讯问中是正用还是反用，要看控制被讯问人焦虑情绪的需要。讯问人员应当根据具体讯问的情形来定，操作中不能僵化。

三、强化情感

情感能够激发心理活动和行为动机，也是人际交流和沟通的重要手段。在讯问中，办案人员合理运用情感因素可以有效控制被讯问人的焦虑，同时也可以影响被讯问人的思维和行为。

在心理学上，情绪和情感虽有所区别，但又是紧密相连的。有观点认为，情绪和情感都是人对客观事物所持的态度体验，只是情绪更倾向于个体基本需求欲望上的态度体验，而情感则更倾向于社会需求欲望上的态度体验。也有观点认为，情感是指对行为目标目的的生理评价反应，而情绪是指对行为过程的生理评价反应。不管怎样，两者是内在相连，相互影响的。强化情感体验的同时也能够强化某些情绪体验，其中就包括焦虑情绪的体验。实践中，把情感强化用于讯问的方式多种多样，常见的方法如下：

（一）强化犯罪感

在司法工作人员职务犯罪案件中，危害后果是定罪和量刑的重要情节，尤其是司法工作人员玩忽职守和滥用职权的案件中，后果的认定至关重要。但在侦查中，有的被讯问人极力否认自己的责任，或者否认自己的行为与危害后果之间存在因果关系。责任范围的界定、因果关系的认定和证明通常是这类案件中非常棘手的问题。对此，有的办案人员会通过录音录像设备摄录事故现场被害人死难的凄惨景象或者死难者家属撕心裂肺的痛苦场面。如果被讯问人极力否认自己的责任，拒不交代罪行，则播放这些影像让其观看。这种办法通常比较有效，很多被讯问人看不了多久就看不下去了，因为场面非常震撼，让其产生了良心上的自责。这种方法其实就是利用影像强化了被讯问人的犯罪感，增强了其焦虑情绪。

（二）利用亲情

亲情也可以影响被讯问人的焦虑情绪。尤其是当被讯问人在较长一段时间内被采取羁押措施，与亲人分离之后，情感需求更加强烈。

例如，在被讯问人拒不交代的情况下，办案人员拍摄了一段被讯问人女儿上学路上、课堂上听课的真实场面。在讯问中，办案人员告知被讯问人："我们知道你很想念女儿，因此，特地派人拍摄了一段你女儿生活和学习的视频，你先看一下。"根据办案人员的描述，被讯问人看视频时非常专注，眼泪很快就掉下来了。看完视频之后，讯问人员很同情地说："要是你没干那些错事，陪在女儿身边该多么幸福啊。"然后说："眼下对你来说，最重要的事是赶快把这件事情了结，早些出去，不要因为这事情影响女儿的学习和生活，至少要把这种影响降到最低。你在这里耗着，不仅于事无补，而且会严重影响家人的生活。”

实际上办案人员后面所讲的道理被讯问人其实很明白，但先让被讯问人看一段亲人的视频之后，再去讲同样的道理，效果就明显不一样了。其中，就是情感在起作用。亲人的视频所激发的强烈情感刺激了被讯问人的情绪，也强化了办案人员的说服力。

四、借助价值目标

人的情绪和情感以价值为基础。当人们所推崇的价值受到威胁时，便会引发不安，这种不安就是焦虑。[①] 正因如此，讯问中也可以借助价值目标让被讯问人产生焦虑，但必须注意如下两点：

（一）摸清被讯问人所珍视的基本价值目标

不同的人有不同的价值目标，同样的事情，不同的人有不同的看法，因此，必须先搞清被讯问人看重的是什么。就职务犯罪案件的被讯问人而言，有的人看重金钱，有的人看重面子和荣誉，也有的人看重诚信、忠诚、责任、成就等特定品质，还有的人迷信风水或神佛。只有搞清楚被讯问人看重什么，才能针对其价值目标而施加相应的影响。

（二）让被讯问人感知到核心价值目标受到威胁

要强化被讯问人的焦虑，就必须让其感知到核心价值目标受到威胁，否则达不到增强焦虑的目的。具体策略如下：

1. 指出被讯问人的行为与其所珍视的价值目标之间的矛盾

针对被讯问人的行为进行评价，指出其行为违背了其珍视的价值准则或与其价值目标相背离，可以起到增加焦虑的效果。

如对于一些所谓“皈依”的被讯问人，到了讯问室就闭目念佛，

① 详见本书关于焦虑产生原因的论述。

对于讯问人员的问话不做回应。对于这种情况，讯问人员可以从佛教谈起，问被讯问人念佛的目的是什么，是否知道佛教最基本的戒律。可以和被讯问人谈论佛教最基本的戒律“五戒十善”。所谓“五戒”，就是杀生戒、偷盗戒、邪淫戒、妄语戒、饮酒戒。所谓“十善”，是指身、语、意三业的禁忌，具体包括身体行为的善——不杀生、不偷盗、不邪淫；语言方面的善——不妄语、不两舌、不恶口、不绮语；意识方面的善——不贪欲、不嗔恚、不邪见。然后指出其所作所为与这些戒律不一致的地方，如收受贿赂，是贪欲；找情人，是邪淫；面对讯问人员撒谎，是妄语。进而指出，像他这样的人，要想往生极乐，修成正果，就必须忏悔，实话实说。

2. 对于看重情感的被讯问人，指出亲人痛苦、情人背弃的事实

有的被讯问人看重的是亲情或某段个人情感，对于这样的被讯问人，讯问人员可以通过指出其亲人痛苦、情人背弃的事实来施加影响。

例如，有报道说，某省国税局原局长李某自从被双规，“抗”了108天，终于开始交代自己的问题，原因是办案组从李某的情妇那里获得了关键性证据。李某说:“谁都可以供我的问题，唯独她不该。在和专案组‘抗’的108天中，我想到了可能会从100个人身上获得200条线索，但绝对不会从她身上得到任何一条线索。我不能想象她像项羽的虞姬为项羽自杀，起码也得像《红岩》中的江姐一样，咬紧牙关不吐一个字。”[①] 从李某的话可以看出，他非常珍视与其情人之间的感情。影响李某彻底交代的关键因素可能不是从其情人那里获取的证据，而是其情人背弃这一事实让他备受打击。

五、调整讯问的空间距离

讯问中办案人员适当调整其与被讯问人之间的距离，可以对被讯问人的焦虑情绪产生影响。人类学教授霍尔博士研究发现，亲密程度

---

① 《李真的痴情为何换不来情妇忠贞》，载中国网，http://www.china.com.cn/law/txt/2007-06/13/content_8380826.htm。

不同的人之间的距离关系对一个人的联系方式有直接影响。[①]

霍尔博士发现西方文化中绝大多数人的彼此联系中有四个空间区域：

（1）亲密空间距离范围在实际身体接触到18英寸之间，这一范围依然在可触及的距离之内。我们只允许最亲密的朋友进入这个区域。任何人侵犯这一区域都会让人产生焦虑，距离越近，产生的焦虑会越多。

（2）个人空间距离范围在18英寸到4英尺。霍尔博士称此为“身体支配界限”。这一范围正好超出可触及的距离，然而又近到可以进行个人谈话。

（3）社会交往空间距离在4英尺到12英尺。4英尺到7英尺的距离是我们进行信息交流最多的地带，7英尺到12英尺是正式社会交往和商业交往发生较多的地带。

（4）超出我们领地区域界线之外的是公共空间距离。其范围从12英尺到25英尺或者更长。这些空间是进行教学或者公共演说的距离，再远一些的空间距离往往超出个人的关注范围。[②]

结合霍尔博士的研究，有法医学评估专家和行为分析专家总结了讯问中空间距离的运用技巧。

在审讯的时候，审讯人员应当从3英尺到4英尺的距离开始，同时身体前倾，每当预感到被讯问人变弱就慢慢地向被讯问人的亲密空间地带移动（18英寸的接触距离）。每一次向前移动都将减少审讯人员与被讯问人之间的距离，直到审讯人员的一个膝盖处在被讯问人的两腿之间。如果被讯问人有罪，这将增加其焦虑和脆弱性，并增加被讯问人供述的欲望。如果被讯问人无罪，这种侵犯将强化其对抗。[③]

霍尔博士研究的是西方文化中人际交往的四个空间距离，由于中西方文化的差异，这种交往空间距离并不一定适用于中国人，但对于

① E.T. Hall, The Silent Language, Hall Doubleday, 1959.

② Nathan J. Gordon, William L. Fleisher, Effective Interviewing and Interrogation Techniques，3ed, 2011，p.30-31.

③ Nathan J. Gordon, William L. Fleisher, Effective Interviewing and Interrogation Techniques, 3ed, 2011，p.31.

我们的讯问工作依然具有借鉴意义。“虽然在不同文化中，可以进入给定区域的人和距离各不相同，但这个区域的存在本身没有区别。”[1]有研究发现，人类具有领地感，并且不同的领域暗示着他们在这个区域里与其互动的人不同的接受程度和不同的舒适程度。在人际交往中，这种个人空间的科学和个人空间的明智使用被称为“空间关系学”。讯问中合理运用空间关系学原理，通过动态调整办案人员与被讯问人之间的空间距离来增加或降低被讯问人的焦虑是可行的。

空间关系原理的运用，需要结合我国的法律规范和具体的讯问环境。我国法律对讯问的规范进一步明确，讯问场所和操作规范在一定程度上为这种技巧的使用带来某些限制。这种限制主要表现在两个方面：第一，在看守所讯问室进行讯问时，为了防止刑讯逼供，看守所讯问时实行物理隔离。在讯问人员与被讯问人之间有物理隔离设施的情况下，限制了两者之间的空间范围，办案人员不可能采用这一讯问技巧。第二，职务犯罪案件的讯问必须全程同步录音录像。通常的录像设备就装在讯问桌的正前方，如果讯问人员把椅子挪过去与被讯问人面对面近距离交谈，可能会堵住摄像头，造成摄像盲区，同时在现在的执法环境下，近距离接触会造成刑讯逼供的嫌疑。此外还存在一个设备上的问题，在讯问室配备的椅子都是不带脚轮的，讯问时不方便移动。对于这种情况，可以从如下方面予以变通。

（一）适用范围

基于上述情况，这种技巧可以在专门办案区的讯问中使用，也可以在没有物理隔离设施的其他办案区讯问室使用。对不需要采取留置措施的被讯问人的讯问，通常是在办案区或其他法律允许的地方，在这些地方讯问也没有强制物理隔离的要求，可以使用。

（二）操作方式

在调整空间距离时，办案人员移动位置，同时保持被讯问人的座

① Nathan J. Gordon, William L. Fleisher, Effective Interviewing and Interrogation Techniques, 3ed, 2011.

椅不动，防止其通过行为舒缓焦虑。为了移动便利，办案人员可以配备一把带有脚轮的椅子，椅子的高度适当高于被讯问人的座椅，以便形成压迫感。办案人员也可以不用椅子，直接走到被讯问人跟前进行讯问。一方面，办案人员走过去站立在被讯问人跟前可以形成高度上的优势，俯视的目光有助于形成压迫感；另一方面，法律没有明确禁止，这样做也不违反任何规定。办案人员移动位置的目的在于对被讯问人形成一种入侵感，造成焦虑，因此，通常的移动方向是越来越向被讯问人靠近，不能反反复复，时远时近。同时，移动时尽量不要引起被讯问人的注意。因为要同步录音录像，办案人员无论是站着还是坐着，应当注意不能遮挡摄像镜头，以避免造成任何刑讯逼供的嫌疑。

（三）界限问题

实践中，有的安排几个身强力壮的办案人员近距离盯着被讯问人并围绕着被讯问人转圈，圈子越转越小，离被讯问人越转越近，这样做是否可以？从心理上看，这样做是一种空间距离的入侵，确实有助于增加被讯问人的焦虑，单从效果上看，这种做法应该是不错的。但这样做是否构成威胁？虽然刑事诉讼法只规定讯问的时候“办案人员不得少于二人”，多人参与讯问是合法的。但是这种做法，是否会让被讯问人感到恐惧？胆小而又无辜的被讯问人会不会因为害怕而作有罪供述？如果答案是肯定的，以这种方法取得的供述就有可能被排除。

5

第五章

讯问中的认知控制原理

第一节　讯问中对被讯问人施加影响的途径

讯问的目的是让被讯问人如实供述自己所知道的案件事实。而有罪的被讯问人在讯问的开始通常是抗拒和撒谎，这就需要进行引导。引导被讯问人由抗拒撒谎到如实供述实际是一个行为导向过程。控制一个人的行为通常有两种方式，一是通过外在的强制，二是通过内在的影响。就讯问而言，外在的强制是违法的，只能通过内在的影响来实现。内在的影响所施加的对象有两个，一是被讯问人的思维，二是被讯问人的情绪。这是因为在心理学上人的思维、情绪和行为是相互关联、相互影响的（如图 5.1 所示）。“这三个方面是不可分割的，在考察人类行为的运作时，忽略其中的任何一个方面都是荒谬的。行为、情绪和思维不仅相互联系，而且三个方面存在连锁反应。”[①]因此，既然不能强行控制被讯问人的行为，在此情况下只能影响被讯问人的思维和情绪，通过改变被讯问人的思维、情绪以及其中某些因素的对比关系来控制行为，引导被讯问人如实供述。

---

① ［英］马吉尔：《解读心理学与犯罪：透视理论与实践》，张广宇等译，中国人民公安大学出版社 2009 年版，第 71 页。

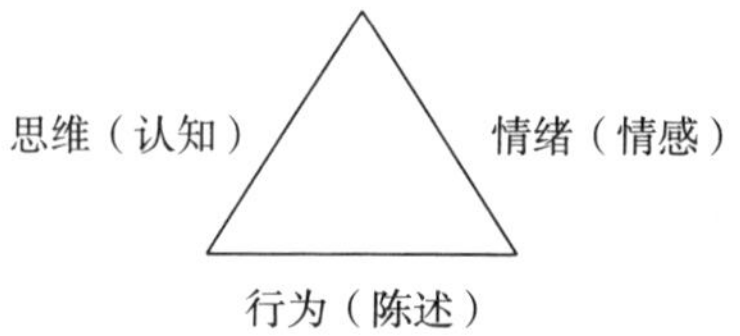

图 5.1　思维、情绪和行为之间的关系

人的思维活动包括认知、判断、推理和决策，在讯问中对被讯问人是否如实供述影响较大的是认知因素；情绪则包括焦虑、恐惧、痛苦、喜怒哀乐等体验，其中焦虑对被讯问人的态度和行为影响较大。因此，讯问中对被讯问人施加影响的合法途径主要有两个：一是改变被讯问人对相关因素的认知，进而影响其判断和决策，从而导向如实供述；二是控制被讯问人的焦虑和其他情绪因素，主要是改变焦虑和认知因素之间的对比关系，从而导向如实供述。与前者相关的是认知控制原理，与后者相关的是情绪控制原理。关于情绪控制原理以及与情绪控制原理相关的讯问技巧在前面已经进行了详细探讨，本部分主要探讨被讯问人的认知控制原理。

第二节　讯问中被讯问人的决策与选择

一、对被讯问人来说，讯问是一个复杂的决策选择过程

从被讯问人的角度来看，讯问的过程是一个复杂的甚至是痛苦的决策选择过程。实践中有办案人员形象地把讯问的过程称作出选择题和做选择题的过程。即在职务犯罪讯问中，办案人员不停地给被讯问人出选择题让被讯问人选择，题干是办案人员出的，选项也是办案人员给定的，让被讯问人根据自己的认知和利益去选，选完之后，接着再出选择题，直到让被讯问人发现原来如实供述是对自己最有利的选择。这种出选择题的方式其实是把被讯问人的决策和选择以出题的方式进行了具体化。即便不以这种方式呈现，被讯问人在讯问中也不得

不在诸多问题上作出选择。

面对办案人员的讯问，被讯问人不得不作出抉择的问题包括：

（1）是否交代？

（2）什么时候交代？

（3）全部交代还是部分交代？

（4）部分交代的话，哪些交代，哪些不交代？

（5）面对办案人员具体的问题，该如何回答和应对？

这些问题对于被讯问人来说是不可回避的，是其在讯问过程中不得不去考虑的。不管决策是否合理、选择是否恰当，对被讯问人而言，讯问的过程就是一个不断决策和选择的过程。

二、合理决策的前提和基础

一般而言，要做到理性决策必须具备两个条件：第一，决策者的主观理性；第二，客观、全面、及时、充分的信息。主观理性包括生活经验、储备的知识以及推理的周延性和判断的准确性等因素。信息基础则包括信息反映的情况是否真实、收集的信息是否全面、信息量是否充足等。这两个方面相辅相成，没有主观理性再全面的信息也是有风险的，只有理性没有客观、全面、及时、充分的信息，决策就没有依据。决策者主观理性是合理决策的前提，客观、充分、全面的信息是合理决策的基础。从整体上看，人们的决策只能做到相对合理，而不能做到绝对合理。

首先，人的理性是有限的。人们进行判断、推理的前提是经验和知识。其中经验源于生活，推断往往把生活中的经验法则作为前提。经验法则的特点之一就是不具有绝对确定性，即根据经验法则推断出来的结论不具有百分之百的确定性。这一特点导致依据经验法则进行的推断时常出错。在人们学到的知识中，有一部分公理和必然性的规则具有必然性，但这些必然性的规则在讯问中未必能够用得上，而用得上的知识，被讯问人又未必具备。这是因为人的知识是有限的。

其次，信息通常是有限的。不仅信息量是有限的，而且掌握的信息通常也是有真有假，或者是片面的。所以，人们进行决策时所依赖的信息很难做到绝对客观和全面，包括被讯问人在内的所有人的主观理性其实都是有限的，在判断中不犯错误是不正常的，犯错误是正常的。

对于有罪的被讯问人而言，最终所作的决策未必是最合理的决策，办案人员引导决策的方向也不是对被讯问人最有利的。从被讯问人的角度来看，最合理的决策可能就是撒谎骗过讯问人员，逃脱罪责。而讯问人员的目的却是要得到真实的供述。因此，办案人员要达到讯问的目的，就必须在被讯问人决策的前提和基础上施加影响，利用被讯问人决策的局限性，不断改变其决策。

三、被讯问人认知和决策的局限

在讯问中，被讯问人发生决策错误是很正常的，因为被讯问人在讯问环境中的认知和决策比一般人更具有局限性。

（一）信息有限

被讯问人虽然对自己是否实施了犯罪最为清楚，在办案对抗中有一定的信息优势，但其掌握的信息依然是有局限性的。被讯问人所了解的是自己所经历的案件信息，而对于未曾经历的信息了解有限。例如，办案人员掌握了哪些证据、其他同案人员如何反应、利害关系人如何运作、案件的下一步走势等信息，被讯问人并不一定能全面了解。这种有限性表现在两个方面：第一，来源有限，办案中被讯问人获取信息的渠道可以通过法律手段予以控制；第二，信息质量有限，办案中被讯问人获取的信息可以通过技术手段加以控制，让其真假难辨。办案中实现对被讯问人的信息控制，需要做好两个方面工作：

1. 初步核实和侦查的保密性

就职务犯罪案件的初步核实和侦查工作而言，保密应当是原则，公开才是例外。强调侦查工作的保密性，主要是对侦查对象保密，目的之一就是保持和强化办案人员对被讯问人的信息优势。对侦查工作进展情况和收集到的证据情况的知情范围严格控制，可以防止侦查中“跑风漏气”，也在客观上防止了被讯问人了解侦查信息。这可以为讯问中的认知控制创造有利条件。

2. 羁押的封闭性

羁押客观上有助于讯问。这是因为羁押措施把被讯问人与外在环境隔离开来，阻断和控制被讯问人与外部的信息沟通和交流，进而影响和控制其掌握的信息，为改变其决策引导供述创造了有利条件。一方面，羁押可以防止被讯问人逃跑、自杀或者出现安全事故；另一方面，也切断了被讯问人与外界的信息沟通。

（二）认知能力有限

人的认知包括对客观事物和周围形势的感知、解释、假设，具有主观性。受制于客观情况，认知过程本身就容易出现差错，这是因为人的感知能力和解释判断能力是有限的，出错在所难免。被讯问人和正常人一样，出现认知错误也是正常的。在讯问中，被讯问人对所处的环境和案件形势的认知关乎着其是否配合办案人员的讯问。

（三）个人决策能力有限

决策以信息为基础，同时也受制于主体的决策能力，其中对风险的预见能力和果断决策的能力尤其重要。对于被讯问人而言，理性的决策必须要有一定的风险预见能力，而被讯问人对案件结果的预见能力很大程度上依赖于其储备的法律知识和分析能力。对于司法工作人员职务犯罪案件而言，被讯问人同办案人员一样精通法律知识，甚至对于特定领域的法律知识掌握得更加专业。因而，这类案件的被讯问人对法律后果具有更强的预见能力，这是办案人员必须要充分认识并客观面对的。即便被讯问人对后果具有更强的预见性，也不代表其决策能力是无限的。合理决策还需要果断决策的勇气和能力。在社会活动中，人们通常借助集体的智慧和力量进行决策来弥补个人风险预见能力和风险决策能力的不足。而在讯问中，被讯问人是孤立的，办案人员往往是团队作战。因此，相对于办案中讯问团队而言，被讯问人的个人决策能力是有限的。办案中，决定办案人员胜算的一个重要因素就是团队作战，利用集体智慧进行决策。

（四）决策时间有限

合理的决策需要充足的时间去考虑和权衡，而讯问中留给被讯问人思考的时间是有限的。讯问的节奏把握在办案人员手中，不可能等被讯问人想好对策之后再回答，更多的是快问快答，不给被讯问人思考琢磨的时间。在有限的时间里，要做到周全考虑、合理决策是非常困难的。

由于信息的有限性、个人认知能力、决策能力和决策时间的有限性，被讯问人出现决策错误是正常的，通过改变被讯问人的认知因素可以改变其决策。

四、影响被讯问人决策的认知因素

认知是指对目前情形的感知、解释和假设。讯问中影响被讯问人决策的认知因素有多个方面，其中最主要的如下：

一是对案件情势的认知：如果被讯问人从案件的情势感觉到案件的形势压力很大，自己无力抗拒，则其选择放弃抗拒、如实供述的可能就比较大。反之，如果被讯问人从讯问的情形感觉不到压力，或者压力不够，则会产生侥幸心理。

二是对办案机关已经掌握的事实和证据的认知：如果被讯问人觉得办案人员掌握的事实很清楚，案件已经完全暴露，掩盖于事无补或者发现办案人员已经收集到的证据非常有力，根本无法否认，那么其选择如实供述的概率比较大；反之则会选择抗拒和撒谎。

三是对讯问人员的认知：如果被讯问人觉得讯问人员非常专业、可信而且友善，其在讯问中选择如实供述的概率会上升；反之则会降低。

四是对办案目标和方向的认知：如果被讯问人知道办案机关侦查的方向和目标，对抗的信心会增加；反之，如果搞不清侦查的方向和目标，讯问中与办案人员对抗时心里会更没底。这种不确定性会在一定程度上动摇被讯问人的对抗意志。

五是对利害关系人的认知：被讯问人对请托人、同案犯以及其他知情人员和利害关系人在诉讼中的表现觉得越可靠，抗拒的信心就越足；反之，越觉得靠不住，对抗的信心就越不足。

六是对自己下一步行动方案的认知：被讯问人对自己将要做的选择和行动方案越觉得合理，对抗的信心就越足；反之就越不足。

七是对行为结果的认知：被讯问人对犯罪后果的感知越严重，如实供述的压力就越大，选择如实供述的可能性就越低。反之，选择如实供述的阻力就越小，配合的概率就增加。

八是对供述机会的认知：如果被讯问人觉得如实供述的机会越少，如实供述的概率就越高。

九是对个人权利义务的认知：被讯问人对自己的权利越明晰，对抗意识就越强；对自己的义务越明晰，配合的意识越强。

十是对个人能力的认知：被讯问人觉得自己的个人能力越强，对抗的意志就越强，选择对抗的可能性越高；反之，觉得自己的能力越弱，对抗的意志就越低，选择配合的可能性就越高。

除此之外，还有其他一些认知因素，需要在实践中进一步总结和探索。

第三节　对案件情势的认知控制

案件情势是指案件发展变化的趋向。被讯问人对案件发展变化趋向的判断对其在讯问中的态度和表现具有十分重要的影响作用。如果被讯问人觉得案件必然朝着揭露真相、追究责任的方向发展，那么其放弃对抗、选择配合的可能性就会增加。反之，如果被讯问人觉得案件发展的趋向有可能出现转机，那么其选择拖延时间等待时机的可能性就会增加。

实际上案件发展的趋向是由多种因素决定的，被讯问人对案件发展趋势的判断必然以各种因素的感知和认识为基础。虽然影响案件发展趋向的因素是客观的，但被讯问人对案件发展趋势的感知和认识是主观的。在办案过程中，可以通过相关因素的控制来改变被讯问人对案件发展趋势的认知，进而改变其决策，引导供述。

对被讯问人而言案件发展趋向是一种判断，判断的依据是案件相关因素展现出来的具体情形和样态。改变这些相关因素呈现的情形和样态，也就有可能改变被讯问人对案件发展趋向的认知和判断。

讯问中可以用来改变被讯问人对案件发展趋向判断的认知因素至少有五个方面，利用这些因素可以设计出很多讯问的技巧。

一、国家党风廉政建设形势和政策因素

大环境决定会影响小环境，小环境会影响个人的决策和选择。被讯问人对大环境的认知会影响其对小环境的判断。正因如此，讯问中对被讯问人分析国家形势和政策取向能够对被讯问人发挥影响作用。实践中常常把这一部分讯问技巧称为形势分析和政策攻心。

（一）形势分析

所谓形势分析，其实就是在讯问中对被讯问人讲解当前党和国家反腐败的大形势，或者以当前反腐败的形势为话题与被讯问人进行讨论和沟通。如党的十八大以来发生的腐败案件、落马的“大老虎”以及党的十九大以后形成的反腐败新格局等。讯问中对被讯问人分析时局和形势，主要目的不是给被讯问人进行思想政治教育以提高其政治觉悟和道德水平，而是为了让其认识自身案件所处的大环境和社会发展的大趋势，归根到底是要改变被讯问人对自己及其案件外部社会环境的认知。因此，对被讯问人进行形势分析，需要把握好角度和落脚点。

讯问中给被讯问人分析形势是为了让其意识到大环境对他不利，抗拒办案机关的侦查与大环境发展的趋势相违背。因此，需要注意形势分析的角度，要突出中央在反腐败上“踏石留印，抓铁留痕”的决心和力度。从这个角度分析是让被讯问人认识到那么多的“大老虎”都落马了，自己选择对抗是没有意义的。即便在分析形势的时候讲到某些具体的案件，也需要注意选取合适的角度，对于改变被讯问人认

知无关的细节则没有必要提及。尤其是具体的焦点案件，需要区分新闻关注点和讯问的切入点。例如，个案中的巨额现金、情色陷阱，这些都是新闻关注的热点，但未必就是讯问的合适切入点。如果不注意角度，讨论一些新闻点，只会激起被讯问人的好奇心，而对于改变其认知和判断起不到任何作用。

形势分析也需要注意落脚点。对于反腐形势的分析最终的落脚点是被讯问人自己和涉嫌犯罪的案件。对于形势分析，无论绕多远最终都必须要回到正在办理的案件上，回到被讯问人自己该怎么办上。如果回不到这个原点，分析形势就是在浪费时间。

（二）政策攻心

在讯问中给被讯问人讲政策，是实践中常用的技巧，这种技巧被形象地称为政策攻心。所谓政策攻心，其实就是给被讯问人分析政策，改变被讯问人的认知，“攻心”只不过是一种形象表述而已。

哪些政策可以讲，哪些不能讲？这个问题并没有明确的界限，对于涉嫌犯罪的司法工作人员，肯定不能局限于讲坦白可以从宽、认罪认罚从宽等。对于政策范围要有更开阔的视野，凡是能够改变被讯问人认知的政策都可以讲，大到八项规定、新时代党和国家监督体系、群众路线、深化改革、依法治国等大政方略，小到具体细节政策规定都可以讲。关键取决于改变被讯问人认知的需要。

政策如何讲？讲政策的方法是多种多样的，可以由办案人员自己讲，必要的时候也可以直接转述领导人讲话的原话。对于涉嫌犯罪的司法工作人员，宣讲政策需要结合其认知特点和知识储备，切不可教条式宣讲。

讯问中给被讯问人讲政策，目的不是让其明白政策的具体含义和精神实质，而是为了改变其认知。这就需要办案人员根据自己查办案件所涉及的领域、被讯问人的知识结构、判断能力等有针对性地选取某些可讲的政策，同时根据被讯问人已有的认识和知识储备选取合适的角度。

二、案件直接关联因素

如果说国家的反腐败形势和政策展示了讯问的外部大环境，那么具体案件的直接关联因素则构成了讯问的中环境。讯问中改变被讯问人对这些关联因素的认知，直接会影响其对案件发展趋势的判断和决策。这些因素通常包括案件的网络舆情、上级领导的关注度、被讯问人周围人员落马的情况、对被讯问人采取强制措施的时间、地点和方式、关系人在暗中说情的结果等，实践中绝不限于所列举的这些因素，更多的因素有待于进一步总结。

（一）舆情影响

在全媒体时代，网络舆情的影响力越来越大，并可以在讯问中加以利用。对于与一些重大事故相关联的职务犯罪案件以及本身具有重大社会影响的案件，舆情影响情况会直接制约被讯问人的判断。例如，侦查在押人员脱逃事件中的职务犯罪，在讯问中可以以适当的方式向被讯问人展示关联事件的影响和各大媒体的报道情况，让被讯问人切实感受到网络舆情的压力。对于检察机关立案侦查的案件而言，舆情影响直接关系到犯罪后果的认定、犯罪的构成，展示舆情影响情况可以让被讯问人纠正自己的行为不构成犯罪的认识。即便对于其他类型的职务犯罪而言，展示舆情影响情况也可以让被讯问人感受到自己案件的社会关注度和实际影响，在一定程度上可以打消其借助关系“摆平”案件的念头。

向被讯问人展示舆情影响情况时，需要严格注意展示的内容和方式。内容上需要注意审查展示材料可能附带传递的信息。例如，展示的新闻报道材料可能会提及某些特定的人，如果这个人与案件或者被讯问人有特定关系，应当涉案被抓，但相关报道显示其还在原来岗位上。这可能会让被讯问人意识到问题并不严重，案件还有转机的余地，这样的材料展示可能会事与愿违，反而会坚定被讯问人抗拒的决心。在方式上可以直接将相关材料出示给被讯问人看，也可以故意摆在讯问室的案头间接展示，让被讯问人在签字或进入时不经意地看见。讯问中可以根据展示的材料和讯问的具体情形来选择和确定不同的方式。一般而言，间接展示效果会更好。在间接展示的情况下，被讯问人通常只能瞟见标题而看不到具体内容，可以避免传递附带信息。另外，也可以规避讯问中的欺骗嫌疑，防止讯问取得的证据被作为非法证据排除。即便办案人员拿出虚假的新闻报道，甚至虚拟一篇关于案件的网络报道，打印出来摆放在讯问室的案头上，由于没有向被讯问人直接出示，而是被讯问人自己“偷偷看见”的，采用这种方法需要注意避免可能造成的负面结果，尤其要注意分寸，不能让无罪的被讯问人产生错误的认知，作有罪的供述。

需要强调的是，在讯问中利用案件的舆情影响来改变被讯问人的认知，并不意味着办案人员要受舆情影响的制约。办案人员应当根据案件事实秉公办案，采用合理的方法应对和引导网络舆情，而不能受舆情所左右。但这并不妨碍办案人员在讯问中利用网络舆情对被讯问人施加影响，帮助获取证据。

（二）领导关注

对于有罪的被讯问人而言，如果知道其案件被高级别领导关注到，那么对其自信心的打击是可想而知的。但从心理上讲，领导人对案件的关注首先影响的是被讯问人对案件发展趋势的认知和判断，然后才动摇其对抗的信心。虽然并不是所有案件都会有领导去关注，但是并不影响办案人员在讯问中利用这一点去改变被讯问人的认知。

讯问中告知被讯问人领导关注的事实，目的就在于向其传递信息，改变其对案件发展趋势的判断。那么，在同样的原理下，办案人员能不能虚构领导关注的信息或者故意提高领导的级别来影响被讯问人呢？这需要具体情况具体分析，不能一概而论。根据判断非法证据的理论和实践，可以从两个方面去把握：一方面看在具体案件中这种方法是否会让无辜的被讯问人作有罪的供述，另一方面看这种方法是否严重违背伦理道德。如果从这两个方面判断得到的都是否定的答案，那么这种方法就是合法的；反之，如果有任何一方面是否定的，则不能使用，否则可能构成非法讯问。

（三）案件关联人员落马情况

在职务犯罪案件中，案件其他关联人员是否落马以及落马的具体人员和级别是判断案件发展趋势的另一重要因素。在被讯问人被羁押的情况下，其他关联人员是否落马往往是其关注的焦点。原因在于关联人员是否落马会在很大程度上影响其对案件进展情形和发展趋势的判断。在有些案件中，被讯问人甚至会在押解途中向办案人员或者辅助人员探听其他关联人员的信息。

当被讯问人对逃避罪责还存有一线希望的时候，办案人员需要判断其希望的基础。如果是其认为某些关键人物还没有牵涉案件，从而心存侥幸的话，办案人员可以适当的方式告诉被讯问人其所关注的某某人已经落马，以改变其对案件发展状况的认知和判断。

在相关人员已经落马，而被讯问人尚不知情的情况下，告知具体信息的内容和方式需要仔细评估。一般而言，告知的信息以能够改变讯问对象的认知为必要，不能向讯问对象透露更多的信息，以免带来负面影响。如果告知“某某涉嫌犯罪已经被我们控制”能够达到目的，就不要再向讯问对象透露“某某”涉嫌的罪名，更不要透露涉嫌的事实和细节，剩下的让讯问对象自己想象即可。告知的方式可以是直接的，也可以是间接的。间接的方式通常是在案头摆放相关案卷或法律文书之类的东西，不直接出示而是让被讯问人自己主动看见。更精心的设计是只让讯问对象能够看见文书或案卷的名称和标题，但又不让其看全。

在相关人员没有落马的情况下，办案人员能不能虚构某些人物落马的信息、材料、文书或者案卷，然后以某种方式传递给讯问对象？这种虚构查处信息、伪造文书或案卷的讯问策略是否构成欺骗？从法理上讲，需要综合判断。一要看虚构的成分有多大。如果关联人员确实涉嫌犯罪，办案机关已经掌握犯罪的重要线索和证据，对其立案侦查或采取措施是迟早的事，虚构关联人员落马未尝不可。反之，如果根本没有任何依据，凭空虚构则不可取。二要看结果会不会让无辜的人作有罪供述。这种虚构会不会让无辜的被讯问人产生错觉，放弃抗争，屈从讯问而承认自己不存在的犯罪行为。如果有这种可能，则不可取。三要看传递信息的方式。如果讯问中直接出示伪造的文书、案卷显然是欺骗，但讯问中间接地展示或传递虚构成分不大的材料或信息，其道德容许性还是比较大的。例如，讯问案头“遮遮掩掩”地摆放，让讯问对象“偷看”到某些文书的标题；押解途中辅助人员“不经意”的一句话，让被讯问人“偷听”到某些关联人落马的信息等。

（四）采取措施的方式

刑事诉讼法及相关法律规范对侦查措施进行了明确的规定，侦查人员应当严格遵照执行。从讯问角度来看，侦查措施采取的不同方式会对被讯问人传递不同的信息，甚至能够改变被讯问人的认知。侦查中可以斟酌选择适当的方式来配合讯问，如搜查、扣押的时间、地点和采取的具体方式，都可以细心设计，以辅助讯问。例如，同样是带被讯问人到案，从家中带走和从单位带走、在办公室带走和在会场主席台上带走所传递的信息是不一样的，对被讯问人的暗示作用也是不一样的。又如，通过被讯问人单位相关部门通知和办案机构直接通知被讯问人说明情况，传递的信息也是不一样的；带人过程中带不带戒具甚至途中经过的路线也会传递不同的信息。办案中把侦查措施采取的方式和讯问相结合进行通盘考虑，不仅需要侦查指挥人员具有整体思维，同时也需要办案团队高效、协调和密切配合。

在具体设计的时候，需要考虑以下几个方面的因素：

一是要向被讯问人传递什么样的信息。如果为了稳住被讯问人，不让其意识到后果的严重性，则可以采取相对温和的方式；反之，为了让被讯问人感觉到案件情势的紧迫感，则可以在敏感时间点和场合采取相对刺激一些的执行方式。

二是案件的性质和影响。有一些案件可以采取虚张声势的方式，在采取侦查措施时可以放开，但有些案件在特定阶段或情景下则需要低调处理，在采取侦查措施时要相对收紧一些。

三是被讯问人的性格特征和心理素质。被讯问人的心理承受能力如何、是否好面子等因素需要综合考虑在内。

四是采取相关措施与讯问时间的衔接。是在采取措施之后马上就问，不给被讯问人反应和思考的时间，还是在采取措施之后故意冷落被讯问人一段时间再问，让被讯问人狐疑揣测一番？一般而言，采取故意在公开场合执行等方式张扬的，适合马上讯问，不给被讯问人反应的时间，可以打乱其认知和判断，达到所谓“束手就擒”的效果。

（五）请托效果

在查办职务犯罪案件中，把人情和关系因素引入讯问中有可能会收到意想不到的效果。在查办职务犯罪案件中，面对请托，办案人员要严守纪律，防止被关系和人情拉下水，但这并不妨碍办案人员利用关系和人情因素控制被讯问人的认知和判断。实践中，很多被讯问人在讯问的开始阶段拒不交代问题，寄希望于家属、亲友或领导找关系疏通主管领导和办案人员，为请托和疏通关系争取时间。对于这种情况，办案人员首先要掐灭被讯问人所抱有的这一丝幻想。

在请托效果的认知控制上，讯问人可以以明示或者暗示的方式向讯问对象传递这样的消息：家属、亲友和相关人员的请托无效。不管现实中被讯问人的家属找的关系如何，找到哪一级的领导打招呼，办案人员应当想办法让被讯问人认为请托是无效的、不管用的。

实践中，即便没有人打招呼或找关系，讯问中以适当的方式向被讯问人传递请托无效的信息，也能收到意想不到的效果。在这种情况下，需要考虑一些条件因素：第一，被讯问人的心理是否寄希望于外部关系的请托；第二，传递的信息能否让被讯问人真的相信。尤其是第二点，需要仔细斟酌。要让被讯问人相信有请托的关系存在，可以从两个方面准备：一是调查核实中搞明白被讯问人交往的圈子和已经建立的人脉关系；二是在采取措施之后，立即扣押被讯问人的电脑、手机、平板电脑等社交工具，用最短的时间提取手机通信、微信、QQ 等通信和聊天记录，厘清被讯问人交往的人群关系，选择合适的关系人进行预设。

在信息传递的方式上也需要注意。现实存在请托的，可以明示也可以暗示；虚构关系人请托的，一般不适宜明示，因为办案人员这样做有欺骗之虞。在以暗示方式传递虚假的请托信息时，需要考虑这种做法本身是否符合伦理以及会不会让无辜的人作有罪的供述。

三、讯问的场所和空间设置

讯问场所的选择、讯问室的空间布置、讯问室内部的摆设以及讯问时的外围环境也可以用来改变被讯问人的认知和判断。例如，选择让被讯问人感到相对陌生的讯问环境、营造相对紧张的讯问氛围、讯问室外出现一些忙碌的工作人员、讯问室内摆设某些专业的讯问辅助设备等，都可以影响被讯问人的认知和判断。从认知控制角度来看，凡是被讯问人能够感知到的外部空间和内部空间都可以利用。讯问的外部空间因素有讯问场所的选择、讯问室外走动的人员以及讯问室外的人员对话等；内部的空间因素有讯问室的桌椅摆设方位、故意堆放的案卷和材料、测谎仪的摆放、录音录像设备的布置等。这些都可以进行设计用来向被讯问人传递信息。例如，在上级办案机关专设的办案点讯问与在一般讯问室讯问会让被讯问人猜想自己的案件是专案还是普通案件；外围辅助人员的多少和忙碌状态会影响被讯问人对案件重要程度的判断；案头摆放材料的厚度会影响被讯问人对办案人员准备工作的判断。

在控制方向上可以按照常规进行设计也可以反常规设计。例如，明明是普通的职务犯罪案件，可以故意选择在专案点讯问室讯问，让被讯问人觉得办案人员在办专案；可能案件本身不是重大案件，但在外围安排较多而且故意忙碌的辅助人员，以便让被讯问人觉得案情重大；即便办案人员准备得不是很充分，也可以在案头摆放稍微厚一些的案卷材料，让被讯问人觉得办案人员准备很充分。诸如此类的细节设计，可以因案不同、因人不同、因讯问的阶段而变。

在具体设计的时候，需要注意几个事项。第一，被讯问人能否感知到这些因素的存在。如果被讯问人感知不到这些因素，再精巧的设计也发挥不了作用。第二，被讯问人是否能明白这些因素所传递的信息是什么。同样的设计，办案人员和被讯问人可能会做出不同判断。第三，所传递的信息对被讯问人的讯问能发挥什么样的作用。事先要对所要传递的信息发挥作用的方向作出判断，要看是正向作用还是反向作用。不管如何设计，基本的原理是改变被讯问人的认知因素，进而改变对讯问情势的判断，导向如实供述。

四、办案人员的意志和信心

办案人员在讯问中表现出来的意志和信心是影响被讯问人是否供述的重要因素。讯问既是讯问人员与被讯问人的言语沟通，也是一场心理对抗和意志较量。被讯问人是否会如实供述，取决于其自己的信心和意志，也受制于办案人员的信心和意志，两者之间有时会呈现出此消彼长的变化关系。当被讯问人意识到办案人员意志坚决，不查出缘由决不罢休时，自己动摇的可能性就大；反之，当被讯问人发现办案人员的信心不足、意志不够坚决时，自己动摇的可能性就小。因此，讯问中一个极其关键的要领就是：无论讯问人员是否有把握，都要表现出满满的信心和顽强的意志，至少要让被讯问人感知到讯问人员的信心和决心。

例如，在实践中有的办案人员在讯问的时候不关手机，甚至当着被讯问人的面接电话。这不仅会打断讯问的连续性，而且会改变被讯问人对讯问情势的认知。万一打电话的是主要领导，在电话中要求讯问人员两个小时后到什么地方执行任务。那么这个电话接完以后，剩下的讯问时间就变成了垃圾时间，因为被讯问人在一边听得很清楚，只要再过两个小时讯问人员就得离开了。换言之，这个电话向被讯问人传递了这样一个信息，即只要他再坚持两个小时，讯问必然会结束。当被讯问人意识到这一点，他的意志就会进一步强化。

反之，如果讯问从下午 4 点开始，讯问室边上事先摆着一堆馒头和白开水，办案人员一进讯问室就当着被讯问人的面把手机关掉，同时指着一堆馒头和白开水告诉被讯问人已经备好了晚饭和夜宵，那么效果可能就截然不同。讯问人员这样做实际上向被讯问人传递出这样的一个信息，就是接下来的时间不把事实问出来，就不睡觉。这种设计实际上是在改变被讯问人对讯问人员意志和信心的认知，进而改变其对讯问情势的判断。

五、讯问人员的人数和级别

参加讯问人员的人数和级别也会影响被讯问人开口的时间和态度转化的速度。一般而言，现场参加讯问的人员不宜太多，一般有两个办案人员即可，因为人员太多容易形成围观效应，给被讯问人供述事实造成障碍。道理很简单，没有人愿意在大庭广众面前承认错误，尤其是在引导供述阶段，当被讯问人准备开口承认自己的罪行时，往往需要营造一个相对私密的氛围。不过，在讯问的开始阶段，当被讯问人根本没有开口说真话的意愿时，讯问人员多于两人也未尝不可。必要的时候可以 3 到 5 人参与讯问，摆出一副案情很重大的阵势。这样设计在于向被讯问人传递这样的信息：案情很重大，办案机关很重视。同时，这种设计还有一个好处，就是在被讯问人进行狡辩的时候，可以形成群体压力。当然这种设计在控制被讯问人的认知、转变其态度的时候是可行的，一旦被讯问人态度转变，则要及时减少讯问人员，营造相对私密的氛围。

同理，讯问人员的级别也会向被讯问人传递不同的信息。一般而言，参加讯问的人员级别不同，意味着案件重要程度不同和领导重视程度不同。为了改变被讯问人对案件重要程度的认知和办案机关重视程度的认识，可以根据认知控制的方向选取相应级别的讯问人员。对于一些小的案件可以故意设计某些高级别的讯问人员出场，以示重视。对于一些行政级别较高的被讯问人可以选取对应级别的办案人员讯问，以示尊重或重视程度，也可以故意选取级别很低的办案人员出场，形成落差，让其意识到已经不被重视。如何安排，取决于要传递的信息和对被讯问人认知控制的方向。

六、讯问中的用势、借势与造势

讯问中要改变被讯问人对案件发展情势的认知和判断，不可避免地要利用相关因素甚至要虚构某些因素营造一定的态势。实践中有人套用中国古典军事谋略把这类办案策略总结为用势、借势和造势。所谓“势”，古字作“埶”，字形从“坴”从“丸”，“坴”为高土墩，

"丸"为圆球，字面意象是圆球处于土墩的斜面即将滚落的情形。《孙子兵法》中所说的"激水之疾，至于漂石者，势也"，以及"故善战人之势，如转圆石于千仞之山者，势也"，基本上就是这种意思。在现代汉语中，"势"有两种含义，一是指事物的演变趋向，如局势、态势、情势、水势、火势、涨势、跌势等；二是指影响力，如权势、地势、势力等。讯问中所说的势，一般包括态势、条件、环境、时机等因素。

讯问中的用势，是指利用与案件直接相关的既有条件、环境、时机等因素，形成一定的影响力，从而影响被讯问人对案件发展趋势的认知和判断。所谓借势，指利用没有直接关联的外部因素或其他因素。所谓造势，则带有人为制作和虚构成分。实践中的用势和借势都是利用既有的条件、环境和态势，不存在虚构欺骗的因素，而造势带有虚构因素和欺骗成分，在讯问中需要审慎把握，以免陷入欺骗嫌疑。

不管是用势、借势还是造势，基本方向是一致的。讯问方处于攻势，被讯问方处于守势。在讯问中营造的态势应当是这样的，即讯问方处于强势状态，且事情正朝着有利于办案机关的方向发展；被讯问人一方处于弱势，而且事情正朝着不利于被讯问人的方向发展。简言之，就是所有的因素都表明案件正朝着"攻强守弱"的方向发展。

至于实践中如何用势、借势和造势，则需要根据案件的具体情况进行精心设计。下面就收集到的一些方法作简单介绍。

（一）公告宣传造势

在专项活动或者巡回检察活动中，通过播放公告和宣传片等方式，征集司法工作人员相关职务犯罪线索是一种较好的造势方式。这种造势策略的具体操作方法基本可以分为三步：

第一步，发布公告和宣传。借助巡回检察等专项活动的安排，在前期做足宣传，渲染氛围。例如在巡回检察工作中，在进驻前或者进驻初期，与监狱、看守所沟通，在监区、监室播放检察机关的巡回检察公告和司法工作人员相关职务犯罪举报的宣传片；在教育整顿期间公开举报电话，投放线索征集广告等。这些活动既是宣传也是造势的一部分。

第二步，重点线索源排查。例如，巡回检察中对在押人员分类梳理，根据羁押情况、案件类型和身份特点进行研判，对有可能被虐待、刑讯的人员或者徇私枉法的受害人进行排查，对重点人员分类谈话；在专项活动中对特定类型案件或者某个办案节点进行排查，如对刑事犯罪案件中的纵容、包庇行为，民事、行政诉讼案件中的枉法裁判行为，执行中的滥用职权行为等进行排查，并对潜在受害人进行谈话。在这些工作中故意选择某些环节大张旗鼓地进行宣传报道，形成声势。

第三步，通报涉案司法工作人员限期交代问题。在进行前两项工作的过程中，择机公告催促有问题的司法工作人员在限定的期限内交代问题。到期后，再次召开全员会议，模糊通报主动交代问题的情况。不管有没有人主动交代问题，都通报说有一批人主动交代了自己的问题，争取宽大处理。如果具体涉案人员主动到检察机关交代问题，按自首处理，同时进行深挖。对于掌握问题线索且不主动到案的人员，开展调查核实，立案后将其带到办案机关开展讯问。

这种办案策略中相当一部分行为是在进行造势，第一步能够让涉案人员感觉到办案的压力；第二步则会让涉案人员认为有被害人或者其他人员举报或者控告；第三步则让其产生其他涉案人员已经交代了与自己相关的问题的认识。即便是前几步没有获取有价值的问题线索，或者问题线索完全与正在办理的案件无关，这种策略也可以让被讯问人在两个方面产生不确定的认知。一是有多少人交代了与自己有关的问题；二是办案机关到底掌握了多少关于自己的犯罪事实。如果运用恰当，设计到位，这种造势谋略可以为谈话和讯问打开方便之门。

（二）门诊式谈话

门诊式谈话也是实践中出现的一种造势策略，通常在涉及人员众多、需要规模取证的情形下采用。一般的做法是把有关联的工作人员同一时间通知到同一个地方报到等候，根据办案的力量确定通知的人数，分区分房间谈话。这种谈话是一种相对通俗的表述，可以理解为调查核实，或者询问措施。谈完话的可以走，没有谈话的分别候谈。故意营造出一种让大家都来的“大动静”氛围。

运用这种策略需要注意一些问题：一是同一时间同一地点接待多人，需要投入比较多的办案力量。二是要防止彼此之间串供。有时候熟人之间彼此一个眼神就能暗示某些信息，因此，要对谈话人员进行妥善安排和分区，甚至要进行路线规划，例如，哪些人在楼上、哪些人在楼下、如何进、如何出等要考虑到位。三是要牢牢控制局面，防止出现群体性事件。

从操作上讲，这种策略也可以进一步改进，如分时分批次安排谈话，前后衔接，让彼此能够知道有关联的人员都来过。对不知道说些什么、怎么说的被讯问人也同样能够达到造势的效果。

第四节　对办案人员掌握事实和证据的认知控制

被讯问人对办案人员了解案件情况和掌握证据情况的认知是决定其是否如实供述的重要因素之一。被讯问人对自己是否实施过犯罪行为是最清楚的，不管是有罪作无罪辩解还是无罪作有罪供述，其实都是在隐瞒事实真相。在被讯问人不配合讯问的情况下，办案人员是案件信息的探知者，被讯问人则是事实真相的隐瞒者。这种情形类似于捉迷藏游戏，一旦隐藏的一方发现自己已经暴露，再躲下去也就没有意义了。讯问中也是如此，当被讯问人发现办案人员已经掌握了案件事实，掩盖于事无补时，其如实供述的可能性就比较大；反之，被讯问人会心存侥幸，如实供述的可能性就会降低。对于证据的认知也是如此，当被讯问人认为办案人员掌握的证据非常有力，自己根本无法否认时，其如实供述的可能性就会提高；反之则会增加其继续纠缠的信心。

被讯问人对办案人员掌握案件事实和证据的认知，具有可塑性。

事实是难以改变的，但人的认知具有主观性，是可以改变和塑造的。办案人员在讯问中通过精心设计和采用合理手段可以合法改变被讯问人对办案人员掌握事实情况和证据的认知，进而引导被讯问人从对抗走向合作，从撒谎转向如实供述。

一、对办案人员掌握事实的认知控制

办案人员掌握的案件事实与被讯问人对办案人员已经掌握的案件事实的认知是两个不同的概念。前者是一种事实状况，后者则是被讯问人对这种事实状况的认知。前者是客观的，后者则是主观的。同时，两者又是相互关联和相互影响的。前者可以用来改变后者，后者发生改变又可以为办案人员提供案件信息，从而让办案人员更全面地掌握案件信息。从讯问的实际操作层面看，办案人员掌握案件事实的状况直接影响对被讯问人认知的控制，前者是后者的基础。

（一）控制基础：充分全面地掌握案件关联信息

要有效控制被讯问人对办案人员已经掌握案件事实的认知，办案人员首先要尽最大可能充分全面地掌握与案件相关联的信息，吃透案情。只有吃透案情，才能明确认知控制的方向，同时避免在讯问中“漏气”。

有的被讯问人会进行试探性撒谎。故意在供述案情的时候把某些细节信息说错，如故意说错人的名字、事情发生的时间、地点或者涉案的证据信息等，如果没有被及时发现和纠正，则说明办案人员对案情掌握并不准确甚至根本不了解，被讯问人接下来就可能转变态度，由配合转向对抗。有的转向软对抗，故意拖延讯问进程或者继续设置细节陷阱。有的经过几次试探后，彻底翻供，甚至态度嚣张对审讯人员大吼大叫。这是因为办案人员前期对案件相关信息掌握不足，没有及时发现和纠正被讯问人的谎言，导致其认为办案人员并没有掌握案件事实。在这种认知状态下，被讯问人才会出现翻供。发生这种情况，办案人员需要继续做大量基础性的工作，彻底摸清案情和背景信息。

1. 需要掌握的信息内容

在这里，需要掌握的案件信息范围既包括案件事实直接相关信息，也包括与案件具有间接关系的各种信息。

一般而言，讯问中需要提前掌握的信息包括如下方面：

（1）被讯问人的个人信息。具体包括被讯问人的兴趣、爱好、成长经历、生活习惯、穿着特色、生理特征、忌讳、信仰、价值观、世界观等方面的信息。

（2）被讯问人的社会关系信息。具体包括：第一，被讯问人近亲属相关信息：父母、配偶、子女及其配偶的工作、财产情况等；第二，是否有情人，如果有，掌握情人的相关信息；第三，身边人员相关信息，如下属、秘书、司机；第四，交往的圈子，即被讯问人往来密切的同学、战友、老乡等相关信息；第五，人脉，即被讯问人的人际关系和网络，如政府人脉、金融人脉、行业人脉、技术人脉、媒体人脉、客户人脉等。

（3）被讯问人的财产状况。包括被讯问人的收入、财产、开支、负债等情况；被讯问人持有的动产、不动产和知识产权的情况；不在被讯问人名下但为其所控制的动产、不动产和知识产权情况。

（4）被讯问人的职权分工。职务犯罪与被讯问人的职权、岗位具有关联性，因而在讯问之前需要掌握被讯问人的职权分工情况与职权行使情况。职权分工情况包括被讯问人在机关、企事业单位的岗位、职责、分管领域和范围、具体的权限等情况。职权行使情况包括被讯问人在相应岗位上具体行使职权的情况，如审批的工程项目、决定的具体事项、操办的具体活动等。

（5）被讯问人的活动规律和范围。具体包括被讯问人的作息规律、运动规律、出行的路线、时间、活动的区域和范围等相关信息。

（6）行业信息。被讯问人所在的行业领域的相关知识和信息，如工作流程、特定的专业知识等。

2. 了解掌握信息的途径和方式

办案人员了解相关信息的途径和方式主要包括如下方面：

（1）调查核实。调查核实是立案侦查前对案件情况采取的非强制性调查措施。调查核实不同于立案后的侦查，可以采取的措施相对有限，只能采取不限制被调查对象人身、财产权利的措施。不得对被调查对象采取强制措施，不得查封、扣押、冻结被调查对象的财产，也不得采取技术侦查措施。但调查核实可收集的信息范围其实是比较广泛的，既要着眼于证据的收集，更要着眼于案件信息的收集和判断。一般而言，通过调查核实获取的信息越多越好，信息质量越高越好，调查核实获取信息的质量在一定程度上决定了侦查讯问的效率。

（2）网络搜索。除调查核实外，办案人员还可以通过互联网获取相应的信息资源。通过互联网可以获取被讯问人及其相关单位已经公开的信息，同时也可以获取被讯问人所在行业和系统的职务犯罪案例。

（3）信息平台查询。对于已经建立侦查信息平台和数据库的地方，可以登录平台查询或者在数据库进行查询。这类平台可以查询的信息包括被讯问人的金融数据信息、水电气暖缴费信息、不动产信息、高速缴费信息等，这些信息对于讯问具有辅助作用。

（二）认知控制的原理

对于被讯问人的认知控制包括明示和暗示两种方式。明示相对直白、明确，暗示则相对委婉、模糊，目的都是改变被讯问人对办案人员已经掌握案件情况的认识。

1. 明示

所谓明示，是指办案人员在讯问中采用积极的、直接的、明确的方式告知被讯问人已经掌握了其犯罪事实。明示的方式通常是直接的言语告知，或直接指出被讯问人所犯的罪行，或直接告知“你干的事我们已掌握”“你是有罪的”。在必要时，办案人员可以拿出案件材料夹或者案卷充当道具。明示的优点是简单、直白，便于理解，对被讯问人的冲击力较强，通常在办案人员对犯罪事实了解比较到位的情况下使用。但需要注意的是，在办案人员信息掌握不到位的情况下采用明示的方式有可能跑风漏气。所以即便讯问中办案人员拿出案件材料夹或者案卷充当道具，也不能让被讯问人看全里面的内容和材料。同时，在明示之后，还应当继续观察被讯问人的反应，根据反应采取下一步讯问方法。

2. 暗示

所谓暗示，是指办案人员不明说，而是采用含蓄的话语、行为举动或营造某种氛围、情景让被讯问人去领会。暗示的效果与被讯问人的受暗示性呈正相关，被讯问人的受暗示性越高，则越容易受到影响。在职务犯罪案件中，对被讯问人的暗示可以从多个方面进行。

（1）暗示的时机。对被讯问人的认知控制和影响，可以不局限于讯问室。在办案人员与被讯问人开始接触的时候就可以进行。除在讯问的过程中进行暗示外，还可以在传唤、拘传或者押解的过程中，讯问的休息间隙，甚至被讯问人吃饭的时候都可以。由于被讯问人在讯问室的戒备性较强，在讯问室外的暗示效果反而会更好。在操作中不一定非得通过讯问的办案人员来暗示，有时候书记员、辅助人员反而能够起到更好的效果。例如，在押解的过程中，安排参与办案的辅助人员莫名其妙地对被讯问人说一句："为别人的事操那么多闲心干什么呀，把自己搭上划算吗？"或者称赞被讯问人："你放东西的地方一般人还真想不到！"剩下的时间办案辅助人员可以一句话都不说，让被讯问人自己去体会即可。这样不经意的一句话会让被讯问人意识到自己的犯罪证据可能被办案人员起获了。让被讯问人带着这样的认知状态到讯问室，显然对于突破讯问是有利的。

（2）暗示的人、事、物。认知控制中可以暗示的事物多种多样。具体包括：第一，徇私而取得的财产，如金钱、房子、金融证券等；第二，与职务犯罪行为或者案件相关的特定物，如存放赃物的箱包、特定的行贿物品、健身卡、美容卡等；第三，与案件相关联的特定事件；第四，与被讯问人和案件相关联的人脉关系网络；第五，与被讯问人或者案件具有特定关系的人，如被讯问人的情人、司机、下属、同案犯等。具体选取哪一种方式，因人、因案而不同，可以根据具体情况灵活选用。基本目的在于改变被讯问人对办案人员掌握案件情况的认知，基本方向是让被讯问人觉得与案件有关的人、物或者事都已经被办案人员掌握了，自己无从隐瞒。

（3）暗示的方式。暗示的方式也是灵活多样的。基本方式包括：

第一，言语暗示。实践中使用较多也比较容易把握，如：

“老兄，你大手笔啊！”（暗示特定的事情）

“你交往的圈子挺杂的呀！”（暗示被讯问人的关系人脉）

“现在房价跌了不少，要是按当时的房价算数额，你可亏大了。”（暗示权钱交易所得的房子）

“你的身体不错啊！”（暗示情人）

言语暗示包括两种类型，第一种是模糊言语暗示，即对被讯问人所说的话具有多义性，让被讯问人根据自己的语境来体会和理解特定言语的含义。如“你的身体不错啊！”字面含义是说被讯问人身体好，特定语境下可能变成暗示被讯问人情人数量不止一个。第二种是片面信息暗示，即讯问人员所说的话包含的信息是不完整的，被讯问人难以通过办案人员的言语信息直接进行具体判断。从信息质量上看，办案人员传递的信息是局部的、零碎的、片面的，被讯问人根据这些信息可以推出多种可能性结论。

第二，环境氛围暗示。即通过讯问环境布置和营造特定的审讯氛围，让被讯问人感受和猜测讯问的环节和氛围所传递的信息。如办案区外有序而忙碌的工作人员、讯问室外看守防卫的武警以及等待采访的媒体记者，既会让被讯问人感受到案情的影响，也会让被讯问人猜测侦查工作的进展情况。

第三，表情暗示。即通过办案人员、辅助人员特定的表情引发被讯问人的联想和猜测，以改变被讯问人的认知和判断。如办案人员胸有成竹的表情和语气、书记员同情的眼神等。

二、对办案人员掌握证据的认知控制

证据在刑事诉讼中具有不同的作用。在诉讼证明中证据是证明案件事实的工具，在侦查中证据是发现和查明案件事实的线索，而在讯问中证据则是办案人员影响被讯问人的工具。在讯问中合理使用证据可以改变被讯问人的认知状态，影响被讯问人的判断，进而也可以改变被讯问人的对抗态度，转化其意志。在讯问中改变被讯问人对办案人员已经掌握证据的认知过程，是讯问中认知控制的重要内容。

（一）证据认知控制的方向

被讯问人对办案人员掌握证据的认知包括办案人员发现证据的可能性、已经发现证据的数量、证据的证明作用和重要程度等内容。这种认知是被讯问人的主观感知，并不代表办案人员实际掌握的证据情况。正是由于被讯问人的认知是主观的，因而在讯问中可以改变和塑造。办案人员通过外在的影响来改变和塑造被讯问人对办案人员已经掌握证据的认知状态，使其朝着有利于供述的方向发展，就是证据认知控制。

证据认知控制的基本方向是让被讯问人觉得办案人员已经掌握足够的证据来证明其犯罪事实。只有让被讯问人觉得办案人员掌握的证据非常强有力，足以让被讯问人根本无法否认，才能打消被讯问人的侥幸心理，促使其认罪供述。反之，如果被讯问人觉得办案人员收集不到相关证据，或者案件事实虽然已经暴露却无法用证据来证明，那么被讯问人就会心存侥幸，拒绝如实供述。因此，办案人员在讯问中不仅要让被讯问人明白案件事实真相已经暴露，还要让被讯问人相信办案人员已经或者能够掌握相关的证据来证明其犯罪；如果相反，则会对形成被讯问人供述的障碍。

（二）讯问中证据的使用

改变被讯问人对办案人员掌握证据的认知状态，可以通过多种方式进行。实践中最常见的方式就是在讯问中用证据改变被讯问人的认知。相对而言这是一种比较直接、有效的控制方式。

1. 使用证据的目的

办案人员在讯问中使用证据的目的包括两个方面，一是改变被讯问人对办案人员掌握证据的认知，直接向其证明办案人员已经掌握了相关证据；二是用来纠正被讯问人的谎言，即在被讯问人作虚假供述意图欺骗时，讯问人员出示证据纠正被讯问人的谎言。拿证据纠正被讯问人的谎言，一方面可以印证供述的虚假性，另一方面也可以改变被讯问人对证据的认知。

2. 使用证据的方式

讯问中使用证据的方式主要有三种：暗示、直接出示、证据的夸大和虚构。其中暗示和直接出示证据，法律的界限比较容易把握，而在讯问中夸大证据或者出示虚假的证据，则有诱供和欺骗的嫌疑，需要慎重把握。

（1）暗示证据。所谓暗示证据，是指讯问中办案人员不直接出示证据，而是采用隐晦的方式表示办案人员已经掌握了相关的证据，让被讯问人自己领会。这种方式由两部分组成：一是办案人员对掌握证据情况的间接或者模糊表示，二是被讯问人的领会和反馈。前者是办案人员施加的刺激，后者是被讯问人对刺激的反应，只有两者结合，才能起到改变被讯问人证据认知的效果。实践中并不是一次就能见效，通常需要多次证据暗示才能产生所预期的反馈，所有在讯问谋略上这方面的操作手段通常被称为“引而不发”。证据暗示的方法有多种。常见的方法有：

第一，提示证据线索。向被讯问人提示证据的线索来暗示办案人员已经掌握该线索所指向的证据。在讯问操作中往往是办案人员只出示能够导向犯罪证据的线索，并不表明已经收集到哪些证据，进而让被讯问人自己意会。

在侦办邓某执行判决、裁定滥用职权案中，办案人员前期收到申请执行人的举报，举报邓某作为法院执行局法官擅自将执行款选择性发还部分申请执行人，造成其他申请执行人财产损失。办案人员在核查过程中发现，被优先发放执行款的申请执行人朱甲、朱乙、朱丙三人与邓某并没有利益输送，也没有其他联系，倒是被执行人孙某与承办人邓某关系密切，且孙某与朱甲、朱乙、朱丙三人均有亲戚关系。在讯问中，邓某极力辩解自己执行是秉公办事，并不认识朱甲、朱乙、朱丙三人。

问：你不认识申请人朱家三人，你难道不认识被申请执行人孙某吗？

答：不认识。

问：真不认识？

答：真不认识！

问：既然不认识，那为什么孙某给你送钱？

答：第一，我没有收受孙某任何钱；第二，即便孙某给我送钱，这事也不归你们检察院管，你们无权管辖。

问：你有没有收孙某的钱，我们是没有管辖权，但是我们和监委有沟通协调机制，这你不会不知道吧？况且，收孙某钱的法官又不是你一个。孙某与朱家三人的诉讼判决本身有问题你不知道吗？

答：那和我有什么关系？

问：你要知道，现在还装糊涂已经没有任何意义。孙某与你的关系是隐瞒不住的。我们不查，监委也会查得一清二楚。

答：……

问：他找你的目的是什么？

答：让我把执行款执行到他亲戚名下。

问：数额是多少？

答：275 万元。

问：孙某和朱家三人是什么关系？

答：亲戚关系，生意上一直有合作。把强制执行款执行到朱家三人名下，孙可以继续控制。

问：他是怎么给你说的？

答：……

邓某随后交代了其在执行款到账后，在可供执行财产不足以清偿全部债务的情况下，没有按照债权比例制作财产分配方案、送达各申请执行人后分配，而是根据被申请执行人邓某的意见，擅自将 275 万元执行款选择性发还朱甲、朱乙、朱丙三名申请执行人的事实。

此案中，办案人员通过提示邓某收受被执行人孙某贿赂的线索和监检办案衔接机制，让邓某联想到被监委调查，进而觉得孙某请托其办事已经全部暴露，因而才开始交代其受请托在执行判决中滥用职权的事实。

第二，提示证据的局部信息。不出示全部证据，只是向被讯问人提示证据的形式、数量或者证据所包含的某一个信息点，让被讯问人认为相关证据已经被办案人员所掌握。

在某派出所所长杨某徇私枉法案中，杨某涉嫌接受犯罪嫌疑人亲属请托，收受钱财，对辖区内非法持有枪支的范某某和入室盗窃的马某某等6人故意包庇，致使范某某、马某某等人涉嫌的犯罪事实未被立案、侦查。范某某1年后再次持枪斗殴，涉黑被抓。在侦查过程中，办案人员拓宽视野，侦查范围不局限于范某某的相关事实，发现杨某还涉嫌在马某某等5人入室盗窃案中收受贿赂并徇私枉法。检察机关向监委移送杨某涉嫌受贿的问题线索，经沟通商定，检察院和监委就杨某徇私枉法罪和受贿罪分别进行立案，各自调查清楚以后一并移送检察院审查起诉，徇私枉法和受贿有牵连关系的再根据法律规定从一重处。检察机关讯问过程中，杨某开始只承认对范某某的包庇行为，拒绝承认其他犯罪事实。办案人员在引导其供述完范某某案件相关事实后，直截了当地问:“朱某去年年底送给你的3万块钱，是不是让你给马某某帮忙？”杨某见问到中间人朱某，且时间和数额准确，以为马某某盗窃案的事实已经全部暴露，于是才开始交代在马某某案件中的徇私枉法行为。

在此案中，3万元的数字信息，会让讯问对象认为其所得赃款的相关证据和接受请托事项已经被掌握或者相关证据必然会被发现。这个数字客观上起到了改变被讯问人对证据认知的作用。

第三，提示同案犯、证人到案情况。在职务犯罪案件中，同案犯和证人是案件信息的重要来源，同案犯的供述以及证人证言对案件事实的证明起着重要作用。对被讯问人而言，同案犯到案或者证人出现不仅意味着犯罪事实的败露，而且意味着办案人员已经或者必然获取相关的言词证据。但在侦查中，同案犯和证人也有一个认知和意志转化的过程，同案犯到案也并不意味着其马上就会如实供述，证人也不一定马上就如实作证。为了提高侦查的效率，在同案犯、证人到案但没有如实供述的情况下，也可以用此改变被讯问人对证据掌握状况的认知。

在孙某等人刑讯逼供案中，某市公安局对犯罪嫌疑人高某采取指定居所监视居住措施。因高某在指定居所监视居住期间拒不供述其涉嫌犯罪的相关事实。负责侦办该案的某派出所指导员孙某指令指定居所监视居住的执行民警郑某、宫某限制高某饮食，不让其休息，以逼取口供。由于营养不良、休息严重不足，致使高某身体机能受到严重损害。高某因病去医院抢救期间，其家属向检察机关举报公安干警涉嫌违法问题线索。检察机关审查认为高某指定居所监视居住前无重大疾病，年龄35岁，身体健壮，但指定居所监视居住期间急剧消瘦，有可能遭受不公正待遇。经调查核实后决定立案侦查。检察机关依法扣押监视居住及审讯期间的录音录像资料，并对相关录音录像资料内容进行审查，准确还原了高某在监视居住期间被限制饮食、休息的情况。经司法鉴定机构鉴定，高某构成重伤，身体状况变化与指定居所监视居住期间饮食不足、休息被剥夺和就医不及时之间存在因果关系。

讯问过程中，孙某坚称每次讯问都依法合规，没有动手打人，且执行监视居住不是自己的职责，高某伤情是因为其对抗侦查故意绝食所致。于是办案人员先后向孙某展示郑某、宫某接受办案人员讯问和签字的视频片段，但没有声音。然后问孙某：“这么大的事情，你以为能隐瞒得了吗？他们在干什么你应该清楚吧？”孙某见郑某、宫某在讯问笔录上签字，感觉无法推脱，只好交代相关事实。

本案中办案人员在讯问中展示的是共犯接受讯问的视频片段，由于没有声音，被讯问人听不到对方在讯问中具体说了什么。视频的作用在于提示被讯问人同案犯已经到案，办案人员已经获取或者迟早会获取对方的供述。即便办案人员没有实际获取同案犯的供述，被讯问人也会产生这样的认知。

实践中类似的做法还包括将两个被讯问人分别安排在不同的讯问室接受讯问，故意让被讯问人听到对方路过的动静或者说话的声音，但听不到具体说话的内容。这种方法也能起到类似的效果。

对于没有共犯或者共犯尚未到案的案件，可以提示证人信息以改变被讯问人对证人作证情况的认知。通常提示的信息包括证人到案信息、关键证人的去向信息、证人证言的特定信息点等。

在缪某滥用职权案中，检察机关在办理监委移送的受贿案件中发现某街道司法所原工作人员缪某索要、收受社区矫正人员财物，在社区矫正人员监管方面滥用职权的问题线索。经核查后对缪某以涉嫌滥用职权罪立案侦查，同时向监委移送缪某涉嫌受贿的问题线索。在案件侦查期间，检察机关通过组织开展社区矫正巡回检察，对缪某负责的所有社区矫正对象档案材料进行逐一核查，并对相关社区矫正对象进行核实。讯问过程中，缪某开始拒不承认滥用职权的犯罪事实，办案人员遂出示社区矫正对象薛某某的照片说："你向他索要的平板电脑好用吗？""为这事他专程回来了一趟。"缪某细看照片发现确实是薛某某新近的照片，背景是最近刚下雨后的场景。缪某以为薛某某确实回来作证了，于是交代了向薛某某索要物品并在调查评估、外出审批、逃避日常监管等方面违法提供便利的事实。但实际上薛某某在外地打工，并没有回来。办案人员电话沟通，让薛某某拍了一张近期照发回来的，薛某某所在地也刚下过大暴雨。随后办案人员继续深挖，引导缪某交代了收受和索要另外 8 名社区矫正人员所送款物并滥用社区矫正审前调查评估权和矫正期间日常教育管理权的犯罪事实。该案侦查终结后，与监察机关调查的受贿犯罪同步移送检察机关审查起诉。

在本案中，薛某某并没有到案，但讯问人员借助照片提示让缪某以为薛某某已经到案作证，进而让缪某认为与其相关的社区矫正人员都已经被办案人员找到，从而促使其如实供述相关问题。

第四，提示证据来源。从一般社会生活经验上看，任何证据一定有其来源，办案人员只有通过一定的途径才能发现和收集证据。在很多情形下，办案人员在讯问时只告知被讯问人证据的来源就可以改变被讯问人对证据的认知。因为在日常逻辑中，办案人员能说出证据的来源，也就意味着办案人员已经掌握了该证据或者必将掌握该证据。在特定的情境中，即便办案人员没有真正收集到相应的证据，但根据相关信息能够推断存在相应的证据，在讯问中也可以通过提示证据的来源让被讯问人认为办案人员已经掌握了相关证据。

➘ 在郭某涉黑案中，郭某通过制造虚假自首、虚假重大立功等情节被重罪轻判，作为主犯的郭某竟得到“宽大处理”。该案背后的司法工作人员涉嫌职务犯罪的问题线索经交办后，办案人员通过外围调查发现，审理郭某案件的某中院刑庭副庭长石某某与郭某相识近20年，是郭某的“司法掮客”。石某某被立案侦查后交代了其多次向郭某及其家属通风报信，利用职务便利充当中介，伙同其他司法工作人员，出具虚假的自首、重大立功等材料，帮助郭某逃避法律制裁等事实真相。根据石某某的交代，该市中级人民法院原院长孙某浮出水面。在对孙某立案后的审讯过程中，由于其多年从事司法工作并曾经在检察机关工作过，反侦查能力较强，讯问中宣称自己心脏不好、肾不好、得过脑梗，导致讯问工作一时难以进展。为打破僵局，办案人员安排对其身体进行检查，逐一排除病情。再次讯问过程中，办案人员出示了石某某与孙某单独联系的手机，并出示提取石某某手机时的照片和手机数据提取设备的照片。

问：上班时间，你和石某某不用工作手机联系，为什么？

答：上班时间就必须用工作手机联系吗？我们都有几个手机号，随便打哪一个都很正常。

问：但联系的内容正常吗？你以为你把通话记录和微信内容删除了，就无法恢复吗？这是石某某的手机，你再看看你的手机。

办案人员随后出示孙某手机数据提取照片。

答：既然你们都提取了，还问我干啥？

问：现在是向你核实。你的这部手机，用来和谁联系你最清楚，干什么事情，你最清楚。现在要问的，就是你这个手机里面相关信息的问题。

答：我不知道你们要问哪一方面的信息。

问：你用这个手机和石某某怎么联系的？

答：我记不清楚了。你们不是把数据都弄出来了吗？你们应该都知道了，干嘛问我。

问：再说一遍，我们现在是向你核实。这个微信号是你的吧？

答：是。

问：石某某说“对方家里一定要表示一下”，是什么意思？

答：……

问：石某某说“只要在审委会上说两句就行了”，是什么意思？

孙某见难以隐瞒，于是交代了在审委会上明知郭某是主犯，造成严重后果，不构成自首和重大立功的情况下，依然发表有利于郭某意见的事情经过。

在本案中办案人员出示手机和手机信息提取的照片，暗示了证据的来源，这会让被讯问人觉得办案人员已经掌握了手机的全部信息。这种采用提示证据来源的方式可以改变被讯问人的认知，不仅节约了时间，而且提高了办案的效率。

（2）出示证据。在司法工作人员职务犯罪中，被讯问人员懂法律，懂证据，很多讯问技巧对这类人员难以发挥作用，在这种情况下，通过直接出示证据让其不得不信服，也是常见的讯问方法。具体而言，就是在讯问中直接向被讯问人出示办案人员已经收集到的证据，让被讯问人觉得无法狡辩。讯问中可以出示的证据既包括实物证据，也包括言词证据，通常以实物证据居多。实践中，司法工作人员的滥用职权、徇私枉法或者民事、行政枉法裁判案件多与贿赂犯罪有关。通常是接受贿赂和请托之后，才实施滥用职权或者徇私枉法等行为的。由于案件牵连管辖，需要与监委进行密切沟通。讯问的时候出示监委移送或者收集的受贿证据，有利于改变被讯问人对办案人员掌握证据的认知，打破讯问僵局。

在徐某民事枉法裁判案中，某市人民法院原审判员徐某涉嫌受贿被监委立案调查。监委调查中将徐某涉嫌滥用职权的犯罪线索移送检察机关查办。检察机关在侦查中与监委密切联系，及时沟通会商，充分了解监委收集到的贿赂犯罪证据。根据监委的调查，徐某在审理交通事故纠纷案过程中，多次收受相关当事人的贿赂和请托。检察机关办案人员对相关证据进行细致梳理，选择徐某经手且有问题的交通事故案件重点排查。在吴某诉赵某案件中，徐某多次接受原告吴某家属吃请，并收受8000元。但讯问中，徐某承认接受吃请和拿钱是违纪行为，不构成犯罪，否认自己有枉法裁判行为。办案人员于是出示了原告方伪造的“单位证明”“工资发放单”“单位劳动合同”和原告伪造这些材料的证言，同时还出示了请托人明确告知徐某这些是伪造材料的言词证据。在此情况下，徐某不得不承认在明知原告方吴某提供伪造材料的情况下，依然采信并作为判决赔偿依据的事实。同时承认该行为导致原告方多得伤残赔偿金和误工费共计 18 万元。以此方法，办案人员连续突破了多个类似行为，迫使徐某交代了多个民事枉法裁判的犯罪事实。

在司法工作人员职务犯罪案件中，关联的受贿是起因行为，随后的滥用职权行为是结果行为，由于两者紧密联系，起因行为的证据收集的越扎实，越能动摇被讯问人的抗拒心理。因此，办理这类案件，与监委密切配合、动态沟通至关重要。只有第一时间拿到这些证据，在讯问过程中才能更好地运用。尤其是相关的书证和言词证据，在讯问中直接出示相关证据，在纠正被讯问人谎言和改变被讯问人证据认知方面效果十分明显。

（3）证据的虚构与夸大。证据的虚构是指讯问中向被讯问人出示虚假的证据，以便让被讯问人认为办案人员已经掌握了相关的证据，但实际上办案人员所说的证据并不存在或者办案人员并没有真正掌握。证据的夸大是指在讯问中，办案人员出示真实的证据但故意夸大已经掌握的证据数量或者证据能够证明的事实，从而改变被讯问人对办案人员已经掌握证据的认知。

从法理上看，判断讯问手段是否合法需要根据具体的情形来分析，无法通过立法确定具体的标准，只能确定判断的原则。讯问具有特殊的对抗性，讯问中使用证据具有策略性和灵活性，不能机械要求办案人员出示的证据或者证据材料都必须是真实的。只要办案人员在讯问中使用证据不会误导无辜的人作有罪供述，且使用证据的方式本身不违背社会伦理道德，一般不能认定为非法。在实践操作中，为了避免对讯问合法性产生争议，办案人员在通过证据虚构或夸大获取被讯问人供述后要告知被讯问人所出示的证据是虚构的或者故意夸大的。看被讯问人是否翻供，对于翻供的，进一步核实翻供的理由。这种先“示假”随后告知的方法可以在一定程度上降低虚假供述的比例，也可以增加讯问的合法性，更容易被认定为讯问谋略，而非欺骗或诱供手段。

3. 使用证据应注意的事项

在讯问中使用证据，需要注意以下几点：

（1）注意“查明”和“证明”之间的差异。讯问中使用证据的目的是查明事实真相，而不是诉讼证明。诉讼证明在证据的质量和数量上都有相对严格的要求，就质量而言，所提出的证据应当是合法、真实的证据，而且与要证明的案件事实具有相对紧密的关联性；就数量而言，要达到证明的标准需要多个证据，至少不能是孤证。而侦查讯问中出示证据不是为了向被讯问人证明什么，而是为了改变被讯问人的对抗意志，从被讯问人那里获取案件信息查明案件事实真相，因而在合法的范围内具有较大的操作空间。要不要出示证据、直接出示证据还是进行证据暗示、出示什么样的证据，一切以达到讯问目的为必要。只要能够达到讯问目的，能不出示就不出示，能少出示就不多出示，能片面出示就不全面出示。

（2）避免“漏气”。对于被讯问人而言，证据具有多向提示作用。有的证据能够让被讯问人觉得办案人员已经掌握犯罪事实，但有的证据也会让被讯问人觉得办案人员只掌握了部分犯罪事实，或者只是掌握了外围的信息，而不是全部犯罪事实。后者在实践中被称为“漏气”或者“漏底”，即泄露了办案人员掌握证据的实际情况，让被讯问人觉得讯问人是在虚张声势。

（3）防止信息污染。在一些错案中，被讯问人本来是无辜的，但办案人员所出示的证据让被讯问人觉得自己无论如何辩解都不起作用。在证据的影响和办案人员的强制双重作用下开始交代所谓的“罪行”。这种虚假供述称为“强制—顺从型虚假供述”。在这种类型的虚假供述中，有的内容细节生动、独特，且与其他证据相互印证，在后续的诉讼程序中很难辨识。从逻辑上看，无辜的被讯问人本来没有实施犯罪行为，如何作出与其他证据相互印证的供述呢？这是因为在讯问中，讯问人员出示的证据给被讯问人提供了编造虚假供述的原始信息材料，也就是说被讯问人对案件事实的信息感知不是源于对犯罪过程的亲身经历，而是源于讯问中的证据出示以及事后指认现场的感知。这种事后对无辜被讯问人输入的信息是真实的，但对无辜者的认知却是一种污染。这种事后的信息输入可以称为信息污染。

在讯问中，需要特别注意信息污染问题。办案人员出示的证据越多、越具体，向无辜者输入的信息也就越多、越具体。在审讯强制的作用下，被讯问人编造的虚假供述就越加生动、细节也就越加具体，其结果就是供述与其他证据的印证点越多，让这种虚假的供述更加难以辨识。正因如此，要保证案件质量防止出现错案，办案人员在讯问中使用证据就必须要尽量避免信息污染。

第一，在出示证据时，以改变被讯问人对办案人员掌握证据的认知为必要，证据的信息量越少越好，证据包含的犯罪细节信息越少越好，尽量避免与讯问目的无关的信息输入。例如，在出示犯罪现场的照片或者录像给被讯问人观看时，很容易附带输入有关犯罪现场的多余细节和其他信息。例如，照片显示的犯罪现场空间关系、录像展示的声音信息和时间信息，都有可能对无辜者造成信息污染，为其提供虚假供述的信息源。因此，在讯问中使用证据并不是越多越好，而是越少越好。

第二，在出示证据的时候，要掌控被讯问人感知证据的时间和方式。出示证据是改变被讯问人对证据情况的认知，并不是让被讯问人完全了解办案人员已经掌握的证据，因此，即便在讯问中不得已出示证据，也要避免被讯问人过细的感知证据。例如，实践中向被讯问人出示证人证言时，有的办案人员把整个证言笔录逐页翻给被讯问人细看甚至直接把证言笔录交给被讯问人翻阅，这种做法其实是没有必要的。办案人员只要宣读最关键的几句话即可。出示照片也只需让被讯问人看其中的一个或者几个点即可，没必要让被讯问人看清照片的每一个细节。因此，出示证据也不是让被讯问人看得越细越好。

第三，使用证据时要注意讯问的强制程度。讯问的环境、办案人员的语气、讯问发生的情景都不可避免地带有某些强制因素。讯问的强制因素会增强被讯问人的受暗示性。如果再加上一定时长睡眠的剥夺、明示或者暗示的威胁，更会增加被讯问人理性判断的能力。当讯问的强制作用超过被讯问人能够忍受的限度，便会迫使被讯问人顺从办案人员的要求进行供述。在被讯问人顺从状态下出示证据，会为被讯问人编造虚假供述提供现实素材。因而在讯问中使用证据，需要考虑讯问的强制度，评估导致虚假供述的可能性。

第四，在出示证据的时候，评估被讯问人的受暗示性。虚假供述与被讯问人的受暗示性相关联。在讯问强制度相同的情况下，被讯问人的受暗示性越强，作出虚假供述的可能性就越大。根据相关研究，被讯问人的受暗示性与其焦虑状态、睡眠被剥夺的状况、自信心、自尊心以及记忆相关联。[①] 在讯问中办案人员需要对被讯问人的受暗示性进行必要的评估。在职务犯罪案件中尤其要考虑被讯问人焦虑状态、睡眠情况和记忆等因素。

第五，在被讯问人供述以后，要对被讯问人的供述进行评估，查找被讯问人供述的细节来源。分析哪些是讯问中办案人员提示和出示证据输入的细节，哪些是被讯问人事前感知的细节。根据细节的来源评估供述的真实性。一般而言，在被讯问人供述中，与办案人员在讯问中输入的信息无关的细节越多，真实性越强；反之，如果被讯问人供述的细节全部源于讯问中出示的证据和办案人员告知的信息，没有其他可以印证的细节，那么这种供述虚假性就越强。

（4）注意把握界限。在讯问中使用证据，需要把握讯问谋略与欺骗、引诱之间的界限。

第一，在使用证据时尽量对被讯问人“示真”而不“示假”。在暗示证据时，尽量使用真实的证据材料。不管是暗示证据线索的材料、证据来源的材料还是证据所包含的局部信息，都尽可能是真实的。在出示证据时，也尽可能出示真实的证据，而不要出示伪造的证据。一方面，“示假”会增加漏气的可能性；另一方面，办案人员故意出示假证据材料或假证据，这种方式符合欺骗和引诱行为的外在特征，更容易被认定为欺骗或引诱。

第二，“示假”之后要告知。为了改变被讯问人对证据的认知，有时确有必要在讯问中进行证据的虚构和夸大，也就是在对被讯问人使用证据时“示假”。但要注意尽量在改变被讯问人对抗意志环节使

① ［英］古德琼森：《审讯和供述心理学手册》，乐国安、李安等译，中国轻工业出版社 2008 年版，第 328—350 页。

用，而不要在引导供述环节使用。同时在被讯问人供述之后应当告知被讯问人先前所出示的证据是虚构的或者带有夸大的成分，然后进一步核实供述的真实性。后面的告知行为不仅可以减少虚假供述的可能性，而且会让讯问呈现“先假后真”的样态，更符合讯问谋略的形式要件。

第三，综合判断导致虚假供述的可能性。区分讯问谋略和欺骗、引诱最重要的标准是结果。如果讯问中出示的证据更容易导致被讯问人作虚假供述，即便出示的是真实的证据，也有可能是欺骗、引诱。反之，如果出示的证据或者证据材料有虚假的成分，但绝对不会导致被讯问人供述自己没有实施的罪行，也很难被认定为非法讯问。因此，在使用证据时，要综合判断导致被讯问人作虚假供述的可能性，如果使用证据导致被讯问人作虚假供述的可能性比较大，就不要使用。

第五节　对办案方向的认知控制

职务犯罪的相关事实都是由人和行为两个因素构成，且不可分离。因而办案的目标就必然指向特定的人和事，简言之就是查清楚“什么人犯了什么事”。在职务犯罪案件中，“人”和“事”都必须符合法定的构成要件，且两者之间的关联性更为特殊。国家工作人员的身份和职权决定了职务犯罪的行为和方式。因而在职务犯罪案件中，查“人”和查“事”都至关重要。有的案件是先发现犯罪后果，由后果倒查职务犯罪人员，即所谓的“由事到人”办案模式；更多的案件则是先发现某个人有“问题”，但具体的犯罪事实不清楚，办案是根据“人”侦查“事”，即所谓的“由人到事”办案模式。

由于职务犯罪主体的特殊性以及职务犯罪行为与职权的关联性，不管是“查人”还是“查事”都会影响案件的走向。在具体的案件中，侦查某个人也就意味着侦查其背后与职权相关的一个或者多个犯罪事实，而侦查某个犯罪事实其实也意味着侦查与之关联的一个或者多个被讯问人。在办案过程中要查的人和事开始都处于相对模糊状态，具有不确定性。因此，“查谁”“查什么事”“往哪里查”这些问题是办案人员在初始阶段必须要考虑的。同时这些问题会直接影响办案的结果。

对于被讯问人也是如此，办案的方向会影响其对案件发展趋势的判断，这种判断进而会影响其在讯问中的行为取向。在讯问中，办案人员可以通过明示或者暗示的方式改变被讯问人对案件办案方向的认知，并以此改变被讯问人的选择和判断，使其改变对抗态度，供述案情。关于被讯问人对办案的方向认知控制包括三个方面内容，即人、事和具体侦查方向。

一、对侦查指向“人”的认知控制

在查办“窝串案”中，要查谁或者要查什么事情，从被讯问人的角度来看有很大的伸缩余地。对于被讯问人而言，自己当然是被侦查的对象，但侦查主要针对谁也是其急着要搞明白的问题。办案人员要查一个人还是多个人？查下属还是要查上级？要查主要“保护伞”还是要查实际承办人？这些东西也是被讯问人进行利益权衡的时候要考虑的问题。如果办案人认为侦查对象不是针对上级官员，那么作为下属的被讯问人可能会寄希望于上级领导找关系想办法将其捞出去。如果侦查对象认为办案方向主要是查民事案件中枉法裁判的法官，那么其作为执行环节的法官，有可能不是侦查的重点方向。这些都会让被讯问人从中看到某些所谓的“转机”。在有些案件中，知道了侦查指向“谁”也会让一部分被讯问人丧失退路，打消侥幸心理。

在讯问实践中，办案人员可以利用侦查指向人员的不确定性来改变被讯问人的认知状况。

2015年7月2日凌晨，胡某伙同张某等人在夜市斗殴，持刀追砍他人致两人轻伤。时任某县派出所干警朱某甲、范某乙接警并负责侦办该案。在被害人明确指认系胡某所为的情况下，朱某甲、范某乙未依法采取有效措施控制胡某，导致8月9日再次发生胡某持枪故意伤害案。在8月9日故意伤害案发生后，朱某甲、范某乙依然对7月2日胡某故意伤害案久立不侦，拖延4年之久。而在2015年8月9日胡某故意伤害案中，该县检察院原副检察长崔某丙接受胡某亲友的请托，在审查起诉环节指使承办人董某丁对胡某从轻处理，县法院刑庭原庭长马某戊接受胡某亲友的请托，在审判环节对胡某从轻处理，最终导致胡某重罪轻判。2019年在某省检察机关查办司法人员职务犯罪推进扫黑除恶专项斗争中，胡某涉黑案幕后的"保护伞"浮现出来。朱某甲、范某乙以及崔某丙、董某丁、马某戊分别被立案侦查。

该案中，朱某甲、范某乙涉嫌玩忽职守罪，崔某丙、董某丁、马某戊涉嫌徇私枉法罪。由于胡某涉黑案影响巨大，但凡处理过与胡某相关案件的司法工作人员都人人自危，四处打探。崔某丙到案时还以为协助配合调查法官马某戊，并对与之相关的问题做好了应答准备。在讯问中，崔某丙主动要交代马某戊沟通的问题，但办案人员故意绕开马某戊的问题，对崔某丙说："关于马某戊的问题，我们已经查清楚了。今天的重点不是配合侦查马某戊的问题，而是你自己和董某丁的问题。在胡某的问题上，你已经构成了徇私枉法罪，需要追究刑事责任。现在重要的是你要不要坦白的问题。胡某亲友请托的人不是马某戊一个人，我们要侦查的人也不是马某戊一个人，我们要侦查的是一群人。你现在要先讲一下你自己的情况和董某丁的情况。"

在本案中，办案人员故意搁置马某戊的问题，转而让崔某丙交代自己和董某丁的问题，让崔某丙觉得被侦查的人员不仅仅是马某戊，而是指向更多的人。这种问法改变了崔某丙对侦查方向的认知，一方面可以改变其对案件发展趋势的认知，另一方面对崔某丙也可以起到声东击西的效果。

二、对侦查指向“事”的认知控制

对于被讯问人而言，通常的选择是：哪些犯罪事实暴露了或者必将暴露，就交代哪些事实；哪些事没暴露或者暴露的可能性较低，就先不交代或者抱着走着瞧的心态静观其变。在事实没有暴露的情况下，其主动交代的可能性就比较低。被讯问人判断要不要交代的一个重要参照因素就是侦查工作的指向。侦查工作指向什么事，被讯问人在没有办法的情况下就供述什么事，侦查没有指向的事情，被讯问人很少会供述。在讯问中，办案人员可以利用被讯问人的这种心理，改变其对侦查工作所指向的犯罪事实（事）的判断，改变其认知，转化其意志。此即所谓的对侦查指向“事”的认知控制。

（一）从“一事”到“多事”

在职务犯罪案件中，尤其是司法工作人员职务犯罪案件中，“一人多事”或者“多人多事”的情况比较常见。所谓“多事”，就是指多个犯罪事实。有的被讯问人涉嫌多个犯罪行为构成多个罪名，如滥用职权、徇私枉法、玩忽职守以及受贿等；有的被讯问人涉嫌罪名单一，但有多个相同性质的犯罪行为，如多次收受不同当事人及其亲友的请托，并在民事、行政裁判中徇私枉法等。对于多个犯罪事实，办案人员已经知道哪些事情？要侦查哪些事情？这样的问题会影响被讯问人的认知和判断，也会影响被讯问人在讯问中的配合程度。

在侦查初始，办案人员掌握的信息并不全，通常只掌握一两个犯罪事实或者线索。在这种情况下，不能局限于已知的事实或者线索信息，侦查的方向应当是发散的、多元的。尤其在讯问中，办案人员应当运用发散思维，立足于已知的事实，着眼于未知的事实，从“一事”到“多事”。在认知控制上，要让被讯问人摸不透侦查指向的具体事项，或者让被讯问人认为侦查指向的是其全部犯罪事实。

在范某徇私舞弊减刑案中，犯罪嫌疑人范某在担任A省J监狱S监区副警长期间，利用职务之便，先后非法收受马某、胡某、杨某、郭某等4名服刑罪犯委托亲属所送的贿赂共计人民币20.8万元。在明知相关服刑罪犯不符合减刑条件，不具备“确有悔改表现”的情况下，在提请减刑的过程中故意隐瞒事实，签字同意呈报减刑，致使多名不符合减刑条件的服刑人员得以减刑。该案最开始的问题线索只涉及马某违规减刑一件事实，涉案数额也只有2万元。在侦办该案过程中，办案人员觉得范某所涉案件应该不止马某减刑一件事，于是放开视野，对范某签批的全部减刑案件进行摸排，最终又发现多个可能虚假减刑的事实。在讯问中，办案人员认为，如果让被讯问人先交代马某减刑问题，可能其已经得到消息并有所准备，会找各种托词和借口进行推脱。与其这样还不如从其他案件入手，让其猝不及防。讯问中，办案人员刚提到减刑问题，范某马上说：“你要查的是马某减刑的事情是吧？这个事情我只是负责审批，相关材料是他们报过来的，如果有个别不真实的地方，应该是他们报错了。”

问：马某减刑的事情先不急，你先说一说另外几个事吧。

答：另外几个事？

问：是的。

答：另外还有什么事？

问：你说呢？就马某那点儿事，值得费这么大的周折吗？

答：除马某的事外，我没什么事，马某减刑也主要不是我的问题。

问：刚才已经强调了，先不说马某的事！先说说其他几个事。

答：莫名其妙！其他没什么事。

问：是吗？找你的人就一个？你帮人办的事就一个？这话你自己信吗？

答：……（沉默）

问：那你现在算一算，有多少人找过你？办过几件事？

答：记不清了。

问：记不清不要紧，我们一起慢慢想。

答：想不起来了。

问：除了马某，另外几个你简单算一算。

答：确实想不起来。

问：胡某呢？算一个吧？

答：(沉思，看着办案人员）胡某，我不太清楚。

问：先不说你清楚不清楚，类似情况还有几个？

答：类似情况？

问：现在想一想，和胡某类似的情况，一个一个算算。

答：这种情况不算问题。

问：几个？

答：两个。

问：哪两个？

答：好像一个姓杨、一个姓郭。

问：加上胡某、马某，一共四个对吧？

答：什么意思？我说过这种情况不算问题！

问：先把这几个情况说清楚。

本案中，办案人员在讯问的时候故意绕开范某有准备的问题，故意不问与马某有关的事情，让其交代其他几件事情。让被讯问人搞不清到底是要查一件事情还是多件事情。与其挤牙膏式地让其一件一件的交代，不如先总后分，先让其交代违规审批减刑的总数，再逐一细核。故意不让范某交代与马某相关的问题，改变了他对侦查指向犯罪事实的认知。最终办案人员不仅问出了与马某减刑相关的徇私舞弊行为，还问出了另外三人减刑中的徇私舞弊行为和与之相关的受贿行为。办案人员不仅办理了徇私舞弊减刑案件，而且把受贿罪相关问题线索移交监察机关办理。

（二）从“职”到“事”

司法工作人员的职务犯罪与其职权紧密相关。在讯问的初始阶段，被讯问人涉嫌的犯罪事实处于不确定状态。办案人员所掌握的信息是否真实有待核实，被讯问人犯罪事实具体有多少有待进一步发现。而被讯问人作为国家工作人员，其职责是确定的。基于职务犯罪与国家工作人员职责的关联性，办案人员可以在讯问中以被讯问人职责和职权为切入点，逐步关联到相关的犯罪事实。

实践中的“分轮讯问法”，就是基于职务犯罪职权的确定性和侦查阶段犯罪事实的不确定性而采用的应对办法。具体操作包括如下环节：

1. 普遍撒网

在讯问的开始不告知被讯问人所涉嫌的具体犯罪事实，也不具体告知原因。故意让被讯问人摸不着头脑，让他猜不出要侦查的事实和方向。而是进行看似漫无目的的漫谈式讯问。从被讯问人的职责和权限开始，引导被讯问人供述职权、财产等多个信息。相关话题和任务包括：

（1）对被讯问人职权范围内的所有事项全部问一遍；

（2）对被讯问人的财产状况详细核实一遍；

（3）对被讯问人所有交往密切的人详细核实一遍；

（4）对被讯问人个人成长经历详细核实一遍。

在核实的过程中，事无巨细，每一个问题点都要力争问透彻，在细问的同时进行相应的暗示。对于被讯问人可能想到的、确定性的东西，要突出暗示其不确定性；对于被讯问人没有想到的问题和事情要尽量发现和突出，暗示其理性的有限性。这一轮讯问的核心任务并不是核实具体的犯罪事实，而是打乱被讯问人的认知，让其摸不清侦查指向的具体事情。对被讯问人而言，知道侦查的方向，防一个点相对容易，但当其不知道侦查的方向时，就不知道办案人员的攻击点在哪里，则防不胜防。

2. 重点攻击

在第一轮讯问的基础上，对可能出问题的节点进行重点讯问，例如，最可能出现问题的事项、最可能出问题的环节、最可能出问题的人、最可能暴露问题的财产等。对相关的节点问得更加深入、更加透彻，有问题的关键节点要问，没问题的关键节点也要问。在讯问人员安排上，通常选择比第一轮经验、资历更丰富、更老道的办案人员讯问。讯问前，对第一轮讯问的信息进行梳理，集体商量确定攻击的方向和节点；讯问中，注意与第一轮讯问的衔接；与被讯问人的距离步步靠近，尽力形成一种逐步深入、收缩被讯问人防卫范围的态势。本轮讯问的主要目的依然不是问具体事实，而是增加焦虑，施加压力，因而在讯问过程中尽力强化被讯问人受压迫感。此外，本轮可以根据情况适当增加讯问轮次，如果被讯问人焦虑情绪不到位，可以再来一轮。

3. 引导供述

在前两轮的基础上促发、引导被讯问人供述所有犯罪事实。在讯问人员安排上，选择与被讯问人年龄、资历、级别、性别、长相、爱好、关注问题点等方面相似点多的人进行讯问。相同点或相似点越多，越容易与被讯问人建立认同感，越容易激发其倾诉欲望。在讯问中注重与被讯问人培养认同感和建立良好的沟通关系。在促发供述过程中既要堵退路又要给出路；在被讯问人开口后，则注意引导供述，给被讯问人充足的回答和叙述的时间；对于被讯问人记忆不清的问题和事情，通过谈话技巧唤醒记忆。这一环节关键在于激发被讯问人倾诉欲望，促发供述；在被讯问人开口以后则重在引导被讯问人如实陈述事实，得到真实的供述。

4. 核实查漏

在第三环节被讯问人供述的基础上，仔细核实供述内容，发现细节问题，继续进行追问。目的在于核实和发现虚假供述，查找遗漏的犯罪事实。在这一过程中，对部分关键问题可以重复提问，前后比对，也可以结合其他证据和材料进行核实。

实践中的这种分轮讯问法不是从具体的犯罪事实开始，而是从被讯问人的职责和权限开始，详细核实被讯问人在职权范围内的所有履职事项以及与具体事项相关的人员和财产情况，这种普遍撒网式的讯问，会让被讯问人搞不清侦查的具体方向，打乱讯问前的应对策略。这种从“职”到“事”的讯问策略，基于“职”与“事”的关联性，进行发散式讯问，有助于打乱被讯问人对侦查方向的认知，也便于彻底查清被讯问人的全部犯罪事实。

（三）与纪检监察配合，从“纪”“法”到“罪”

在新的办案体制和机制下，与纪检监察机关的配合对于检察机关突破司法工作人员职务犯罪至关重要。从表现样态上看，职务犯罪往往与党员领导干部违纪、公职人员职务违法交织在一起，一部分案件因违纪而发案，也有的案件因为涉嫌职务违法被调查后发现涉嫌职务犯罪，当然也有的案件开始是以涉嫌职务犯罪立案最后发现只违纪、违法不构成犯罪的。对于违纪、职务违法、职务犯罪相互交织的案件，讯问的任务更加艰巨，但同时也给讯问提供了更多的回旋空间，也对监检密切配合提出了新的要求。

在违纪、违法、职务犯罪相互交织的情况下，讯问工作绝不能局限于涉嫌的犯罪事实，而应当从更广阔的视野着眼，力求发现更多的犯罪事实。

从行为方式上看，违纪、职务违法与职务犯罪具有同质性，涉及的人员、职务关系、利益转移的手段等方面具有关联性。多数案件，违纪只是其“表”，犯罪才是其“里”。违纪的事实大多是涉嫌犯罪的线索，如与他人发生不正当性关系是违纪行为，但与之相关联的是权色交易或者钱色交易则是职务犯罪；出入私人会所是违纪行为，但一同出入私人会所或者买单的人，则可能是职务犯罪的共犯或者关联人员。

由于违纪、职务违法的责任要轻于职务犯罪，对于被讯问人而言，交代违纪、违法的事情相对容易，交代职务犯罪的事情，心理障碍比较大。在讯问中可以先突破被讯问人违纪、违法的事实，再从违纪、违法的事实逐步引导出职务犯罪的事实。

在杜某民事枉法裁判案中，某市中院原法官杜某接受当事人刘某请托，在刘某提起的多起不良债权诉讼中，通过违规报签查封、冻结被告不动产的民事裁定书，操控案件立案，在证据采信、判决裁量中进行倾斜等手段多次为刘某谋取利益。刘某为表示感谢，找其好友李某帮忙。在对李某进行利益补偿的情况下，刘某让李某将其持有的非上市公司股份部分转移到杜某情人郑某名下。同时为了规避法律制裁，让杜某以其情人郑某的名义支付了180万元的对价。此案中，杜某与刘某长期合作，杜某在民事诉讼中枉法裁判，刘某通过补偿李某并让李某转让非上市公司股份至杜某情人名下的方式进行利益输送。

检察机关在侦办该案过程中，通过外围调查发现杜某精通法律，与刘某长期交往密切，且与郑某有作风问题，但是，对于其利益输送方式是否构成受贿存在争议。其中的难点是杜某以其情人郑某的名义受让非上市公司股份，并支付了相应的对价。办案期间，该公司并没有上市，无法确定预期收益，也无法兑现预期收益，因此无法确定受贿数额。即便将问题线索移送监委，监委调查后认定杜某受贿也存在很大困难。针对这种情况，检察机关与纪检监察机关进行了密切沟通。通过多次会商最终确定，由同级纪检监察机关以涉嫌“与他人发生不正当性关系”“拥有非上市公司（企业）的股份”对其立案调查，由检察机关以涉嫌民事枉法裁判罪对其立案侦查，纪检监察的审查调查与人民检察院的侦查同步进行，相互配合。

在检察机关讯问之前，先由纪检监察的办案人员详细核实杜某与郑某的关系，调查杜某与郑某的交往过程以及他们彼此之间的财产关系。通过外围调查和谈话核实郑某、李某、刘某之间的关系。在此基础上，再由检察机关办案人员对杜某枉法裁判的行为进行侦查和讯问。由于郑某在配合调查过程中已经交代其与杜某的关系，并承认支付李某转让股票的资金来源是杜某给的，同时李某在协助纪检监察机关调查过程中也已经交代刘某的请托和利益补偿等相关事实，检察机关在侦查杜某枉法裁判的行为时就有了重要依托和抓手。最终，在郑某、李某交代事实的基础上，检察机关的办案人员进一步突破了杜某，查清了杜某民事枉法裁判的相关事实。

本案中犯罪事实的侦查是以纪检监察机关违纪违法调查为基础的。没有纪检监察机关的介入和监、检两机关的紧密配合，这个案件很难突破。一般而言，对于违纪问题，被调查人通常已有心理准备，核实违纪事实相对比较容易。由于被调查人将注意力集中在违纪事实上，对于办案人员下一步要查什么并不清楚。即便被调查人可能意识到违纪行为与犯罪行为的关联性，但到检察机关介入案件的时候，由于违纪事实摆在那里，其想掩盖也往往是无能为力。

（四）从此罪到彼罪

司法工作人员职务犯罪案件中，滥用职权和渎职犯罪往往与贿赂犯罪具有内在的关联性。有的司法工作人员先收受贿赂，然后在履职过程中不正当行使职权，构成滥用职权、渎职侵权类犯罪的同时也构成受贿罪。也有的人因为滥用职权、渎职侵权犯罪而发案，但同时也有受贿行为。由于滥用职权、渎职侵权犯罪在认定犯罪主体、危害后果、因果关系等方面争议性问题较多，有的案件侦查后被判处无罪的概率要高于贿赂犯罪。从反腐败整体效果上看，贪污贿赂类案件要查，渎职侵权类案件也要查。把两类案件综合在一起侦查，效果会更好。

基于多个职务犯罪行为之间的内在关联，司法工作人员职务犯罪案件在侦查过程中可能出现多样的走向。以渎职侵权犯罪立案，可能查出受贿罪，以受贿罪立案，可能查出渎职侵权犯罪。在讯问中，审讯人员可以利用这种变化现象来改变被讯问人对侦查指向罪名的认知。在司法工作人员涉嫌滥用职权、失职渎职犯罪的案件中，突然讯问被讯问人贪污贿赂犯罪的事情，或者在贪污贿赂犯罪案件中突然切入滥用职权、失职渎职犯罪的话题，往往会让被讯问人措手不及，收到意想不到的效果。

需要指出的是，根据《刑法》第399条第4款的规定，司法工作人员收受贿赂，有徇私枉法、民事行政枉法裁判、执行判决、裁定失职或者滥用职权行为的，同时又构成受贿罪的，依照处罚较重的规定定罪处罚。在从一重处的情况下，可能出现职能管辖上的问题。如检察机关以徇私枉法立案，但行为人收受贿赂数额较大，最终可能以受贿罪判刑。监委以涉嫌受贿立案，可能因为民事枉法裁判量刑更重，最终要以民事枉法裁判罪定罪量刑。对于这类案件，需要与监察机关沟通协商，可以协调由监察机关全案调查，也可以由监察机关和检察机关分别立案调查、侦查，然后同步移送检察机关审查起诉。不管最终以何罪名定罪量刑，两方面的事实都必须要查清楚，两机关分工调查、侦查，是符合职能分工的相关规定的。当然，在各自调查、侦查的情况下，两机关密切配合，及时沟通至关重要。

即便是在新时代检察侦查与监察调查管辖范围有明确区分，但不妨碍办案过程中两机关密切配合，形成合力。党的二十届三中全会通过的《中共中央关于进一步全面深化改革、推进中国式现代化的决定》明确指出："健全监察机关、公安机关、检察机关、审判机关、司法行政机关各司其职，监察权、侦查权、检察权、审判权、执行权相互配合、相互制约的体制机制，确保执法司法各环节全过程在有效制约监督下运行。"监察权与检察权相互配合，在互涉案件中充分发挥作用，正是该决定精神的体现。

在朱某、邓某徇私枉法案中，某市公安局治安管理支队行动大队大队长在调查WY酒店涉嫌组织、容留卖淫嫖娼问题时，在突击检查活动中现场查获多名涉案人员，扣押了票据和账本等大量书证。调查过程中，有相关人员打招呼，并有人请客送礼。邓某于是对涉案金额特别巨大的酒店老板孙某按照一般犯罪进行立案侦查，在案件事实尚未查清的情况下，对相关犯罪嫌疑人变更强制措施，导致涉案人员在取保期间串供。同时，在案件侦查过程中邓某故意不收集关键证据，违规提供案卷材料供律师查阅，最终导致该案办案拖延，关键证据不足，孙某等人被重罪轻判。邓某办案过程中接受吃请和部分财物，事后收受孙某通过中间人赠送的2万元。侦查中，办案人员发现打招呼的是市公安局副局长朱某，朱某不仅打招呼，而且暗示邓某往轻了办。同时，朱某还涉嫌在其他案件中徇私枉法并收受贿赂。后经报批，朱某也被立案侦查，与邓某并案侦查。由于朱某、邓某涉嫌徇私枉法罪的同时还涉嫌受贿罪，检察机关向监委移送相关问题线索，经沟通协调，监察、检察两家分别立案调查、侦查，分工负责，相互配合。

在检察机关准备讯问朱某的时候，考虑到朱某大概率已知是邓某的案件牵连到自己，可能已经做好应对准备。于是协调监委，由监委先讯问朱某受贿的相关事实。监委讯问中突破了朱某收受孙某家属贿赂的相关事实，进而让朱某交代了其他多笔受贿事实。对于与徇私枉法有关联的受贿问题，监委将问题线索交由检察机关进行侦查讯问。这样，检察机关不仅突破了朱某与孙某相关的徇私枉法问题，而且根据监委调查受贿的情况，有效突破了朱某先后在徐某、常某、高某等三个案件中的徇私枉法行为。

只要配合到位，在查办案件中从徇私枉法引到受贿，从受贿切换到徇私枉法，都是可以的。此外，民事、行政枉法裁判罪与受贿罪，执行判决、裁定中的滥用职权罪与受贿罪都存在这种关系，办案中利用这种牵连关系，在贿赂犯罪与渎职侵权犯罪之间进行适当切换，会打乱被讯问人对涉嫌罪名的认知，增加其预期的不确定性，有利于更彻底地突破案件事实。

第六节　对关系人的认知控制

同其他案件一样，在司法工作人员职务犯罪案件的讯问中，关系人的情况影响被讯问人是否供述。通常具有影响作用的关系人包括诉讼案件的当事人、被执行和监管的人员、中间人、情人、近亲属以及其他同案犯等。这些人在办案过程中或明或暗地发挥作用，在一定程度上会影响案件的发展趋势。例如，从人际关系的作用和影响看，请托人能够在一定程度上影响案件的侦查。有的被讯问人落马后就寄希望于请托人能够发挥作用将其“捞出来”。又如，刑讯逼供的受害人被抢救的结果、最终的康复状态影响被讯问人对供述结果的认知，中间人是否找到、中间人交代了哪些问题对办案人员查明案件事实具有影响作用，对于被讯问人在讯问中的表现也具有影响作用。多数职务犯罪案件的侦查对象在讯问时已被采取羁押措施，与外界断绝联系，处于信息封闭状态，这种状态为办案人员在讯问中控制和改变被讯问人对相关人员的认知提供了便利条件。在讯问中合理改变被讯问人对相关人员的认知，可以控制被讯问人在讯问中的表现，改变其对抗态度。

一、对请托人的认知控制

所谓请托，是指以私事相托，找关系、走门路、通关节。请托人向被请托人付出一定代价，以换取被请托人的帮助，从而实现请托人一定目的的行为。请托人向被请托人付出的可能是金钱、物品等物质代价，也可能是人情、权力交换等非物质代价。请托是滋生腐败的重要原因，正所谓“货财行于国，则法令毁于官；请谒得于上，则党与成于下。”[①]一段时间以来，请托说情之风在一些地区和单位滋生蔓延，成为腐败的温床，“打招呼”“递条子”“找关系”在不少党政机关内盛行，“摆平思想”在一些官员心中普遍存在。对于因腐败而落马的官员来说，请托可能是其官场升迁的法宝，也可能是其“摆平”自己问题的工具。在一些

① 《管子·八观》。

案件中，被讯问人不配合讯问，就是寄希望于家属、领导找关系、托门路能把案子摆平。坚持不供述，是为托关系争取时间。

笔者曾经访谈过一位被判刑的职务犯罪人员，其声称在讯问的时候曾经坚持了 4 天不开口。在被问及坚持 4 天不开口交代的原因时，他说："我不能一进来就说。我的家属、领导还有其他关系好的朋友肯定会想办法找关系把我弄出去，每个人的背后都有一定的关系。我要是一进来就说了，万一他们找到了关系不是白瞎了吗？所以我不能交代，要为他们争取时间。"当被问及为什么 4 天之后又开口交代时，他坦承："都 4 天了，还没有动静，肯定是找的关系不管用了。"

此人的观点具有一定的代表性。在讯问中要让被讯问人尽早开口交代问题，就必须先掐灭其找关系请托人摆平案件的希望，改变被讯问人对受托人的认知。

要改变被讯问人对受托人的认知，必须先搞清楚被讯问人心里的受托人是谁。在有的案件中，确有被讯问人家属或同事找关系打招呼的。这些出面探听消息、打招呼的人，正是被讯问人信任或者相信的受托人。在有的案件中，没有人打招呼或探听消息，但被讯问人心里寄希望于关系请托，在这种情况下就需要推断出其心里相信的请托人是谁。这需要根据被讯问人的关系网络信息来推断。

对受托人的认知控制，主要是消除被讯问人寄希望于通过找关系摆平案件的希望。

在查处郑某民事枉法裁判案件中，侦查人员发现某县法院原民庭庭长郑某比较善于搞关系，背后建立了以上级院副院长叶某为核心的关系网络。叶某之下的蔡某、徐某分别是郑某所在法院的正副院长。吴某认为自己如果出问题，叶某、蔡某、徐某也难自保，一定会想办法把自己捞出去，因而在讯问中拒不交代问题，等待案件发生转机。针对这种情况，办案人员在讯问中对郑某说："你扛到现在不交代问题，是想有人找关系把你捞出去吧？实话告诉你，这一点你就不要妄想了。你的上级院领导是找了关系，而且很'用心'地找了关系。院长、副院长也想了办法，但是都不管用。这三个人现在都是监委的调查对象，目前也是泥菩萨过河，自身难保。这次教育整顿，牵出来的不是你一个人，这是上级领导批示要彻查的一个窝案，你还不是主要对象。"

二、对近亲属的认知控制

在职务犯罪案件中，被讯问人的近亲属对其是否供述具有影响作用。有的被讯问人不供述是寄希望于近亲属找关系想办法摆平案件，有的被讯问人供述是想避免对近亲属造成伤害，也有的被讯问人是因为与近亲属之间的情感关系而不愿意或者不敢供述。近亲属对被讯问人的影响既有认知因素的作用，也有情感因素的作用，两个方面相互作用，会改变被讯问人在讯问中的表现。例如，被讯问人对其近亲属状况和特定行为的认知既会激发情感反应，又会影响其对案件的判断。一般而言，对近亲属的认知控制主要包括三个方面：

（一）供述对近亲属造成伤害

有的被讯问人不敢供述是害怕定罪会给近亲属带来不利影响。在职务犯罪案件中，有的被讯问人是家庭的主要生活来源，一旦自己被判有罪，不仅自己失去人身自由和工作，更重要的是会让家庭失去生活依靠和来源，例如，父母的养老、子女的上学、配偶的工作等。除了物质上的影响，还有精神上的伤害，例如，有的被讯问人的子女正处于升学或者人生成长的关键时期，父母被定罪可能会直接影响子女的精神状态和性格养成。对于被讯问人而言，定罪给近亲属带来负面影响甚至伤害是必然的，也是被讯问人所极力避免的。

在讯问中，办案人员应当尽力减轻被讯问人对这种不利后果的认知和判断，必要时可以实际帮助和降低这种负面影响，以减轻被讯问人的后顾之忧。例如，对于被讯问人家属确实有生活困难的，帮助解决一些救济；对于抓捕、搜查等行为可能对子女造成负面影响的，适当注意方式。把被讯问人近亲属的关怀因素融入办案中，不仅会让办案具有了人性关怀，也会促发被讯问人供述。实践中把这种做法称为“人性办案”。

在查办张某案件中，办案人员侦查发现被讯问人张某的儿子上中学三年级，正在准备中考，考虑到在家里带人和搜查会对孩子的学习造成负面影响，同时有损张某在孩子心中做父亲的形象，因而专案组把带人的地点选在张某上班的路上，同时把搜查居室的时间选在孩子上学之后。在讯问过程中张某依然担心自己定罪可能给孩子造成负面影响。针对这种情况，办案人员暗中用DV拍摄了张某儿子在上学路上和在课堂上听课的视频。在讯问中，审讯人员先让张某观看了其孩子上学和上课的视频，然后对张某说：“我们知道你是担心孩子，我们也尽量避免这件事给孩子带来负面影响。你看，我们本可以在你家里抓你，但考虑到孩子，我们选在外面，搜查时也专门避开了孩子，就是为了不给孩子心理留下阴影。刚才视频你已经看到了，孩子上学精神状态非常好，没受任何影响。让你看这段视频，就是希望你放下包袱。”张某看到孩子的视频之后，眼泪夺眶而出。审讯人员接着说：“我们也知道你是孩子的偶像，你不想有损当爹的形象。但是你要知道，孩子迟早是要长大的，有些事情孩子迟早是会知道的。‘知耻者近乎勇’，知错认错，知错就改，犯错之后敢于担当才是真正的勇者。今天敢做敢当，至少将来还能给孩子树立真正的正面榜样。你仔细想想看。”最终，张某再次要求看了一遍孩子的视频，进而沉默几分钟后开始交代自己的问题。

在本案中，办案人员让被讯问人观看其孩子的视频，主要是让其明白供述对孩子影响并不大，以减轻其心理负担。同时针对被讯问人维护个人形象的心理，纠正其对于个人形象的认知。被讯问人要求重复看录像，其实想确认孩子的状况和精神状态，消除自己的担心。

（二）近亲属活动情况

在职务犯罪案件中，被讯问人近亲属在案发前和案发后都扮演着重要的角色。有的近亲属利用被讯问人的影响力私自谋取利益或者收受贿赂，单独构成犯罪；有的近亲属与被讯问人共同实施犯罪，构成共犯；有的近亲属不构成犯罪，但却是赃款赃物的经手者、保管者或者处理者，属于犯罪事实的知情者；也有的近亲属在案发后处理、转移赃款赃物，帮助串供或者毁灭证据；更有的被讯问人案发前把关键证据和材料交由近亲属携带潜逃，以求能与办案机关进行博弈。正因如此，近亲属的活动情况可能会影响案件的侦办，也会影响被讯问人的认知和判断。

以发案为时间点，近亲属案发以前的情况被讯问人是比较了解的，但案发以后近亲属的情况是被讯问人最想了解的。近亲属的活动情况和相关信息会影响被讯问人对整个案件发展趋势的判断，也会影响其是否供述的决断。

在查办某地财政局局长的受贿案件中，办案人员在下午两点对被讯问人廖某采取措施。廖某到案后对办案人员说："早上出门时说好了下午我去接孩子，现在我不能去接了，能不能让我给我爱人打个电话，让她接一下孩子。孩子正在上小学，没人接出问题不好办。你们在跟前听着，我用免提，只告诉她接一下孩子。"办案人员觉得他说得看上去很真实，就让廖某用免提的方式给其爱人打了一个电话。廖某在电话中说："老婆，晚上我不能去学校接孩子了，组织找我有点儿事，你去接一下孩子吧。"说完后就挂了电话。但第二天办案人员去其家中搜查发现所有赃款赃物都被转移得一干二净，随后的审讯工作也一直没有进展。事后办案人员发现，廖某就一个孩子，正在住校上高中，根本不需要接孩子。另外，廖某对其爱人平时一直称呼"丽萍"或者"萍儿"，从不称

"老婆"。当时的电话就是通知其爱人转移赃款赃物的。知道这些后，办案人员转而侦查廖某爱人接电话后的活动轨迹和转移赃款赃物的情况，并拍了一些其爱人活动的照片和监控截屏。两天后，办案人员在讯问中对廖某说："你那一天的电话打得好哇！你爱人接到电话就开始忙乎了。她没去接孩子，你知道的，孩子根本不用接。她去的地方你应该是最清楚了。还好现在到处都有监控，这是她接电话后的活动轨迹。她要是不去这些地方，我们还真找不到……""这几天没理你，我们可没有闲着！你看一下这几张照片。"廖某看到其爱人的照片后，遂以为事情败露，开始交代受贿事实。

这个案件虽然不是司法工作人员的职务犯罪案件，但是依然具有典型性，检察机关在办理司法工作人员相关职务犯罪案件中也可能会遇到类似情况。在本案中，被讯问人开始不愿意供述是因为其与近亲属事前有过串供，且通过电话告知自己被侦查的消息，认为赃款赃物已经转移，不会被发现。而后来供述犯罪事实，是因为办案人员展示其爱人活动的情况和照片，让其认为赃款赃物已经被发现，抗拒已经无意义。

（三）对近亲属请托情况的认知

有的被讯问人在开始的时候寄希望于近亲属找关系、托门路把事情摆平，因而在讯问中拒不交代犯罪事实；有的被讯问人甚至希望拖几天时间为近亲属请托关系争取时间。近亲属和朋友是否在找关系？请托的人是谁？请托的进展情况如何？这些问题对于存此希望的被讯问人而言至关重要。讯问中对心怀此念头的被讯问人可以适当输入其近亲属请托关系的信息，改变其对近亲属请托情况的认知。这种认知控制的方向是让被讯问人认为请托无效或者请托谁都不可能改变案件的办理，掐灭其对请托关系的侥幸心理。

实践中有的安排办案人员假扮被讯问人近亲属请托的关系，对其态度相对和善，趁着没其他人在场的间隙告诉被讯问人，其家属请托了谁谁，谁谁又请托了自己，让在办案中适当照顾。然后借机告诉被讯问人，现在的情况很不乐观，外围的证据收集得很扎实、很充分，不可能开脱罪责。最好的办法就是如实供述自己的犯罪事实，争取好的认罪态度，为将来从轻处罚做好铺垫。这种做法在审讯突破上有一定的效果，但存在欺骗的嫌疑，需要仔细斟酌和把握界限。同时，让办案人员冒充请托人找的关系，必须让被讯问人相信才可能发挥作用。实践中也有这种做法被侦查对象一眼看穿予以痛骂的。

为了避免被认定为非法讯问，办案人员最好不要假冒被请托的关系人欺骗被讯问人。办案人员可以关注被讯问人近亲属请托的情况和信息，根据请托的情况有选择地告知。如果请托无效，就根据了解的情况告知被讯问人其近亲属找了某些关系，但是没人敢打招呼。也可以告知其近亲属确实找了某些关系，但不可能发挥作用，办案人员不能拿原则做交易，让被讯问人死了这条心。

第七节　对被讯问人选择的认知控制

一、选择的非理性

被讯问人既是“理性人”，也是“感性人”。一方面，被讯问人的行为会受到理智的影响，决策和选择具有理性特征；另一方面，被讯问人的行为也会受到情感影响，具有感性特征。现实生活中，任何一个单独的个人其理性都是有限的。[①] 首先，一个人的认知能力是有限的，不可能穷尽所有影响决策的因素；其次，个人的推理能力也是有

① 美国管理学家和社会科学家、决策理论学派的重要代表人物赫伯特·西蒙（Harbert A.Simen）认为，人们的理性是有限度的。人们的实际行为缺乏客观理性，至少表现在以下三个方面：（1）按照理性的要求，行为主体应具备关于每种抉择的后果的完备知识和预见。而事实上，对后果的了解总是零碎的。（2）由于后果产生于未来，在给它们赋予价值时，就必须凭想象来弥补其时所缺少的体验。然而，对价值的预见不可能是完整的。（3）按照理性的要求，行为主体要在全部备选行为中进行选择。但对真实行为而言，人们只能想得到全部可能行为方案中的很少几个。［美］赫伯特·西蒙：《管理行为》，杨砾、韩春立、徐立译，北京经济学院出版社1988年版，第79页。

限的，不可能估计到所有结果的可能性和发生的概率；最后，个人的理智也会受到情感因素和价值取向的干扰和影响。正因如此，被讯问人处于一种“有限”理性的状态，讯问的过程对于被讯问人而言，是一种有限的理性选择过程。因为被讯问人的理性是有限的，所以通过改变各种认知因素，办案人员可以改变被讯问人的决策和选择。

面对办案人员的讯问，被讯问人需要根据讯问的情境作出各种不同的决策和选择，进而采取应对行动。影响被讯问人如何选择的一个关键因素是其对行为方案本身以及其产生后果的认知。讯问中要转变被讯问人的意志，使其从对抗转向配合，就需要在讯问中对相关认知因素进行控制，改变被讯问人对行为方案和后果的认知。

二、被讯问人的选择：对抗与配合

在讯问实践活动中，被讯问人的表现可归为两类：一种是对抗，被讯问人在讯问中对办案人员的提问和刺激表现出积极或者消极的负反馈。积极的负反馈通常是正面的对抗，消极的负反馈表现为消极的对抗。另一种是配合，表现为被讯问人对办案人员的提问作出积极、正面的反馈。积极反馈是一种形式上的配合，表现为对提问反馈及时，态度积极；正反馈则是一种实质上的配合，即对办案人员的提问如实回答，不夸大也不隐瞒。

被讯问人在讯问中的表现受其主观意志的控制，也是其对相关因素进行判断后理性选择的结果。不管是对抗还是配合，在被讯问人的心里都经过权衡，都是对相关方案进行比较和评估之后进行决断的结果。相对而言，职务犯罪案件的被讯问人具有更强的思考力，这种权衡和选择更为明显。在被讯问人的方案中，有对抗的选项，也有配合的选项，其选择既取决于对选项本身的认知，也取决于对选项可能引发后果的认知。对于被讯问人的不同选项，办案人员在讯问中施加影响的方向和角度是不同的。

（一）对抗选项

被讯问人在讯问中的对抗可分为“硬对抗”和“软对抗”两种情

形。所谓“硬对抗”，在形式上表现为争吵、哭闹、对办案人员的提问不停地发表异议、装疯卖傻等，从本质上看是被讯问人对办案人员的提问采取形式较为激烈、积极的负反馈。所谓“软对抗”则表现为形式上配合，但实质上对讯问采取抵制行为，如面对提问沉默不语，借口身体不适、频繁去厕所等拖延讯问进程，在供述中撒谎等。从实质上看，“软对抗”是对办案人员的提问不反馈或者消极的负反馈。

不管是“硬对抗”还是“软对抗”，被讯问人其实都是有目的的。“硬对抗”中的争吵、哭闹通常是为了宣泄情绪、激怒办案人员或者假装无辜，异议、装疯卖傻通常是为了回避问题。“软对抗”是被讯问人在“硬对抗”没有把握的情况下采取的以退为进的策略。被讯问人的“软对抗”有时候比“硬对抗”更难应对。采取“软对抗”的被讯问人通常是想变被动为主动，拖延时间等待时机或者采取走着看的心态观察办案人员的反应。

不管是“硬对抗”还是“软对抗”，被讯问人的内心立场是比较明确的，就是“不配合”。这种不配合源于其内心的对抗意志，这种对抗意志与被讯问人的性格特征相关，也与被讯问人的认知状态和情绪状态相关联。不管是采取哪一种对抗方式，被讯问人都是有一定的认知基础为支撑的，当然这种选择同时也会受到情绪和情感状态的干扰和影响。

对于采取对抗立场的被讯问人，其选择也是可以细分的。首先，在对抗与配合的大方向上，被讯问人的选择是对抗；其次，在如何对抗上，有方式的选择，就是积极的对抗还是消极的对抗；再次，在追求的结果上，有目的上的选择，是为了激怒办案人员、拖延讯问、故作姿态、隐瞒事实还是宣泄情绪等；最后，在目的实现以后或者不能实现的情况下，被讯问人依然面临进一步的选择，是放弃原来的对抗立场选择配合还是继续抗拒下去。这些选择是被讯问人根据讯问的情形和认知判断所做出的具体决策。从微观上看是被讯问人的主观意志和认知理性作用下的结果，但是从宏观上看，讯问中被讯问人选择的范围是有限的，选择是有规律的。被讯问人选择的范围限定于特定的选项之间，在选项之间的选择有规律可循，同时也是可以干扰和控制的。

（二）配合选项

讯问中被讯问人配合的情形多种多样。被讯问人的配合既表现在态度上，也表现在行为上。态度上的配合是被讯问人在思想上放弃对抗立场，具有明确的配合取向。行为上的配合是被讯问人作出正面反馈，具有积极的外在表示，如对办案人员的提问作出正面的回答而不是异议、对办案人员的要求积极配合和响应；行为上的典型体现就是如实供述犯罪事实。被讯问人的态度和行为有时是一致的，即态度上配合，行为上也配合，如既表现出真诚的悔罪态度，又彻底供述犯罪事实。但有时也会出现态度和行为不一致的情况，常见的情况是态度上配合，行为上不配合，如被讯问人认罪态度上表现很好，但在交代犯罪事实的时候遮遮掩掩。

被讯问人的配合也是在有限理性支配下的选择。同对抗一样，采取配合立场的被讯问人，其选择也是可以细分的。具体而言，选择的层次包括如下方面：

首先，在大方向上被讯问人选择了配合，但在动机上各有不同。有的被讯问人是因为害怕而不敢对抗，有的是真诚悔罪而配合，有的是因为没有其他出路而被动选择配合等。

其次，在配合的程度上，被讯问人会面临不同的选择。如，是彻底配合还是部分配合？是配合还是迎合？动机不同，被讯问人配合的程度也不一样。因真诚悔罪而配合，往往会如实交代罪行；因为没有更好出路而配合，在交代罪行的时候往往会出现“挤牙膏”现象，什么问题暴露了，就交代什么问题，没暴露的绝不主动交代；因为害怕办案人员而配合，有可能会出现配合过度而迎合的现象，即办案人员让说什么就说什么，让怎么说就怎么说，甚至罔顾事实按照办案人员的意图供述，在这种情况下会出现虚假供述。因此，并不是被讯问人配合的动机越强，讯问的效果就越好。

最后，在配合的过程中，被讯问人会因为情境因素的变更而作出不同的选择。有的被讯问人从一开始到侦查结束，自始至终采取配合立场；有的被讯问人开始不配合进而转向配合；有的被讯问人开始配合，继而翻供转向不配合；也有的被讯问人不断地反复，时而配合时而对抗。导致立场变更的因素多种多样，通常是讯问的情景因素、认知因素和被讯问人的情绪、情感因素综合发挥作用的结果。

总体上看，被讯问人即便选择了配合，其依然有不同的选项可选，依然有不同的干扰因素在影响和制约着被讯问人的决策。对于办案人员而言，在被讯问人配合的情况下，依然要想方设法强化被讯问人的配合，固定其动机，防止其改变立场，尤其要避免讯问中出现反复。

三、被讯问人对抗行为的应对

（一）“硬对抗”的应对

对于“硬对抗”，办案人员需要及时作出应对。对于宣泄情绪型的争吵、哭闹一般要提前做好预案。从实践经验看，争吵、哭闹可以让被讯问人将积累的焦虑情绪释放出来，宣泄后的被讯问人思考问题更趋于理性，对抗意志会更加坚决。在转化意志阶段，被讯问人的对抗意识比较强烈，最好不要给被讯问人宣泄情绪的机会，而且事前防范要比事中干预的效果好。

所谓事前防范，就是在被讯问人情绪爆发前采取防范措施，拟制被讯问人的情绪。常见的策略有两种：一种是震慑，另一种是转移。所谓震慑，就是办案人员采取更为强硬的姿态震慑被讯问人，“以硬制硬”。常见的措施包括：在讯问前进行造势、用势，营造强势压力氛围；办案人员表现出比被讯问人更为严厉的表情、更为强大的气场，甚至更高的声调；让比被讯问人行政级别更高的办案人员出场讯问等。这些措施的目的是在不同方面营造出比被讯问人更为强大的势能，压制被讯问人的情绪，让其不敢对抗。实践中，办案人员严肃的表情、讯问室紧张而庄严的氛围可以抑制被讯问人的情绪，确实能够让一部分被讯问人放弃争吵、哭闹的念头。所谓转移，就是办案人员有意识减少或转移让被讯问人情绪爆发的触发点，不给被讯问人情绪发泄的机会。如办案人员在发现被讯问人情绪可能要爆发时，提前用问题转移其注意力或者转换话题避免继续刺激，不给被讯问人触发情绪宣泄的机会。

事中干预则是在被讯问人情绪爆发过程中采取干扰和引导措施。常见的方法包括：在被讯问人情绪宣泄时进行安抚、用问题或者证据转移被讯问人的注意力、安排突发事件进行打断、进行冷处理、更换讯问人员或者暂停讯问等。当然实践中也出现这样的情况：办案人员越是主动干预，被讯问人闹得越来劲。在这种情况下最好的办法就是冷处理，把被讯问人晾在一边不搭理。

一位女性被讯问人一进审讯室就坐在地上号啕大哭，鼻涕、眼泪一把一把的。办案人员关心地递上纸巾让其擦拭，结果被讯问人越哭越厉害，怎么劝都不行，擦鼻涕的纸把垃圾篓都快堆满了。最后讯问人员干脆不搭理她，故意转过身来自己聊天。被讯问人一看没人搭理，很是无趣，反而不哭了。讯问人员扭过头故意淡淡地问："哭完了？要不再哭会儿？"然后又扭过头自己聊天。结果被讯问人又继续哭了几声，但很快就安静下来了。后来回看录像，发现被讯问人边哭边从指缝偷偷看审讯人员。

对于意图激怒办案人员的"硬对抗"，办案人员反而要冷静、理性应对。一方面，办案人员冷静、镇定的表现，也会让一部分被讯问人放弃激怒办案人员的想法；另一方面，办案人员的魄力也能发挥震慑作用。办案人员讯问中表现出的威严和强大气场也能对被讯问人产生暗示作用。

（二）"软对抗"的应对

职务犯罪案件的讯问中，被讯问人的"软对抗"表现多种多样。常见的情形包括如下几种：

1. 拒绝交流

拒绝交流是指在讯问中被讯问人故意封闭与办案人员交流沟通的各种通道，拒绝与办案人员进行交流。讯问过程是办案人员与被讯问人之间沟通和交流的过程，双方交流的通道主要是言语、目光和动作（点头、手势等）。任何一个通道发生障碍，双方交流都有可能出现不畅。被讯问人通常也会采取制造交流障碍的策略来对抗讯问，有的是部分封闭交流通道，有的是完全拒绝。审讯中最让办案人员头痛的情形就是被讯问人坐在椅子上沉默不语，拒绝任何形式的交流。对于办案人员的指控，被讯问人语言上不做反应，既不承认，也不否认；行为上也没有任何反应，既不点头，也不摇头；有的甚至故意闭目养神，规避与讯问人员目光交流。

在这种情形下，被讯问人在情绪和认知两个方面都有准备。一方面，被讯问人情绪稳定，控制到位，表现出不温不火的样态；另一方面，其认知上也很理性，觉得自己不说，办案人员一般没办法。也有的认为如果办案人员有办法，自己说不说也无关紧要。说了有可能更坏，不说也坏不到哪里去。

对于这种情况，办案人员也需要从情绪和认知两个方面着手。一方面是打乱被讯问人的情绪。对于比较平静的被讯问人，需要想方设法增加其焦虑情绪，必要时用合法的手段激怒被讯问人。[①]另一方面要分析被讯问人的认知状态，寻找突破其认知的关键点。

在具体操作时可以先尝试突破被讯问人的某一个交流通道，然后再进一步拓展到其他通道。如被讯问人不开口说话，就让其点头或者摇头来表示；不愿意做动作，就适当出示证据，让其看证据。利用视觉通道施加影响。如果被讯问人闭目养神，不睁眼，就播放视听资料或者让其听办案人员说，通过听觉施加影响。只要办案人员找准被讯问人的关注点，审讯对象便会情不自禁地打开交流通道开始交流了。

2. 逃避问题

所谓逃避问题，是指被讯问人在讯问的过程中故意回避办案人员的问题，不进行正常的信息反馈。讯问主要是以问答的方式进行的，办案人员提问的目的是从被讯问人那里获取信息反馈。但是在实践中，被讯问人往往会采取回避问题的方式对抗办案人员的讯问。常见

① 讯问中如何控制被讯问人的情绪以及控制情绪时需要注意的法律界限，在本书前面已经做了专章论述，在此不再赘述。

的方式主要有以下几种：

（1）反问。具体而言，就是面对办案人员的提问，被讯问人以反问的方式回避问题。

某虐待被监管人案件中，办案人员突然问："上个月23日晚上8点，你给办案干警张某打电话，具体都说了什么？"

被讯问人反问办案人员："上个月23日白天，上班时间，你们在干什么？你能说清楚吗？人的记忆力是有限的，这个基本常识你们不知道吗？"

这种情形中，被讯问人没有回答办案人员的提问，而是针锋相对地用一系列问题反问办案人员，这种反问一方面表达了被讯问人的不满情绪，另一方面也让被讯问人赢得暂缓回答甚至不回答原来问题的机会。这是一种逃避问题的策略，也是一种对抗策略。

（2）转移话题。在讯问中，被讯问人故意引入新的话题转移办案人员设定的话题。

办案人员计划从被讯问人的情人问题入手引出其职务犯罪问题。于是就问被讯问人："你和徐某某是什么关系？"

被讯问人说："我们单位风气比较乱，风言风语比较多，任何两个异性之间都会扯出点儿传闻。但都是捕风捉影，毫无根据。例如，说郭某和杨某前两天一起出差到大连，回来就有传闻说他们出去鬼混，哪有的事儿。那是我批准的让他们去大连办一个案子。"

这里，被讯问人故意将他自己与徐某的关系问题转移到郭某与杨某的关系问题上，不经意之间转移了原有的话题。这也是一种"软对抗"策略。

（3）推脱问题。被讯问人在讯问中故意推脱自己的问题，否认自己的责任。

在一起司法工作人员玩忽职守案件中，被讯问人程某是某县公安局副局长。在讯问时办案人员问程某：“你作为副局长，你的职责是什么？”

程某说：“我虽然是公安局副局长，但实际上我是有职无权。局长同时任副市长，是市委班子成员，在局里是绝对的一把手。下面的人主要还是听局长的，我也必须按照局长的指示办。这个案件有网络舆情，社会影响面大，我是全过程向局长汇报请示的，局长也是按照市里领导开会研究决定的意见来执行的，我只是一个传声筒，传达上级领导的指示，怎么就构成犯罪了？”

这里，被讯问人故意说自己“有职无权”来推脱责任。从双方交流的意向看，办案人员的目的是要确认被讯问人的职责，但被讯问人以有职无权来推脱自己的罪责。其实被讯问人推脱自己职责的同时也推脱了讯问人员提出的问题。

对于逃避问题的对抗策略，办案人员需要强化讯问中的话题管理。首先，讯问人员要有明确的话题管理意识，明白当前要讨论的话题是什么，不能让被讯问人把话题转移。其次，如果被讯问人已经转移了话题，则要尽快把话题引回来。对于被讯问人的反问，办案人员可以冷处理，不搭理此问题，继续问原来的问题，也可以反问被讯问人的问题，针锋相对地把话题引回来。对于被讯问人故意推脱问题的，办案人员可以进行辩驳，再把话题引回来。对被讯问人故意干扰话题的，则根据被讯问人的新话题灵活应对。如果与案件有关，可以先问也可以暂缓追问，如果与案件无关，则继续追问原来的问题。最后，对被讯问人的“软对抗”作出负反馈。如对被讯问人不配合的态度进行批评，对被讯问人的不良动机直接指出来。

3. 试探性撒谎

撒谎试探也是被讯问人常用的对抗策略。具体而言就是被讯问人表面上作出认罪供述的姿态，但在供述的时候故意将时间、地点、姓名、数额等细节信息说错，看办案人员是否能够发现，以此判断办案人员对犯罪事实的掌握情况。有的被讯问人故意将涉案数额说大一些，把 5 万元说成是 8 万元；也有的故意将人的姓名说错，把“王某”说成是“黄某”。如果办案人员发现并指出其错误，说明办案人员对案情比较了解，就如实交代下去；反之，如果办案人员没有发现，则说明办案人员并不了解案情，接下来就转变立场拒不交代或者故意撒谎，欺骗办案人员。

讯问中被讯问人试探性撒谎与故意欺骗作出虚假供述有所区别。如果办案人员及时发现试探性撒谎并作出应对，被讯问人可能会转向如实供述，如果发现不了或者应对不当则会导致虚假供述。对于被讯问人试探性撒谎，办案人员需要及时发现并予以纠正。但是纠正以发现为前提，发现不了谎言就谈不上纠正。因此，要及时发现并纠正谎言，办案人员需要做好两个方面的准备，一是提前熟悉案件信息，准确把握案情。尤其是细节信息要准确把握，这样才能增加发现谎言的概率。二是讯问人员之间的相互配合，包括主审和副审的配合、场内讯问人员与场外辅助人员之间的配合。如主审提问引导，副审审查核实，或者场内讯问人员提问，在被讯问人供述的同时，场外的指挥和辅助人员同步取证核实，这样就能及时发现并纠正被讯问人的试探性撒谎。

四、对选择的认知控制

被讯问人在讯问中的对抗和配合都是其选择的结果。从办案人员角度来看，当时是希望被讯问人少些对抗，多些配合。在被讯问人对抗的情形下积极应对，使其转变立场，在被讯问人配合的情况下，要强化其配合的立场。无论是在被讯问人对抗时改变其已有选择还是在被讯问人配合时强化其固有选择，都需要对被讯问人的选择进行控制。要控制被讯问人的选择，一个重要途径就是改变其对选择的认知。被讯问人对选择的认知包括两个方面：一是对选择本身（选项）的认知，二是对选择可能导致结果的认知。

（一）对选择项的认知控制

1. 对抗选项

（1）突出其不合理性。被讯问人只有在自认为有利或者合理的情况下才会在讯问中选择对抗。因此，要说服被讯问人改变立场，就必须动摇其对对抗行为合理性的认知。通过明示或者暗示的方式突出对抗的不合理性。明示的方式一般表现为直接指出被讯问人选择的错误，分析错误的理由和原因，让被讯问人信服。暗示的方式则可以多种多样，具体的途径一般包括：第一，暗示被讯问人个人能力的有限性，如认知能力的有限性、决策能力的有限性。第二，动摇其决策的基础。和正常情况一样，被讯问人选择和决策的基础是信息。信息的全面性和客观性，决定了其决策的合理性。因而质疑其信息的全面性和真实性，可以动摇被讯问人决策的基础。被讯问人其实也处于一种信息屏蔽状态，其掌握的信息量是有限的，也是相对陈旧的。因此，讯问中办案人员可以向被讯问人输入其尚不了解的信息改变其认知，也可以输入新的信息，动摇其判断的基础。在不输入信息的情况下，办案人员也可以在讯问中质疑被讯问人掌握信息的真实性，指出其据以选择的错误信息，进而改变其判断。

（2）突出其不确定性。人们在选择时都会受到一定认知习惯的制约，表现出一定的倾向性。例如，把眼前的、现实的、具体的东西看得比较重要，把抽象的、不确定的东西看得相对轻一些。因而在决策时常常倾向于选择具有确定性的选项，排斥不确定的选项。当其意识到已经作出的选择不确定性太多时，就会自我反思选择的合理性，作出新的调整。

在讯问中，办案人员可以通过明示或者暗示的方式突出被讯问人对抗选项中的不确定性因素，让被讯问人放弃对抗，转向配合。不确定性源于影响因素的多元性和变化的多样性。因此，在讯问中，办案人员可以从两个方面入手。

一是突出被讯问人没有考虑到的因素，指出被讯问人没有想到的但可能对案件具有影响的多个因素。

在一起案件中，被讯问人寄希望于后台关系人能摆平自己的案件，为可能的干预争取时间，因而在讯问时选择对抗。办案人员在讯问时向其输入这样的观点："在一般情况下凭借你平时的关系网络会有人来帮你摆平这件事，但是现在情况不同了。你的这个案件现在是舆情关注的热点，谁来干预，谁就是自找麻烦。现在没有一个人敢来帮你了。"舆情对案件的影响是被讯问人恰恰没有想到的事情，所以办案人员这样一讲，被讯问人马上紧张起来了。

二是突出多种可能性。在被讯问人已经考虑到的因素中，可以指出这些因素有导致多种结果的可能性。可能性越多，不确定性越高。尤其是在共同犯罪或者对合犯罪的案件中，多个被讯问人或者多个知情者，即便事先有过串供或者订立攻守同盟，办案人员也可以选择其中的一个或者多个不确定因素，分析多种可能性，改变被讯问人的认知。

突出对抗选项的不确定性，目的在于让被讯问人意识到：选择对抗会有诸多不确定因素存在，且案件发展趋势具有不可控性。不可控性越强，被讯问人放弃对抗的可能性就越高。

2. 配合选项

（1）突出其合理性。对于已经选择配合或者犹豫不决的被讯问人，则要突出其配合办案人员的必要性和合理性。突出合理可以从多个角度进行，如提出合理的客观事项来证明其配合的必要性；为被讯问人的配合提出合理的托词和借口；列举类似的案例来说明配合的合理性等。

在一起法官与律师共谋的民事枉法裁判案件中，某县法院民二庭审判员徐某在审理宋某代理的机动车交通事故责任纠纷案件期间，收受宋某的贿赂，故意违反法定程序，作出违背事实和法律的判决。宋某在开始的时候拒不交代其请托行为。在讯问中，办案人员对宋某说："徐某被侦查的案件不是一个两个，给徐某送钱的人远不止你一个，现在可以告诉你的是：第一，想坚持不交代的也有，但都适可而止了。你已经坚持到这个份儿上，也算对得起他了。第二，你是在为别人办事，不是迫不得已，谁也不愿意把钱无缘无故往别人那里送，这种事情说了也没有什么丢人的。”办案人员的这几句话解决了宋某的顾虑，很快交代了自己的请托行为。办案人员所说的前两条就是为请托人提供合理化理由。

（2）突出其确定性。对于配合讯问工作的被讯问人，办案人员需要突出配合本身及其所带来结果的确定性以固定其选择；对于处于犹豫怀疑状态的被讯问人，也要突出配合本身及其所带来结果的确定性以引导被讯问人转向配合。突出确定性可以从如下方面入手：

第一，告知坦白可以从宽处理和认罪认罚从宽的法律规定。告知的作用就在于通过法律规定的确定性来增强被讯问人对配合认知的确定性。我国《刑事诉讼法》第 120 条第 2 款规定：“侦查人员在讯问犯罪嫌疑人的时候，应当告知犯罪嫌疑人享有的诉讼权利，如实供述自己罪行可以从宽处理和认罪认罚的法律规定。”即便是涉案的司法工作人员，其本身明白相关的法律规定，讯问中也应当告知。办案人员可以在讯问开始的时候告知，也可以在讯问的过程中告知。在讯问一开始的时候告知被讯问人，比较程式化，但被讯问人在讯问开始的时候尚处于适应阶段，未必能够起到改变认知的效果。相反，在讯问过程中，被讯问人犹豫不决时或者转向配合以后，告知这一规定效果会更好一些。实际上，即便是讯问一开始已经告知了，在讯问过程中也可以根据情况再次告知。

第二，举例说明。即通过告知或者展示以往案件中被讯问人配合的案例，增强被讯问人对配合可能带来有利结果的确定性认知。展示的案例至少包括两个方面的内容：一是被讯问人配合的情况，二是最终的处理结果。对于司法工作人员职务犯罪的案件，最好列举被讯问人身边的真实案例，甚至被讯问人已经知晓的案例。实践中有的办案人员为了增强案例的说服效果，故意夸大从宽处理的幅度。例如，法定刑的幅度是 5 年到 10 年有期徒刑，被讯问人坦白且认罪态度较好，法院最终判决的是 7 年。在讯问中办案人员故意把 7 年有期徒刑说成 5 年。这样做就有诱供和欺骗的嫌疑，有可能影响供述的合法性。为了避免诱供和欺骗的嫌疑，笔者认为办案人员在展示案例的时候需要把握两点：一是告知的案例和信息可以删减但不要虚构。也就是说办案人员可以告知案例局部的、片面的信息，但都是真实的信息，绝不要告知虚假的信息。二是告知其他案件中被讯问人配合的情况和最终处理的情况，但不要明确告知被讯问人两者之间有必然因果关系。要让被讯问人自己推断其中的因果关系，让其自己建立配合必然从宽的认知。一旦法院没有从宽处理，因为讯问人员没有明确告知，而是被讯问人自己推断的，讯问人员也不至于落下欺骗之名。

第三，弱化不确定性因素。有的被讯问人担心，如实交代自己的问题并不一定得到从宽处理。因为其中有许多不确定因素，有的甚至是办案人员也无法决定的。被讯问人的这种担心不无道理。在讯问中办案人员需要有意识地弱化那些不确定因素的影响，以减轻被讯问人的担心。

对于这种对不确定因素的质疑，办案人员可以告知被讯问人：作为司法工作人员应该知道，法官的判决也不是任意的，法官必须根据证据和法律来判决。如果被讯问人在讯问中如实供述自己的犯罪事实，真诚悔罪，办案人员一定会在笔录中有所体现，把被讯问人认罪悔罪的态度记录下来，这是绝对确定的。而认罪的笔录一定会随案卷移送到法庭供控辩审三方审查的。这样可以让被讯问人建立现在积极配合，将来一定会给最终的判决带来积极影响的认知。

（二）对结果的认知控制

被讯问人在讯问中选择对抗还是配合，主要是以对结果的认知为导向的。如果其认为对抗带来的结果更为有利，就选择对抗；如果其认为配合的结果更为有利，就选择配合。但是这种结果取向是一种主观判断，而非客观现实。通过影响认知因素，办案人员可以改变被讯问人对结果的认知和判断，进而也可以影响被讯问人的选择。

1. 常见方法

实践中，对选择结果的认知控制常见的策略和方法如下：

（1）利弊权衡。既然被讯问人在讯问中的选择在一定程度上以结果为导向，受制于预期的结果，办案人员可以在讯问的时候引导被讯问人在对抗与配合之间进行利弊分析。这种利弊分析的关键是让被讯问人信服地打破原有的认知和判断，认同办案人员的观点。

这在实践中有一定难度。因为对于有罪的被讯问人而言，如实供述罪行就要承担刑事责任，积极撒谎反而有逃避惩罚的可能性。对于有罪者利益关系很明显：说对其不利，不说反而有利。要改变这一认知，对其简单说教是发挥不了作用的。办案人员必须打破被讯问人原有的认知，改变其对“利”与“弊”的简单权衡。

首先要打破被讯问人原有的认知。如果被讯问人只盯着刑事责任，并把供述与否和是否被追究刑事责任简单对应，其利害关系是一目了然的。这时办案人员要打乱被讯问人对是否供述和是否被追究刑事责任之间对应关系的认知，让被讯问人意识到无论是否供述，追究其刑事责任是必然的。因为刑事责任的追究主要取决于两个方面因素：一是法律的规定，二是是否有犯罪行为。犯罪行为已经发生，发现是必然的事情，法律的规定不可更改，追究其责任也是必然的。无论被讯问人供述或者不供述都会被追究责任。相反，如果供述罪行，争取从宽处理反而有可能从轻或者减轻处罚，对其是有利的。这样分析的目的是让被讯问人意识到不供述未必有利，供述未必不利。

其次是引导被讯问人进行多元化的利益权衡。所谓多元化就是把刑事责任以外的其他利益引入被讯问人的权衡范围之内。刑事责任之外的利益有多种，常见的情形包括：第一，缓解精神压力。如实供述可以缓解精神压力：早一天供述，早一天获得精神解脱，可以多睡几个安稳觉。第二，其他经济利益。供述可以尽早摆脱诉累，争取时间取得其他合法的、更大的经济利益。第三，换得尊重。如实供述可以赢得办案人员的理解和尊重，缓和办案人员的敌对情绪。第四，让亲友尽早摆脱忧虑。如实供述可以尽早结束案件的不确定状态，让亲人和朋友早些安心，减少亲友对自己和案件的担心和忧虑。第五，从宽情节。尽早如实供述可以体现较好的认罪态度，可以获得酌定从宽的情节。

引导被讯问人进行多元利益权衡，可以让被讯问人关注到刑事责任以外的利益，这样可以让其认知更加复杂，也可以让其决策更加困难。复杂化可以为办案人员改变被讯问人的决策提供空间。

（2）漏罪“敲打”。一般来说，职务犯罪的黑数是比较大的，司法工作人员职务犯罪也存在黑数问题。办案人员发现和查处的可能只是被讯问人所犯罪行中的一小部分。从案件办理的角度来看，犯罪黑数就是指漏罪。受各种客观条件的限制，漏罪有时候是不可避免的，有的是没有发现，有的是发现不了，也有的发现了无法查处。但是从被讯问人的角度来看，没有被发现并不意味着没有发生。在没有发现或者暂时无法查处的情况下，办案人员可以利用漏罪对被讯问人进行“敲打”。所谓“敲打”，就是告知被讯问人还有罪行没有追究，如果继续侦查追究依然是可以的。如果被讯问人老实认罪，其他罪行可以暂不考虑追究。实际上办案人员并没有发现其他罪行，追究尚不具备条件。但这样说是基于职务犯罪的规律和办案人员的经验判断，对于有漏罪的被讯问人来说并不是威胁。这种漏罪“敲打”的策略可以对被讯问人产生威慑作用，同时也会让有漏罪的被讯问人产生占便宜的心理。换个角度来看，这种占便宜的心理也是办案人员改变被讯问人利益权衡的结果。实践中，利用漏罪“敲打”被讯问人还有一个好处，那就是可以在一定程度上防止被讯问人阶段性翻供。

（3）亲情辨析。司法工作人员职务犯罪往往或直接或间接具有贪财的目的，有的家庭成员也在体制内工作或者从事与司法相关联的工作。对于关联有受贿行为的案件，多数财物流向了被讯问人所在的家庭或者亲友。有的是一人腐败，家庭“受益”；有的是家族腐败，多人“受益”。这种情形是职权关系与亲情关系叠加的结果，也意味着被讯问人涉嫌的罪行与亲友之间有着复杂的关联关系。对于这样的案件，办案人员可以利用这种关联关系改变被讯问人对结果的认知。

亲情辨析通常运用于被讯问人家里多人具有国家工作人员身份且有巨额财产需要说明来源的情况。

在张某执行判决、裁定滥用职权、受贿案件中，张某是监狱长，其妻子胡某在法院工作，儿子是一家国有银行的管理人员。监委的办案人员在张某的居所搜出大量现金和贵金属，同时查出张某及其家庭成员名下有多处房产。在检察机关侦办张某涉嫌执行判决、裁定滥用职权行为时，张某在讯问初期拒不承认自己的罪行。办案人员在讯问时对张某说："你可以不说，但是在你家中搜出的巨额财产都在那里放着。你妻子还有你的儿子都具有国家工作人员身份，他们都有说明这些财产来源的义务。从法律上讲，我们也可以协调监委对你妻子、你儿子立案调查。如果那样的话，你们一家子可要在这里凑齐了。但是我们觉得，是谁的错就由谁来承担。如果是你的错，就不应当让他们来承担。你现在不说明白，就有可能陷他们于不义。你这样扛着，对你自己没有任何好处，对你的家人可能更不利！"

这里办案人员就是利用了被讯问人家庭成员与犯罪行为之间的关联性来改变被讯问人对选择结果的认知和判断的。应注意两个问题：

第一，要注意亲情辨析与亲情威胁之间的界限。如果办案人员对被讯问人说"要是你不按照我们说的做，我们就把你妻子、你儿子都抓过来"，那么这样的讯问就极有可能被认定为采用威胁手段。是否构成威胁关键要看对被讯问人的近亲属是否有追究刑事责任的法律依据和证据基础。如果确有法律依据，且有相应的证据证明被讯问人的近亲属也涉嫌犯罪，那么就很难认定为威胁。

第二，要注意这种策略导致被讯问人作虚假供述的可能性。在上述案例中，被讯问人极有可能为了保护其妻子和儿子，把本应当由其妻子和儿子承担的罪责承揽下来。这样就会导致虚假供述。

（4）责任转移。在司法工作人员职务犯罪案件中，有一些是共同犯罪，有的在职务上是上下级关系，职责上有关联。对于这样的案件，办案人员可以在讯问中利用不同主体之间刑事责任转移的可能性引导被讯问人转变对后果的认知。刑事责任的转移经常发生在三类案件中，第一类是岗位职责有关联的失职渎职案件中，岗位职责的分工和管理事项的范围有可能导致不同岗位上的司法工作人员承担不同的刑事责任，如同一机关内部案件的承办人、分管领导、主要领导之间责任的划分；不同机关中的侦查人员、检察人员和审判人员之间对错案责任的分担等；第二类是共同犯罪中主犯与从犯身份的变化，导致承担不同的刑事责任；第三类是因果关系状况导致刑事责任的变化，如多因一果关系的案件中，起主要作用的原因行为和起次要作用的原因行为之间；多链条因果关系中，距离危害后果近和远的不同起因行为之间，也存在刑事责任上的差异。在这样的案件中，不同犯罪嫌疑人之间需要承担的责任可能会因这些因素的变动而呈现此消彼长的关系。讯问中利用这种关系的变化，可以改变犯罪嫌疑人的认知，进而推进讯问进程，提升讯问效率。

邱某、范某徇私枉法、玩忽职守案中，某市纪委监委将邱某等人涉嫌渎职的犯罪线索移送检察机关。检察机关审查发现某县公安局办案民警范某在刑事办案工作中，责任心不强，工作懒散拖沓，存在有案不查、长期“挂案”行为。立案侦查后，发现范某对马某寻衅滋事案、陈某敲诈勒索案、周某某故意伤害案等4起犯罪案件，未及时开展侦查、取证活动，长期挂案最长达5年之久，致使多名犯罪嫌疑人未被及时依法追究刑事责任。其中，马某、周某某等人在挂案期间继续实施犯罪行为，造成恶劣社会影响。由于4起案件均登记在范某名下办理，办案人员开始以玩忽职守罪对范某立案侦查。但随着侦查深入，办案人员还发现，寻衅滋事案的犯罪嫌疑人马某、故意伤害案的犯罪嫌疑人周某及其亲属对公安局治安大队长邱某和范某都有请托和贿赂行为。在讯问中，范某否认有受贿的问题，办案人员间接出示了马某、周某某行贿的相关证言，对范某说：“你要搞清楚这里面的基本关系。马某、周某某找的不是你一个人，现在要查清的是每一个相关人员在本案中的责任。如果你没收好处，有案不查，长期挂案，是你玩忽职守的问题。如果还有其他人收受好处，指示你拖延办案进度，是他徇私枉法的问题。有没有人打招呼，有没有收好处，这个你自己最清楚，也必须要讲清楚。即便你不说，找你的人也会说，他们找的人也迟早会承认。前者你要承担主要责任，后者虽然你也可能要承担责任，但两个责任还是不一样的，你要仔细掂量。”范某经思考后承认了邱某在其办理马某、周某某案中对其打招呼，要求拖延取证的行为。

本案中，范某、邱某的供述对于案件的定性具有决定性意义。一方不供述，另一方的供述就会导致刑事责任的转移。讯问中利用这一原理可以改变被讯问人对结果的既有认知，影响其对是否供述的决策。

实际上，在司法人员职务犯罪中，也存在办案人员利用职权索贿的行为。这种情况下，行贿方和受贿方是否供述对认定索贿也具有决定性意义。

在一起民事枉法裁判案件中，某县法院民一庭法官曹某在审理某合同纠纷案件中，收受该案被告董某贿赂，并在判决中作了有利于董某的判决。在讯问中，曹某否认自己的罪行，称是在裁量幅度范围依法作出的判决。办案人员在讯问中对曹某说：“你现在涉嫌的不仅仅是枉法裁判的问题，而且还涉嫌索贿的问题。董某明确表示，你在审理这个案件过程中通过中间人向他索要钱财，他是没办法才按照涉案数额的比例给你钱的。你是法官，应该知道《刑法》第 385 条和第 386 条的规定，上面明明白白写着‘索贿的从重处罚’。如果是索贿，对董某当然是有利的。《刑法》第 389 条第 3 款规定‘因被勒索给予国家工作人员以财物，没有获得不正当利益的，不是行贿’。现在有没有索贿，一是看你怎么说，二是看董某怎么说。你不说就按照董某说的认定。你仔细掂量一下，说清楚对你只有好处，不说清楚对董某更有好处。”

本案中，行贿人和受贿人是否供述会导致刑事责任发生轻重转移。办案人员也正是利用受贿人和行贿人在是否索贿方面的利益博弈关系来改变被讯问人对利益关系的认知的。本案犯罪嫌疑人曹某要急于摆脱索贿从重处罚的问题，就不得不交代民事枉法裁判的问题。

在讯问中，利用刑事责任转移的原理在突破供述的过程中往往会收到意想不到的效果。原因在于：

第一，共同犯罪或者对合犯罪的主体不止一个，也就意味着犯罪事实的知情者是多元的。从办案人员角度来看，审讯的突破点更多；从被讯问人的角度来看，自己不说，别人会说，讯问中对抗的把握并不是很大。"你不说，对方会说"这样的认知可以动摇被讯问人对抗的信心。

第二，讯问中一方不能确定另一方面对办案人员的反应。一方不供述，另一方供述，就有可能对不供述的一方不利。这符合囚徒困境的博弈关系，双方最优选择都是如实供述。

2. 认知控制方向的把握

（1）及时性与远期性。被讯问人在权衡结果的利弊得失时，会受到结果出现时间的干扰和影响。因出现的时间不同，后果可以分为及时性后果和远期后果。由于及时性后果出现的时间早，表现为现实的、具体的样态，而远期后果出现的时间晚，表现为未来的、抽象的样态，因此，人们在决策选择的时候往往会看重及时性后果，忽视远期后果。

对于被讯问人而言，供述可能带来的结果也可以分为及时性后果和远期后果。及时性后果包括：供述后可以缓解压力、获得办案人员的尊重、得到较好的待遇等。远期后果则包括两种情形：一是随着侦查和刑事诉讼程序的推进，最终会被定罪量刑；二是最终会被确认是无辜的。

利用及时性后果与远期后果认知差异性原理，办案人员可以更好地突破被讯问人，让其开口供述。对于有罪的被讯问人，可以突出如实供述带来的及时性后果、弱化远期后果来强化其供述的动机。具体而言，就是一方面引导被讯问人强化对如实供述后带来及时性后果的认知，如说完了就可以马上获得解脱、不用整天面对表情严肃的办案人员、尽早摆脱被敌对的情景等；另一方面弱化被讯问人对定罪量刑的认知，如“定什么罪量什么刑是以后的事情，现在担心也没用”“将来的事情，现在可以不去想它”等。

但是，这种策略也可能会导致虚假供述。有的无辜的被讯问人会因为看重供述带来的及时性后果，忽视远期后果，进而屈从办案人员的压力，作出虚假的供述。也有的被讯问人明明知道自己是无辜的，但认为将来有机会翻供，会被发现是无辜的，因而为了及时性的好处而作出有罪的供述。因此，在突出及时性后果的时候，办案人员需要把握好度。

（2）确定性与不确定性。心理学研究表明，人们在选择的时候，往往倾向于选择具有确定性的选项，排斥不确定的选项。这也正是为什么办案人员在讯问中突出配合选项的确定性、突出对抗选项不确定性的原因所在。在结果认知的引导上，道理也是一样的。对于配合、如实供述的结果，办案人员要突出其确定性。对于被讯问人拒不交代、抗拒讯问工作的，办案人员要突出其对抗选项产生结果的多样性和不确定性。

（3）具体性与抽象性。在利益权衡的时候，选项的样态也会影响最终的选择。一般而言，当选项以具体的样态出现时，对选择人更具有吸引力，而当选项以抽象的样态出现时，其吸引力就会弱一些。讯问中，办案人员想引导被讯问人选择什么，就应当让这一选项及其导致的结果更具体。相反，如果办案人员想让被讯问人放弃某一选择，可以让其表现得更加抽象。例如，为了让被讯问人认识到配合的好处，办案人员通常以具体的案例来说服。案例通常包括正反两个方面：正面的案例就是某人配合办案，如实供述自己的罪行，最终得到从轻处罚；反面的案例是某被讯问人拒不交代，最后也被定罪，且因为认罪态度不好被从重处罚。为了让这些案例更加具有吸引力和说服力，可以采用PPT展示、播放音频、视频文件等手段。在讯问的时候，办案人员也可以运用语言上的技巧，把一些希望被讯问人选择的选项及其结果描绘得更加生动、形象，也可以把一些希望被讯问人放弃的选项描述得更为抽象。

第八节　对刑事责任的认知控制

对刑事责任的认知是影响被讯问人供述的重要障碍，很多被讯问人因为害怕承担刑事责任而不敢供述自己的罪行。正因如此，在里德的供述模型中，“减缓刑责对嫌犯产生的压力”被作为讯问的两个核心任务之一。[①] 根据该模型，讯问的关键就是改变焦虑情绪与犯罪后果在被讯问人心中的对比关系。在增加焦虑的同时，讯问人员必须想办法减轻被讯问人对不利后果的担心，尤其要减轻犯罪后果对被讯问人产生的压力。而犯罪后果的核心就是被讯问人可能要承担的刑事责任。刑事责任的压力缓解不了，获取被讯问人的供述就非常困难。

要减轻刑事责任的压力，就必须改变被讯问人对刑事责任的认知。在侦查阶段，刑事责任处于尚未确定状态。因为尚未确定，所以被讯问人才会认为有改变的可能性，尤其是通过对抗来逃避或者改变刑事责任的可能性。也因为刑事责任尚处于未确定状态，刑事责任在被讯问人的心理表现为一种主观预判，即对如实供述可能带来的不利后果的预判。当然，在司法工作人员职务犯罪案件中，被讯问人多数是法律专业人士，要改变其对刑事责任的预判有一定难度。虽有难度，但并不意味着不能改变。因为这种预判既要基于法律专业知识，又要基于生活的常识来推断，所以其内容不仅仅是刑事责任（定罪量刑），还包括一些附带内容，如定罪量刑对家庭的影响、对自由的限制和剥夺、对个人名声和经济收入的影响等。这种推断和预判，就其

① 另一个核心任务是强化因为撒谎所造成的焦虑情绪。[美]佛瑞得·英鲍、约翰·莱德、约瑟夫·巴克莱:《刑事侦讯与自白》，高忠义译，商业周刊出版有限公司 2000 年版，第 428 页。

核心内容而言，是对刑事责任及其附随后果的认知。只有改变这种认知，才能改变刑事责任在被讯问人心理产生的压力。

改变被讯问人对刑事责任的认知，并不是改变刑事责任本身。犯罪者要承担的刑事责任是由法律的规定和犯罪者已经实施的犯罪事实决定的，法律的规定不可改变，已经发生的犯罪事实不能改变，因此，犯罪者的刑事责任是办案人员无法改变的。当然，办案人员虽然不能改变被讯问人要承担的刑事责任，却可以改变被讯问人对刑事责任的认知。因为认知是人的主观意识对客观事物的感知和判断，是主观层面的东西，受制于人的感官经验和思维活动，是可以改变的。具体而言，办案人员可以在法律规定的限度内改变被讯问人对刑事责任的认知，降低其心理压力，引导其供述犯罪事实，但是却不可以承诺改变被讯问人的刑事责任来换取被讯问人的供述，否则就是诱供或者威胁。

在认知控制的整体方向上是减轻刑事责任对被讯问人的压力，但并不意味着整个过程绝不可以加重被讯问人对刑事责任和后果的认知。办案人员可以根据被讯问人的认知状态和情绪状态，先加重其对后果的认知，然后再减轻其对后果的认知也是可以的。有时候先重后轻策略的效果会更加明显。

根据心理学相关理论和讯问实践，改变被讯问人对刑事责任的认知通常是利用人的心理防卫机制和心理对比原理，其中心理防卫机制包括合理化和投射作用两个方面。因而在讯问中改变被讯问人对刑事责任认知的途径和方法可以总结为如下方面：

一、合理化

心理防卫机制在讯问中可以反向运用，也可以正向运用。正向运用可以用于减缓被讯问人的焦虑，也可以用于减轻被讯问人对后果的担心。其中合理化是人们减轻内心责任压力的重要防卫机制，也是办案人员改变责任认知的杠杆原理。合理化是心理防御机制的一种，是指当个体实施违反社会规范的行为后，尽量收集一些合乎自己内心需要的理由，给自己的所作所为一个合理的解释，以掩饰自己的过失，减免焦虑的痛苦和维护自尊免受伤害，此种方法称为合理化。简言之，合理化就是制造合理的理由来解释和遮掩自己的过错，减轻自责。

合理化有内在的心理需求，也可以进行外在的干预。对于被讯问人而言，实施职务犯罪行为后一般会感受到内在的良心谴责，需要“合理”的理由在内心为自己开脱以减轻自责的压力。这里的“合理”并不是真正的合理。我们常说的合理是指符合伦理、法理社会生活中的道义原则。而这里的“合理”则有可能是歪理，就是不当行为者用来为自己开脱的托词和借口，未必就符合正常的伦理和道义。而在讯问过程中，办案人员也可以主动给予“合理”的理由来改变被讯问人对刑事责任及其附带后果严重性的认知，减轻其内心的压力。

（一）提供托词和借口

讯问中，办案人员可以针对被讯问人的犯罪行为提供一些托词和借口帮助被讯问人从心理上减轻对可能受到惩罚的惧怕。具体而言，就是适当找出一些能够证明犯罪行为正当性的理由或者依据。这些理由和依据可以是生活常识，也可以是情理上的借口。从法律上看，这些托词和借口未必是正确的，但又符合日常生活的逻辑，在现实中可能会自然发生的。

在一个民事枉法裁判案件中，一位民庭审判员姜某接受请托，在证据采信方面偏听偏信，故意违背事实作有利于请托人的判决。讯问中，被讯问人姜某担心自己司法犯法，被判刑后无脸见人。对此，讯问人员说：“现在这人情社会，但凡认识的人都想找关系。我们也知道你的难处。案件一进门，两边都找人，你找你的人，我找我的人。有的人一而再、再而三地找，确实不好推脱。夹在中间最难办的就是法官。谁没有个七姑八姨的，谁没有亲朋好友？有时候不收东西，也会得罪人。不收东西，判他赢了也会挨骂，他觉得你没收他钱，肯定没有向着他。收了钱，判他输了，他还感激你，觉得你尽力了。没办法，但凡能办点儿事，就会不断有人来找你。这种人情的压力确实不小。有时候谁都受不了这种压力，大家都是一样的……原被告谁多一点儿谁少一点儿，其实并不明显，对哪一方来说也至于不伤筋动骨。”

该案中，办案人员借助关系和人情的压力为被讯问人民事枉法裁判行为提供合理化的支撑，并进而推导出“夹在中间最难办的就是法官”“谁都受不了这种压力”这样的判断。把枉法裁判行为说成“对哪一方来说也至于不伤筋动骨”，从客观上降低了被讯问人对犯罪危害后果的认知，在讯问中有利于打消被讯问人的顾虑。但如果没有前面的合理化理由作铺垫，被讯问人也不一定会信服。

需要注意的是，提供托词和借口是为了让被讯问人自我说服，从而让其产生内心的认知改变。为了让这些托词和借口产生效果，通常要符合经验法则和生活逻辑，这样才能让被讯问人信服。如果办案人员提供的托词和借口完全背离生活逻辑或经验法则，被讯问人会觉得办案人员在忽悠他。同时，这些托词和借口未必一定符合法律规定，通常是“看似未必合法，但又在情理之间”。详言之，办案人员提供的这些托词和借口可能在法律上是站不住脚，但在情理上又能够说得过去。

从本质上看，这些托词和借口在情理上为被讯问人提供心理上的支撑。之所以从情理上找理由，就是为了弱化被讯问人对刑事责任在法律评价方面的认知。因为对犯罪行为的法律评价通常是负面的，而从情理方面评价通常是多元的。情理上提供支撑可以弱化被讯问人对刑事责任及其后果的认知和担心。相反，办案人员在法律上提供托词和借口则有误导的嫌疑。

（二）表达同情和怜悯

讯问中对被讯问人适当地表示同情和怜悯有助于减轻被讯问人对后果的恐惧。所谓同情，是指对他人的苦难、不幸所产生关怀、理解的情感反应。同情以移情作用为基础，实质上是对他人痛苦的感同身受，也就是将他人与自己视为一体。同情能够在讯问中发挥作用，主要是基于三个方面的原因。

1. 同情能够增加认同感

感情相通时往往会产生共鸣，如同“同病相怜”，会让双方更快找到共同语言进行交流。当讯问人员对被讯问人表达理解、关怀，展示感同身受的情感体验时，就是想给被讯问人传递相同的情感，这很容易让被讯问人产生情感共鸣。被讯问人会无意识地增加对讯问人员的认同感。

2. 同情能够给被讯问人一种谅解暗示

讯问人员表示同情和怜悯其实也是对被讯问人表达谅解或理解，对被讯问人而言，既然办案人员能够对自己的错误行为进行谅解和理解，那么其他人员，包括未来的法官、被害人也有可能对其错误进行理解和谅解。这种谅解暗示有助于减缓被讯问人对犯罪后果的担忧和恐惧。

3. 同情能够降低被讯问人对办案人员的恐惧

讯问中对被讯问人表达同情和怜悯，其实就是对其错误行为和处境表达一种理解和关怀，甚至包括对错误的谅解和宽容。关怀、谅解、宽容本身都是一种美德的体现，能够给人以安全感。办案人员在被讯问人面前是以执法者的身份出现的，如果办案人员能够在被讯问人心中建立起一种宽容、安全、可靠的执法者形象，这会进一步影响被讯问人对其他办案人员的认知。办案人员在讯问中通过同情和怜悯建立的美德形象会降低被讯问人对后续执法者的恐惧，从而也降低了其对不利后果的担忧。

同情和怜悯可以通过语言表达，也可以是非语言传递。语言表达就是在讯问中，讯问人员直接以言语的方式说出对被讯问人的理解和惋惜之意。如“你也不容易，辛辛苦苦奋斗这么多年，好不容易达到今天这样的局面，却因为关键时候没有抵住诱惑搞得满盘皆输。我们看了也替你惋惜。”非语言传递就是利用有声语言以外的表达方式传递办案人员同情和怜悯的信息，主要是运用态势语言和微反应原理来设计。常见的策略如：通过移动适当缩短办案人员与被讯问人的空间距离；目光交流中用理解和同情的目光注视被讯问人；缓和惋惜的表情等。

二、责任投射

心理防卫机制中另一个减轻压力的途径就是投射。所谓投射，就是对自己或他人的行为的原因加以解释和推测的过程，把过错责任归结到行为人主观以外的原因。也就是在归因的时候，从行为人以外的客观方面查找原因，进行客观归因而不是主观归责。在职务犯罪案件中，办案人员要减缓行为人的罪责感，降低刑事责任对被讯问人的压力，也可以利用这种投射作用原理，把被讯问人的过错责任投射到主观以外的因素上。

在职务犯罪案件中，常见的责任投射路径包括：责怪制度不合理、责怪社会风气不好、人情公关太厉害等。这些说辞的主要目的就是尽量把被讯问人腐败的责任投射出去，归结到被讯问人以外的制度、人、事件或者物体上，从认知和心理上适当推卸行为人自己的责任。

（一）制度归因

即在讯问中，办案人员把被讯问人腐败、犯错的过错责任全部或者部分归责为制度原因，减轻其对刑事责任的担忧和恐惧。制度归因常见的策略有两个方面，一是责备制度不健全，有漏洞可钻；二是责备制度的运行机制有问题，执行起来容易走形变样。

在一起徇私枉法案中，郑某作为县公安局交警，利用职务便利，在负责先期调查处置郭某、龚某某涉嫌危险驾驶案等5起案件中，接受吃请和相关人员说情打招呼、收受财物，对符合立案查处条件的5起危险驾驶案件故意搁置不予立案。此外，郑某还在其他道路交通事故损害赔偿、车辆违法行为处理等多个事项中为他人谋利，以推销理财产品方式变相收受或者索取相关人员财物。此案在开展危险驾驶积

> 案清理活动中发现，由检察院对郑某涉嫌徇私枉法罪立案侦查，由监察机关对其涉嫌受贿罪立案调查，相互协作配合。讯问中，郑某对压案不立问题进行推脱，否认自己存在过错。对此，办案人员说：现在危险驾驶案件量大，交通事故纠纷多，求人办事的太多。谁被查了都想逃避，尤其是公职人员，要不然危险驾驶是故意犯罪，要被双开，成本是很大的。但凡有点儿关系的，肯定要找人。所以，你所在的岗位属于‘有油水’的岗位。在这样的岗位上干，犯错误是正常的，不犯错误是不正常的。现在是专项行动，好几个交警都被查了，他们几个的问题比你更严重，相对而言，你还算比较守规矩的。在你这样的岗位上谁都会犯错误。主要原因不是人的错，是制度不健全，你犯的错误，很大一部分是制度的原因。如果你不在这个岗位上，当事人还会求你吗？他求不着你，还会给你送钱、送东西吗？其中的利益关系大家都很清楚。人情关系有时候不是想推就能推掉的。再说了，危险驾驶案件量那么大，交通事故纠纷那么多，交警整天就够忙的，案件积压也是客观现象。”

本案中，讯问人员通过投射作用，把受贿和徇私枉法的责任部分归结为管理制度不健全、当事人请托太厉害，在一定程度上推卸了被讯问人的责任，同时让被讯问人感觉自己并不是最严重的。这样做有利于减轻被讯问人对不利后果的担忧。

制度归因之所以有效，是因为制度不完善曾经确实是诱发职务犯罪的重要原因。随着社会快速发展变化，现实中通常是制度的变革跟不上形势的变化，导致一部分人认为有空子可钻，进而实施职务犯罪行为。进行制度归因一方面有现实的基础，另一方面也较容易引起职务犯罪人员的认同和共鸣。责备制度的策略可以在心理上把犯罪的责任推卸到管理制度、监督制度和运行机制上，分解被讯问人对责任的负担，降低其对刑事责任的恐惧。

（二）环境归因

就是把导致发生职务犯罪的责任归因为社会环境和风气，降低讯问对象对刑事责任担忧的策略。诱发腐败和职务犯罪的环境因素包括社会大环境和单位小环境两个方面，大环境因素如人情社会关系文化盛行的氛围、“四风”问题等；小环境因素如有的地方领导腐化堕落、单位出现“山头主义”“团团伙伙”现象等。此外还有如特定的行业、司法执法环节的潜规则等。这些因素对于职务犯罪的发生或多或少有促发作用，但不是唯一原因。在讯问中把发生职务犯罪的原因归结为环境因素，会在一定程度上激发被讯问人的认同感，拉近讯问方和被讯问方的心理距离，更重要的是可以减轻被讯问人对刑事责任严重性的认知压力。

戴某为某市公安局原局长，因涉嫌滥用职权和买官卖官被立案。在纪检监察部门和检察机关联合办案中发现戴某工作能力比较强，但属于那种能干也能搞关系的人，多次插手下属办理的案件，干预案件办理，先后收受多人贿赂，也向多个上司行贿。在讯问中，办案人员对戴某说：“一段时间以来，个别地方的社会风气我们都了解，政治生态问题客观存在，能力再强、业绩再突出没有关系也照样不行。像你所在的这个岗位还有其他几个岗位没有关系是上不来的。这一点我们清楚你更清楚……你的所作所为我们也能够理解……造成这种局面主要不是你的错，是你们主要领导的错，他现在也正在接受侦查……你其实是受害者，如果单位风气正，凭你的本事和能力现在可能做得更好，职位更高一些。现在送了就是送了，收了就是收了，干了就是干了，已经发生的事情你不说别人也会说，要不然我们不会找到你头上来。这种情况不是你一个人，你要做的就是在认罪态度上表现得更好一些。”

本案中，办案人员把戴某滥用职权、买官卖官的行为归结为主要领导的过错，风气不好，并对戴某的腐败行为的起因表示理解和同情。这在一定程度上可以缓解戴某内心对刑事责任的压力。

在利用心理防卫机制减轻被讯问人压力的时候需要注意，合理化和投射作用在减轻后果压力的同时，可能会同步减轻被讯问人的焦虑。实际上，在不减轻焦虑的前提下，也照样可以通过心理防卫机制减轻被讯问人对犯罪后果的担心。实践中有大量这样的例子，但目前还没有固定的操作模式可以遵循，相关经验需要进一步积累和总结。实际操作中，讯问人员需要注意问题切入的角度并根据被讯问人的认知状态灵活变化。

三、对比原理

人类在认知方面会受到对比原理的影响。对此，有心理学研究者用了一个形象的例子来说明：“我们先搬一种轻的东西，再拿一件重的东西，我们会觉得第二件东西比实际上更沉；而要是我们一开始直接就搬这件重东西，反倒不会觉得有这么沉。”“它不光适用于重量，还适用于其他各种感官知觉。”[①]这种对比原理在实践中还被称为“冷热水效应”，人的手指先放进冷水中浸泡一会儿，再去感知温水的温度，会觉得温水比实际温度要高一些；相反，先把手指放进热水中浸泡一会儿，再去感知温水的温度，会觉得温水比实际温度要低一些。

这种直觉对比原理不仅管用，而且几乎让人无法觉察。社会生活中，这种对比原理还被广泛应用于商业销售中。如在汽车销售中，营销人员往往先与购车者讨论整车的价格，在确定购车后再推销汽车装饰和配件。这样的策略就是整车价格比较贵，先讨论整车价格，再讨论装饰和配件的价格会让购车者觉得比较便宜。在住房销售中，销售员会先让潜在的购房者先看朝向、结构不太好、质次价高的房源，然后再带购房者看意图销售给购房者的房源，销售成功率就会大幅提升。原因也在于前后知觉对比形成认知错觉，让潜在的购房者觉得最后选中的房子是最好的。而实际上是销售人员让购房者选中这套房子的。

---

① ［美］罗伯特·西奥迪尼:《影响力》，闾佳译，万卷出版公司 2010 年版，第 14 页。

在讯问中，办案人员也可以利用知觉上的对比原理来改变被讯问人对刑事责任和犯罪后果的认知。办案人员需要根据不同案件的具体情形和认知控制的方向来灵活设计讯问的策略。

在司法工作人员职务犯罪涉嫌滥用职权和受贿的案件中，降低被讯问人对刑事责任的认知，既包括对滥用职权的责任认知，也包括对贿赂犯罪责任的认知。在《刑法修正案（九）》和最高人民法院、最高人民检察院《关于办理贪污贿赂刑事案件适用法律若干问题的解释》出台以后，贪污贿赂案件的量刑不再完全依照数额来确定。从犯罪数额与量刑的对应上看，轻刑化趋势比较明显。以 2016 年 4 月 18 日最高人民法院、最高人民检察院《关于办理贪污贿赂刑事案件适用法律若干问题的解释》施行为时间点，数额相同的案件前后量刑幅度的差异还是比较明显的。在讯问中举例说明的时候，可以根据不同的认知控制方向选取不同的案例。在开始先举一些不如实认罪被从重处罚的案例，选取 2016 年 4 月 18 日以前的案例，如被讯问人涉案金额只有十二三万元，结果被判处 10 年以上有期徒刑。这样的例子先让被讯问人建立贪污贿赂犯罪量刑很重的认知。随后举一些认罪态度好被从轻处罚的案例，选取 2016 年 4 月 18 日以后的案例。如某位被讯问人涉案金额上千万元，因为认罪态度较好，有检举揭发表现，结果才被判处十来年有期徒刑。前后对比，会让被讯问人觉得现在的刑事政策比较灵活，如果积极配合可以争取很大幅度的从轻处罚。前重后轻的案例展示会让被讯问人觉得，涉案上千万元的案件最终也就是判了十来年有期徒刑，自己的数额可能远没有那么多，将来量刑也许会轻许多。这种策略就是利用不同时段同类案件量刑的差异，先重后轻形成认知对比关系，改变被讯问人对自己要承担的刑事责任严重性的认知。

办案人员还可以利用不同类罪之间的量刑对比关系来改变被讯问人对刑事责任的认知。在举例的时候，先举一些与被讯问人涉嫌罪名不同类但量刑比较重的案例，让被讯问人觉得犯罪的后果很严重，随后再举一些量刑相对较轻的案例。这样也是采用先重后轻的策略，只不过先举的是比较严重的类罪，后举的例子是被讯问人真正涉嫌犯罪的类罪。这种策略依然可以形成认知上的对比，让被讯问人觉得自己涉嫌的罪行还是比较轻的。

对比原理的运用还需要注意时机的把握。在刚刚被采取羁押措施的时候，被讯问人由自由的生活状态突然变成被约束状态，前后的落差大，对比强烈，此时讨论刑事责任问题会让其感觉非常严重。而一段时间以后，被讯问人已经适应了被羁押生活，再讨论刑事责任问题，被讯问人会觉得不过如此。实践中经常能见到这样的现象：被讯问人在刚开始的时候都比较害怕承担刑事责任，因而不愿意交代罪行，但时间一久就不那么害怕了，进而开始交代罪行。刚开始的时候认知对比差异是其中的原因之一。

当然，对比原理如果运用不当，也有可能构成威胁。例如，实践中有的办案人员故意夸大看守所的困难条件，然后威胁被讯问人如果不说就把其关进去；也有的把共同关押的人描述得极其变态，然后威胁被讯问人如果不老实交代就把其与强奸犯、杀人犯关在一起等。这样的手段对于涉嫌犯罪的司法工作人员当然起不到什么作用，对于其他类型的犯罪人员也只会增加被讯问人对羁押的恐惧，有可能会造成虚假供述。从法律上看是一种地道的威胁。

四、暗示

讯问中改变犯罪后果给被讯问人造成的压力，并不是说改变犯罪后果或者被讯问人的刑事责任。被讯问人将要承担的刑事责任办案人员是无权决定的。在讯问过程中，办案人员如果直接说要改变被讯问人的刑事责任是极不合适的。往重了说或者往轻了说，都不行。往重了说，可能构成威胁，如“你要是不交代，我们就把你的罪刑从10年以下改成10年以上”。往轻了说，又有可能构成引诱，如“说吧，说了我们就想办法把你判缓刑”。为了稳妥起见，讯问中办案人员可以通过言语以外的方式和途径，改变被讯问人对刑事责任和犯罪后果严重性的认知。办案人员直接的言语表达是一种明示，而言语之外的表达方式则是暗示。相对而言，暗示中办案人员的意思表示不太明显，又有被讯问人自己体会和认知的因素在其中，在法律上很难认定为非法讯问。同时，以暗示的方式转变认知的效果有可能会更好。

（一）语气语调暗示

讯问中，办案人员的语气语调和停顿可以向被讯问人传递各种不同的信息。在人际交往中，讨论某个问题的时候，说话人语气的力度、语调的高低会让听话人产生不同的感觉，影响听话人对讨论问题的认知。在讯问中也是如此，办案人员的语气和语调也会间接影响被讯问人的感觉和认知。

如果运用得当，办案人员的语气和语调可以强化被讯问人对刑事责任的认知控制。都是10年有期徒刑，如果以很严肃压抑的语气说，会产生后果很严重的暗示。如“十年啦，人生能有几个十年？你活六十岁的话，将占你整个人生的六分之一。等你坐十二年牢出来，世界早就变样了”。反之，如果换一种语气说，暗示的效果就不一样了。如“不就是十年吗？有什么大不了的？就你的身体，至少要活八十岁，就不算这十年，你还有至少三十年的好光景。再者说，即便判了十年，也不一定就会坐十年。如果表现得好，最多可以有四年到五年的减刑。就算坐了六年又如何，按八十算，连你生命的十三分之一都不到，过了这六年，你照样过你的正常日子”。

（二）表情暗示

说话时候的表情会产生不同的暗示作用。在讯问中，办案人员与被讯问人交流时，可以利用表情的暗示作用来辅助改变其对刑事责任的认知。在谈到涉嫌犯罪的责任和后果的时候，办案人员可以不必直接说是否严重，而是带着能够暗示是否严重的神情，让被讯问人自己去感知。如果让其觉得后果很严重，通常是以比较严肃、专注的表情；如果让其觉得不很严重，通常附带以放松的表情。表情暗示不仅仅限于直接参与讯问的人员来完成，也可以通过辅助人员、“偶尔”经过的其他办案人员来暗示。有时候，被讯问人更容易相信辅助人员的暗示，这是因为被讯问人通常对审讯人员存有戒备心理，对其信息输入持怀疑态度，但对辅助人员放松戒备，对其暗示更加信任。

（三）情景暗示

即通过对讯问环境的刻意规划，向被讯问人传递信息，改变其对刑事责任的认知。讯问环境的规划因素一般包括如下方面：讯问的时间、地点、办案人员与被讯问人见面的方式、讯问室的摆设、营造的氛围等。

在时间的选择上，白天和夜晚所传递的信息是不一样的。白天讯问通常意味着是常规案件，讯问是按部就班以不急不缓地节奏进行；夜晚讯问通常意味着案情重大、情况紧急，办案人员需要加班加点进行讯问。在地点上也是如此，在办案区讯问和在专案点的办案区讯问传递给被讯问人的信息也是不一样的。在见面方式上，实践中有各种各样。有的是办案人员先到讯问室等着被讯问人，也有的让被讯问人先到讯问室等着办案人员，还有的让讯问人员在被讯问人刚到案的时候与之见面，在中途押解的时候陪着被讯问人一起坐在车厢中。不同的情形，传递的信息也是不一样的。在氛围营造上，有的是在被讯问人刚到办案区时营造紧张忙碌的氛围，让被讯问人感受到压力，有的则故意安排几个人过来探头探脑地围观、窃窃私语，以给被讯问人某些暗示。讯问室的布置中，通常利用光线的明暗营造讯问室的氛围，利用摆设的道具如测谎设备、案卷材料等来传递信息。

情景暗示的设计取决于讯问中认知控制的方向，加重认知压力，通常是营造紧张、忙碌的氛围，选择夜晚讯问，调节灰暗的灯光；减轻认知压力则营造相对轻松、缓和的氛围，选择白天讯问，讯问室的光线相对明亮一些。

第九节 对自身权利义务的认知控制

一、权利和义务的行为导向性

被讯问人对自身权利和义务的认知会影响其在讯问中的表现。一个人的权利意识和义务意识也会影响其现实中的行为。在讯问中，被讯问人对自己法定权利和法律义务的认知、理解和态度在一定程度上会影响其立场选择和配合程度。无论是权利还是义务，都具有一定的行为导向性。我国《刑事诉讼法》第120条第1款中规定："犯罪嫌疑人对侦查人员的提问，应当如实回答。但是对与本案无关的问题，有拒绝回答的权利。"前一句规定了如实回答的义务，后一句规定了拒绝回答无关问题的权利。从行为上看，如实回答的义务强调的是被讯问人在讯问中的配合，拒绝回答无关问题的权利则导向对无关问题的防御和对抗。

以侦查讯问为例，我们可以试想这样的两个不同的讯问场景：

场景一：在讯问中，办案人员告知被讯问人："刑事诉讼法规定犯罪嫌疑人对侦查人员的提问，应当如实回答，因此，你有如实回答的义务。"办案人员的这句话对于犹豫不决的被讯问人具有什么样的行为导向作用？

场景二：在讯问中，办案人员刚提出一个问题，在场的辩护律师告诉犯罪嫌疑人："刑事诉讼法规定犯罪嫌疑人对与本案无关的问题，有拒绝回答的权利。这个问题与本案无关，你可以拒绝回答。"辩护律师的这句话对于犹豫不决的犯罪嫌疑人又具有什么样的行为导向作用？

在这两个讯问场景中，办案人员强调的是被讯问人的义务，引导被讯问人放弃对抗转向配合，在行为导向上是如实回答问题；而辩护律师提醒的是被讯问人的权利，告知其有选择拒绝回答的自由，在行为导向上是拒绝回答。两者引导的方向是截然相反的。

在侦查讯问中，被讯问人也依法享有相应的权利和义务，其导向作用的原理是一样的。在讯问环节，权利和义务的导向性源于双方职能的对抗性。法律规定被讯问人的权利主要是保护其合法利益，以对抗办案人员的不当讯问，具有防御侦查权滥用的职能，因而在行为模式上大多表现为拒绝、对抗方式。而法律义务强调的是当事人对侦查行为的配合，在行为模式上表现为配合、服从办案人员的要求。

基于权利和义务的行为导向性和意识对行为的作用原理，我们可以推断权利意识和义务意识对被讯问人发挥影响作用的基本方向。

（一）权利越明晰，对抗性越强

在讯问中，被讯问人对自己的法定权利越明晰，自信心就越强，对抗意识则越强。被讯问人对法定权利的认识包括两个方面：一是自己享有哪些权利；二是如何有效行使和捍卫这些权利。从行为的角度来看，权利是法律赋予权利主体作为或不作为的许可或认定。在法律许可或认定的范围内，被讯问人有作为或者不作为的自由。“对与本案无关的问题，有拒绝回答的权利”也就意味着对办案人员提出的与本案无关的问题，被讯问人有选择不回答的自由。如果办案人员强制其回答无关的问题，供述笔录就有可能被排除。对于被讯问人而言，明晰了这一权利，其思维和选择的过程可能会本能地发生变化。对办案人员提出的每一个问题，首先要考虑是不是与本案有关，然后根据这一判断选择进一步的行为。如果与本案无关，就选择拒绝回答；如果与本案有关，则考虑是否可以借口与本案无关拒绝回答。这时如实回答办案人员的提问可能不在其选项之中或者是比较靠后的选项。

在普通刑事案件侦查中有一种常见现象，对职务犯罪讯问也具有启发意义。在侦查阶段，辩护律师会见之后，犯罪嫌疑人翻供的概率就会大大增加。正因如此，有的侦查人员甚至有意无意地限制或拖延律师在侦查阶段会见犯罪嫌疑人。实际上犯罪嫌疑人在与辩护律师会见后翻供并不一定是律师的教唆，而是犯罪嫌疑人自己选择的变化。即便律师不问案件事实，只给犯罪嫌疑人讲解法律规定，也会让犯罪嫌疑人对自己的权利有了更加明晰的认知，选择翻供的可能性就会自动增加。

（二）义务越明晰，配合可能性越高

与权利意识相反，被讯问人对自己的义务越明晰，配合意识就越强。义务是法律要求当事人应当承担的责任。从行为上看，义务意味着主体必须响应要求，做出某些特定的行为。具体到被讯问人的义务也是如此，如对办案人员的提问有如实回答的义务，对羁押等措施有

接受和配合的义务，对被讯问人没有选择的余地，只有配合的责任。当被讯问人的义务意识占主导地位时，也就意味着被讯问人的配合意识起主导作用，其在讯问中配合的可能性就越高。虽然被讯问人对履行法律义务具有排斥心理，但只要对法律义务的认知和理解到位，通常也会不情愿地付诸行动。

二、我国讯问环节的告知规定和实践样式

（一）关于告知的相关规定

我国修订后的刑事诉讼法对于侦查讯问中告知犯罪嫌疑人的内容主要有二：一是告知委托辩护人的权利。《刑事诉讼法》第 34 条规定："侦查机关在第一次讯问犯罪嫌疑人或者对犯罪嫌疑人采取强制措施的时候，应当告知犯罪嫌疑人有权委托辩护人。"二是告知如实供述自己罪行可以从宽处理和认罪认罚的法律规定。《刑事诉讼法》第 120 条第 2 款规定："侦查人员在讯问犯罪嫌疑人的时候，应当告知犯罪嫌疑人享有的诉讼权利，如实供述自己罪行可以从宽处理和认罪认罚的法律规定。"

《人民检察院刑事诉讼规则》对讯问中告知内容的规定包括四个方面：第一，告知依法申请回避的权利。《人民检察院刑事诉讼规则》第 26 条规定："人民检察院应当告知当事人及其法定代理人有依法申请回避的权利，并告知办理相关案件检察人员、书记员等人员的姓名、职务等有关情况。"其中当事人自然包括被讯问人。第二，告知委托辩护人的权利。《人民检察院刑事诉讼规则》第 40 条第 1 款规定："人民检察院负责侦查的部门在第一次讯问犯罪嫌疑人或者对其采取强制措施时，应当告知犯罪嫌疑人有权委托辩护人，并告知其如果因经济困难或者其他原因没有委托辩护人的，可以申请法律援助。属于刑事诉讼法第三十五条规定情形的，应当告知犯罪嫌疑人有权获得法律援助。"第三，告知被讯问人在侦查阶段的法定权利。第四，告知如实供述自己罪行可以依法从宽处理和认罪认罚的法律规定。第三项和第四项内容规定于《人民检察院刑事诉讼规则》第 187 条中，

该条第1款第2项规定要求讯问中办案人员“告知犯罪嫌疑人在侦查阶段的诉讼权利，有权自行辩护或者委托律师辩护，告知其如实供述自己罪行可以依法从宽处理和认罪认罚的法律规定”。需要指出的是《人民检察院刑事诉讼规则》在自侦案件的讯问中没有规定告知被讯问人诉讼义务，但在审查逮捕和审查起诉环节讯问犯罪嫌疑人时，规定了不仅要告知法定权利，还要告知诉讼义务。该规则第258条第1款规定：“人民检察院讯问犯罪嫌疑人时，应当首先查明犯罪嫌疑人的基本情况，依法告知犯罪嫌疑人诉讼权利和义务，以及认罪认罚的法律规定，听取其供述和辩解。犯罪嫌疑人翻供的，应当讯问其原因。犯罪嫌疑人申请排除非法证据的，应当告知其提供相关线索或者材料。犯罪嫌疑人检举揭发他人犯罪的，应当予以记录，并依照有关规定移送有关机关、部门处理。”

相对而言，《公安机关办理刑事案件程序规定》对于法定权利义务的告知规定比较简单，基本上是重复刑事诉讼法的规定。该规定第43条第1款规定：“公安机关在第一次讯问犯罪嫌疑人或者对犯罪嫌疑人采取强制措施的时候，应当告知犯罪嫌疑人有权委托律师作为辩护人，并告知其如果因经济困难或者其他原因没有委托辩护律师的，可以向法律援助机构申请法律援助。告知的情形应当记录在案。”第203条规定：“侦查人员讯问犯罪嫌疑人时，应当首先讯问犯罪嫌疑人是否有犯罪行为，并告知犯罪嫌疑人享有的诉讼权利，如实供述自己罪行可以从宽处理以及认罪认罚的法律规定，让他陈述有罪的情节或者无罪的辩解，然后向他提出问题。犯罪嫌疑人对侦查人员的提问，应当如实回答。但是对与本案无关的问题，有拒绝回答的权利。”根据这两条的规定，告知的主要是刑事诉讼法要求的两个方面内容：一是委托辩护律师的权利；二是如实供述自己罪行可以从宽处理以及认罪认罚的法律规定。

对于依法应当告知被讯问人法定权利而不告知的，被视为违法行为。根据《人民检察院刑事诉讼规则》第567条的规定，侦查活动监督主要发现和纠正违法行为包括“依法应当告知犯罪嫌疑人诉讼权利而不告知，影响犯罪嫌疑人行使诉讼权利的”。根据最高人民法院

《关于适用〈中华人民共和国刑事诉讼法〉的解释》第95条的规定，“首次讯问笔录没有记录告知被讯问人相关权利和法律规定的”属于讯问笔录有瑕疵，“经补正或者作出合理解释的，可以采用；不能补正或者作出合理解释的，不得作为定案的根据”。

综合起来看，我国刑事诉讼法律规范对于讯问中权利义务的告知存在如下特点：

第一，强制要求告知的只是部分法定权利。刑事诉讼法，最高人民法院、最高人民检察院和公安部的规定强制要求的主要是告知被讯问人有权委托辩护人，并没有强制要求告知其他权利。有的法定权利刑事诉讼法作了规定，但并没有要求办案人员在讯问中告知。如《刑事诉讼法》第120条第1款规定的“对与本案无关的问题，有拒绝回答的权利”，是被讯问人依法享有的法定权利，但刑事诉讼法并没有要求办案人员告知被讯问人。《人民检察院刑事诉讼规则》和《公安机关办理刑事案件程序规定》也同样没有要求办案人员告知。此外，还有用本民族语言文字进行诉讼的权利、对办案人员侵犯其法定权利和人身侮辱的行为提出控告、举报的权利等也是有规定，但没有要求告知。

第二，告知的内容不仅限于法定权利，还包括如实供述自己罪行可以从宽处理和认罪认罚的法律规定。这里的法律规定并不是被讯问人的法定权利。

第三，规定了被讯问人如实回答的义务，但没有要求办案人员告知这一义务。刑事诉讼法规定“犯罪嫌疑人对侦查人员的提问，应当如实回答”，《人民检察院刑事诉讼规则》和《公安机关办理刑事案件程序规定》都是对此规定进行重述，并没有要求告知这一义务。

第四，检察机关的侦查讯问中，应当告知的内容为“犯罪嫌疑人在侦查阶段的诉讼权利”（《人民检察院刑事诉讼规则》第187条），而不仅仅是聘请辩护律师的权利。在审查逮捕和审查起诉环节讯问犯罪嫌疑人，要告知的内容是“犯罪嫌疑人的诉讼权利和义务”（《人民检察院刑事诉讼规则》第258条）。

第五，没有明确的告知方式。刑事诉讼法和相关解释只是要求讯问中告知被讯问人相关权利义务和法律规定，但并没有明确书面告知还是口头告知。

（二）职务犯罪讯问实践中的告知内容和方式

检察机关查办职务犯罪案件采用犯罪嫌疑人诉讼权利义务告知书的方式进行书面告知。实践中大多采用人民检察院刑事诉讼法律文书格式样本中犯罪嫌疑人诉讼权利义务告知书为样本。具体告知内容如下：

根据刑事诉讼法的有关规定，犯罪嫌疑人在人民检察院对案件进行侦查期间，有如下诉讼权利和义务：

1. 不通晓当地通用的语言文字的犯罪嫌疑人在讯问时有要求配备翻译人员的权利。有权用本民族语言文字进行诉讼。

2. 聋、哑的犯罪嫌疑人在讯问时有要求通晓聋、哑手势的人参加的权利。

3. 对于侦查人员、鉴定人、记录人、翻译人员有下列情形之一的，有权申请他们回避：(一）是本案的当事人或者是当事人的近亲属的；(二）本人或者他的近亲属和本案有利害关系的；(三）担任过本案的证人、鉴定人、辩护人、诉讼代理人的；(四）与本案当事人有其他关系，可能影响公正处理案件的。对于驳回申请回避的决定，可以申请复议一次。

4. 有权辩护。犯罪嫌疑人在接受讯问时有权为自己辩解。

5. 有权委托辩护人。犯罪嫌疑人自被侦查机关第一次讯问或者被采取强制措施之日起，有权委托辩护人，但在侦查期间只能委托律师作为辩护人。因经济困难等原因没有委托辩护人的，本人及其近亲属可以向法律援助机构提出申请。

6. 未满18周岁的犯罪嫌疑人有要求通知其法定代理人到场的权利，法定代理人可以代为行使诉讼权利。无法通知，法定代理人不能到场或是共犯的，可以通知犯罪嫌疑人的其他成年亲属，所在学校、单位或者居住地的村民委员会、居民委员会、未成年人保护组织的代表到场。

7. 对于侦查人员的提问，应当如实回答。但是对与本案无关的问题，有拒绝回答的权利，如实供述自己罪行可以从宽处理。

8. 有核对讯问笔录和自行书写供述的权利，如果犯罪嫌疑人没有阅读能力，侦查人员应当向其宣读；如果讯问笔录记载有遗漏或者差错，可以提出补充或者改正。对讯问笔录、勘验检查笔录、搜查笔录、查封扣押财物、文件清单以及送达的各种法律文书确认无误后，应当签名、捺指印。

9. 依法接受拘传、取保候审、监视居住、拘留、逮捕等强制措施和人身检查、搜查、扣押、鉴定等侦查措施。

10. 犯罪嫌疑人及其法定代理人、近亲属、聘请的律师对于采取强制措施超过法定期限的，有权要求解除强制措施。

11. 对于人民检察院及其侦查人员侵犯其诉讼权利和人身侮辱的行为，有权提出控告、举报。

犯罪嫌疑人（签字）：
日期：

从内容上看，该告知书把刑事诉讼法的相关规定进行罗列，诉讼权利在前，义务在后，没有明确区分哪些是诉讼权利，哪些是诉讼义务。根据制作说明，此告知书在第一次讯问犯罪嫌疑人或对其采取强制措施之日交犯罪嫌疑人阅读后签字附卷。实践中的操作基本是在第一次讯问时先交给犯罪嫌疑人阅读，然后签字附卷。

自监察体制改革以后，检察机关依然保留了部分职务犯罪的侦查权，对司法工作人员利用职权实施的非法拘禁、刑讯逼供、非法搜查等侵犯公民权利、损害司法公正的犯罪可以由人民检察院立案侦查。实践中，侦查人员讯问这类案件的犯罪嫌疑人时，也是沿用上述书面告知的方式。

我国职务犯罪案件讯问实践中的告知存在如下特点：

第一，告知内容的多样性。既告知诉讼权利，又告知诉讼义务。

同时还告知如实供述可以从宽处理的法律规定。

第二，告知方式的仪式化。实践中采用书面告知方式，先让被讯问人阅读，然后签字附卷，留存为书面证据。这种告知在录音录像中有体现，在笔录中有记录，同时有被讯问人签字的文书为证据，形式要件十分完备，不会产生法律上的争议和证据上的瑕疵。但是整个操作过程并不强调被讯问人对诉讼权利和义务的实质理解，具有很强的仪式化特征。是否需要宣读？留给被讯问人多长阅读时间？是否回答被讯问人的疑问？这些问题通常由办案人员自己掌握。这种形式化的告知方式满足了法律上的形式要件，规避了办案的风险，同时不追求被讯问人对权利义务的实质性理解，可以在一定程度上规避告知权利造成的供述障碍。当然，这种告知也弱化了法律义务对被讯问人的导向作用。

三、讯问环节的告知与认知控制

（一）告知内容的比较分析

综观多个国家和地区的刑事诉讼制度，几乎都规定了侦查人员在讯问前对犯罪嫌疑人的告知义务。德国、法国、俄罗斯、日本、新加坡等国家通过成文法加以规定，美国则以判例加以确认，英国则规定在《1984 年警察与刑事证据法》的《执行守则》中。告知的内容也存在某些区别。

在英国，被拘留人如果被指控犯罪，他们应当获得如下告诫："你不必说话。但是，如果你现在不提某些事情但在之后的法庭审理中却援引为辩护理由，那么这会削弱你的辩护意见。你所说的任何话语都可能成为证据。"①

在美国的审讯中，侦查人员会照着米兰达卡片或表格宣读如下内容：（1）你有权保持沉默；（2）你说的任何内容都可能在法庭上用作对你不利的证据；（3）你有权请律师；（4）如果你请不起律师，将会

① 《1984 年警察与刑事证据法》的《执行守则》C 第 16. 2 条。

为你免费指定一名律师。由于 1966 年美国联邦最高法院在米兰达案判决中还要求控方承担证明在开启任何合法的审讯程序之前“犯罪嫌疑人已经明知、自愿且明智地”放弃了米兰达权利，侦查人员经常在进行完警告之后，还要再问这样两个问题：（1）你理解这些权利吗？（2）你知道有这些权利的情况下，还愿意与我谈谈吗？[①]

在加拿大，对于被逮捕或拘留的人，警察必须详细告知其获得律师帮助权，称为 Brydges 权利。该权利包括三个方面：（1）有权聘请律师；（2）如果经济状况较差，可以申请政府提供无偿的法律援助；（3）无论其经济状况如何，都可以暂时性地得到值班律师的法律帮助。加拿大《宪章》第 10 条还要求被拘留或逮捕人立即被告知拘留或者逮捕的原因。《宪章》并不要求告知犯罪嫌疑人沉默权。但是，根据习惯法，通常都会告知其沉默权，以证明犯罪嫌疑人的供述是自愿的。[②]

俄罗斯刑事诉讼法要求侦查员在提出控诉时，必须向刑事被告人说明俄罗斯《刑事诉讼法》第 46 条所规定的权利，在确定刑事被告人的决定中加以记载，并由刑事被告人签名认证。[③]

在德国，以起诉为目的的每一种侦查程序中，原则上都规定需要对被告进行讯问。讯问时，即或由警察进行的讯问，“均应对其告知缄默权”[④]。

在法国，预审法官打算对并未作为有律师协助的证人听取其证言的人实行审查时，得按照法国《刑事诉讼法》第 116 条规定的限制条件让该人第一次到案。预审法官应查证到案人的身份，并明确告知其已受理的、到案人因之受到审查的每一事实以及这些事实在法律上的罪名。这些事实以及法律上对其认定的罪名均应写进笔录。

① ［美］理查德·A. 利奥：《警察审讯与美国刑事司法》，刘方权、朱奎彬译，中国政法大学出版社 2012 年版，第 107 页。

② 宋英辉等：《外国刑事诉讼法》，北京大学出版社 2011 年版，第 147—149 页。

③《俄罗斯联邦刑事诉讼法典》，苏方遒等译，中国政法大学出版社 1999 年版，第 95 页。

④ ［德］罗科信：《刑事诉讼法》，吴丽琪译，法律出版社 2003 年版，第 360 页。

在适用第 80 –2 条之规定的情况下以及该人有律师协助时，预审法官对该人进行讯问。该人的律师可以向预审法官陈述自己的意见。其他情况下，预审法官告知该人有权选任一名律师或有权请求依职权为其指定一名律师。所选任的律师或者在请求依职权指定律师的情况下，应立即以任何方式通知律师公会会长。如果无法与受选任的律师联系或者该律师不能前往另地办案，应立即通知该人有权请求依职权为其指定一名律师，以协助其第一次到案。律师可以立即查阅案卷并与当事人自由联络、交谈。预审法官随后通知该人有权选择沉默或者做出声明或者接受询问。此项通知应在笔录中记录。当事人只有其律师在场时才能表示同意接受询问，当事人的律师同样可以向预审法官提出其意见。①

从域外部分成文法和判例法国家的相关规定看，讯问环节的告知大致包括如下内容：（1）沉默权；（2）放弃沉默的警告；（3）律师帮助权；（4）涉嫌罪名。

相对而言，我国的职务犯罪案件中，讯问分为监察机关的调查讯问和检察机关的侦查讯问。前者遵循监察法的规定，后者遵循刑事诉讼法的规定，虽有些相似，但也存在明显的差异。

对比域外的规定，我们可以发现我国职务犯罪案件讯问告知方面的差异：第一，我国没有规定沉默权，保留了如实回答的义务，只是规定对本案无关的问题可以拒绝回答。因此，没有沉默权的告知和放弃沉默权的警告。第二，域外法律要求告知的内容并不是全部的诉讼权利，主要是获得律师帮助的权利，而我国实践中的告知是法律规定的全部权利。第三，我国刑事诉讼法要求侦查人员告知如实供述自己的罪行可以从宽处理和认罪认罚的法律规定，但监察法律规范没有要求，实践中也告知。域外的法律没有这方面的要求。第四，域内外都没有告知犯罪嫌疑人诉讼义务的规定，但在我国职务犯罪讯问实践中既告知被讯问人权利又告知义务。

① 《法国刑事诉讼法典》，罗结珍译，中国法制出版社 2006 年版，第 115 页。

（二）告知的内容与认知控制

从办案人员角度来看，讯问中哪些内容有告知的必要，哪些没有告知的必要，其判断标准有二：一是法律是否有规定。法律要求告知的，就必须不折不扣地告知，否则就是违法办案。因此，作为执法者，凡是法律要求必须告知的，当然有告知的必要。二是对讯问是否有利，即是否有利于提高讯问的效率和效果。对于能够提高讯问效率和效果的，即便法律没有要求告知的，讯问中也可以告知。相对而言，第一个标准是强制性的，办案人员没有选择的余地，第二个标准是裁量性的，办案人员有选择的自由。例如，告知沉默权，对于讯问其实是不利的，但因为法律有强制性的要求，就必须告知。基于这两个标准，笔者认为讯问中可以在遵循法律规定的前提下，根据认知控制的需要进行选择性告知。

1. 对于法律要求告知的权利，办案人员必须不折不扣地告知

法律要求办案人员在讯问时告知被讯问人某些权利有其内在的价值追求。一是对被讯问人合法权利的保障。在特定条件下，办案人员的告知是被讯问人有效行使权利的必要条件，只有告知才能有效行使。二是基于程序构造和职能设置。我国《刑事诉讼法》第 34 条规定："侦查机关在第一次讯问犯罪嫌疑人或者对犯罪嫌疑人采取强制措施的时候，应当告知犯罪嫌疑人有权委托辩护人。"因此，检察机关在第一次讯问中，侦查人员必须不折不扣地告知犯罪嫌疑人有委托辩护人的权利。告知不具有选择性，而是强制性的。

2. 法律没有要求告知的权利，办案人员可以选择性告知

我国刑事诉讼法律规范并没有要求侦查人员在讯问中告知犯罪嫌疑人全部诉讼权利。如拒绝回答与本案无关问题的权利、用本民族语言进行诉讼的权利、申请回避的权利、对办案人员侵犯其诉讼权利和人身侮辱行为提出控告、举报的权利，这些权利是刑事诉讼法规定犯罪嫌疑人依法享有的权利，但并没有赋予侦查人员告知义务。对于办案人员而言，告知这些权利法律并不禁止，不告知也绝不违法。当然从刑事诉讼原理上看，告知这些权利应当是辩护律师的职能，而不是

侦查人员的职责。从效果上看，办案人员告知这些权利对于一般刑事犯罪的讯问反而是不利的，因为被讯问人的权利意识越强，对抗意识可能就越强，对于讯问就越不利。不过，对于司法工作人员职务犯罪而言，这部分犯罪嫌疑人本身就从事法律工作，对自己的权利义务本身比较了解，告知或者不告知对其影响不大。但是，对于法律明确要求必须告知的权利也应当不折不扣地依法告知。同时，对于法律没有明确要求告知的权利，办案人员也依然可以根据告知的效果自由选择是否告知。如果在特定的情形下，告知其权利对讯问有利，可以告知，如果特定的情形下对讯问工作不利，也可以选择不告知。

3. 对于“如实供述自己罪行可以从宽处理和认罪认罚的法律规定”，检察人员在讯问中必须告知，监察人员在讯问中可以选择告知

检察机关在侦查司法人员职务犯罪案件过程中，首次讯问必须要告知如实供述自己罪行可以从宽处理和认罪认罚的法律规定。一方面，这是因为《刑事诉讼法》第 120 条第 2 款明确规定，不告知就会形成证据瑕疵，取得的供述有可能被排除。另一方面，告知如实供述自己罪行可以从宽处理和认罪认罚的法律规定，对于被讯问人具有正向行为导向作用，对讯问工作是有利的。为了强化告知法律规定的导向作用，办案人员并不一定非得要在首次讯问中告知，也可以根据情形在犯罪嫌疑人思想动摇的关键时刻告知。这是因为《刑事诉讼法》第 120 条第 2 款规定的是“侦查人员在讯问犯罪嫌疑人的时候，应当告知犯罪嫌疑人享有的诉讼权利，如实供述自己罪行可以从宽处理和认罪认罚的法律规定”，并没有要求必须在第一次讯问中告知。

4. 对于被讯问人的义务，办案人员可以选择性告知

虽然法律并没有要求办案人员必须告知被讯问人的义务，但也没有禁止告知。办案人员可以根据讯问工作的需要，进行义务告知并不违法。如在被讯问人犹豫不决的时候，告知其“应当如实回答”的规定。告知这一规定，既可以明确被讯问人的回答义务，也可以强化其配合意识。从效果上看，对于提高讯问工作的效率和效果是有利的。由于这一做法并不违法，办案人员可以根据讯问工作的需要选择告知被讯问人相关义务。

（三）告知的方式与认知控制

权利、义务以及法律规定的告知方式会影响被讯问人对告知内容的理解，甚至会影响侦查对象对自身权利的行使。例如，米兰达警告的核心内容就是要告知犯罪嫌疑人享有保持沉默和由免费律师为其辩护的宪法权利，但实施以来，很少有犯罪嫌疑人在讯问中真正行使这些权利。有研究指出，“米兰达警告的仪式并未对美国的警察审讯实践带来任何实质性影响”，原因是“几乎所有的犯罪嫌疑人都放弃了他们的米兰达规则权利，或者在法律上可以解释为弃权”。[①] 侦查发现，审讯人员发明了多种规避、限制、架空，有的时候甚至违反米兰达规则及相关判例的策略，其中之一便是“审讯人员经常向犯罪嫌疑人贬低、轻视和削弱米兰达警告的重要性”。[②] 在这些策略中，审讯人员在很大程度上是利用告知方式成功削弱了米兰达规则的影响。

在我国职务犯罪侦查实践中，办案人员采用仪式化告知方式在一定程度上也会限制被讯问人对诉讼权利和义务的认知。一是一部分被讯问人并没有细看权利义务告知书，只是简单看一下就签字交给办案人员附卷；二是权利和义务混合在一起，既没有正向的导向作用，也没有反向的导向作用。其结果就是办案人员以一种可见的、能够证明的方式进行了相关内容的告知，但正反两个方面都没有发挥实质性效果。

从讯问工作的效率和效果考虑，办案人员不仅可以在告知内容上进行选择，而且可以在告知方式上进行设计，改变被讯问人对自身权利、义务和法律规定的认知。具体而言，可以从如下方面进行设计：

在告知权利时，首选书面告知，让被讯问人自己阅读；在口头告知的时候，要尽量准确、明晰地宣读，一遍完成，要尽量避免重复，千万不要小题大做。这是因为在讯问开始的时候，被讯问人心情复杂，情绪紧张，心思并不在告知书上，采用书面告知的方式，被讯问人对权利的认知相对有限。在口头告知权利时，准确、明晰地宣读是

① ［美］理查德·A. 利奥:《警察审讯与美国刑事司法》，刘方权、朱奎彬译，中国政法大学出版社 2012 年版，第 107 页。

② ［美］理查德·A. 利奥:《警察审讯与美国刑事司法》，刘方权、朱奎彬译，中国政法大学出版社 2012 年版，第 107—108 页。

为了让被讯问人清晰地听到，避免误导嫌疑；不重复、尽量避免小题大做是为了避免人为增强被讯问人的权利意识。同时，在告知诉讼权利时也可以通过仪式化策略，让被讯问人觉得告知就是一种仪式，忽略权利的认知和行使。

告知诉讼义务时，首选口头告知，告知时办案人员可以语气严肃、语速相对缓慢，甚至带上严肃的表情，以强化被讯问人对如实回答义务的认知。必要的情况下，可以重复告知诉讼义务，给被讯问人就法定义务提问的机会，甚至对其讲解法律规定义务的必要性。这样做的目的就在于强化被讯问人对自身义务的认知，增强其配合意识。即便是对于涉嫌犯罪的司法工作人员，这种告知方式也同样适用。

告知如实供述自己罪行可以从宽处理的法律规定时，可以从多个方面设计以强化法律规定的导向效果。第一，要注意告知的时机。告知坦白从宽法律规定不一定放在讯问的开始环节。因为有的被讯问人在讯问开始时比较紧张，感知能力下降，告知的效果会受到限制。办案人员可以选择被讯问人注意力集中、感知能力较强的时候。第二，告知的内容并不限于法律“如实供述自己罪行可以从宽处理”的规定。告知这一规定的关键是让被讯问人相信如实供述可以获得从宽处理的结果，强化其对如实供述与从宽处理之间必然性的认识。因此，办案人员可以把从宽处理的刑法和刑事政策文件详细整理出来告知被讯问人，必要时可以用 PPT 展示案例来说明。采用 PPT 的方式和列举真实案例的目的就在于让被讯问人形成感性认识，在坦白和从宽处理之间建立相对牢固的认知联系。

第十节　对被讯问人自我认知的控制

一、自我认知与自我调节

在心理学领域，自我认知是一个重要的心理现象。人们不光认知他人、认知社会、认知环境，而且认知自己。当人们把自我作为思考的对象进行认识时，便形成了自我认知。自我认知的目的就是希望能够清楚地知道自己是谁。我们持有的关于我们是谁的信念集合称作自我概念（self-concept）。[①] 我们不仅思考自己，形成自我认知，而且会对自己进行价值评价。个体赋予自己的价值，就是自尊。有研究认为，高自尊的人和低自尊的人对自我的认识和应对困难情境的反应方式是不同的。"高自尊的人对他们自己的个人属性有清晰的认识。他们自我感觉不错，设定合适的目标，以自我增强的方式利用反馈，感受积极体验，并成功地应对困难情境。""低自尊的人们自我概念不那么清晰，认为自己较差，经常选择不现实的目标，或者完全回避目标，倾向于悲观看待未来，记住更多的消极经历，沉湎于他们的消极心情，对批评或其他消极个人反馈做出更负面的情绪反应和行为反应，不太能够为自己产生积极反馈，更关注自己对其他人的社会影响，当遭遇挫折或压力时更容易难过和反复回想。"[②]

在社会心理学领域，人们定义自我的方式存在文化上的差异，有的国家，人们多以自己内在的想法、感受和行动来定义自我，而不是以别人的想法、感受和行动来定义自我，这种方式称为独立的自我观。有的国家，人们多以自己和他人的关系来定义自我，并认识到自己的行为经常会受到别人的想法、感受及行动的左右，这种方式称为相互依存的自我观。[③] 但实际上这种文化差异并不适用于不同文化里的每一个个体成员。埃略特·阿伦森等人认为，人们认识自我的常见方式包括内省、观察自己的行为、通过与他人比较、采纳他人的观点等。[④] 泰勒等人则认为，自我知识源于如下方面：（1）社会化。个体如何学会规则、标准来自自己的家庭、群体或者文化的价值观。在儿

① ［美］谢利·泰勒、利蒂希亚·安妮·佩普卢、戴维·O. 西尔斯：《社会心理学》（第12版），崔丽娟等译，上海人民出版社2010年版，第95页。

② ［美］谢利·泰勒、利蒂希亚·安妮·佩普卢、戴维·O. 西尔斯：《社会心理学》（第12版），崔丽娟等译，上海人民出版社2010年版，第95页。

③ ［美］埃略特·阿伦森、提摩太·D. 威尔逊、罗宾·M. 埃克特：《社会心理学》，侯玉波等译，世界图书出版公司北京公司2012年版，第141—142页。

④ ［美］埃略特·阿伦森、提摩太·D. 威尔逊、罗宾·M. 埃克特：《社会心理学》，侯玉波等译，世界图书出版公司北京公司2012年版，第144—166页。

童期，父母、老师和朋友以特定的方式对待我们，我们参与民族或文化活动。（2）反射性评价。人们根据他人对自己的知觉和反应来知觉自己。（3）来自他人的反馈。人们给予我们关于我们品质的外显反馈。一般而言，父母对孩子能力的看法与孩子对这些维度的自我认识有很高的相关性。（4）自我知觉。人们也通过观察自身行为推测自己的个人特点。（5）标注唤醒状态。根据自身的生理唤醒推测我们的内部状态和个人特点。（6）环境区分性。关注环境提供给我们关于个人特点的其他线索。（7）比较性自我评估。将自己的能力、观点或者情感与他人的进行比较。（8）社会认同。根据自己在一个社会群体（或者多个社会群体）中的成员身份以及这种身份有关的价值和情绪含义来认知自我。[①] 迈尔斯则指出，对人格和自我概念的影响除基因外，社会经验也扮演了很重要的角色。这些社会经验包括：我们扮演的角色、我们形成的社会同一性、我们和别人的比较、我们的成功与失败、其他人如何评价我们、周围的文化。[②] 总体上看，影响人们自我认知的因素是多种多样的，有的是内在的，如内省、自我观察，有的则是外在的，如社会比较、他人的反馈、反射性评价等。

人们在自我认知的基础上，控制和指导自身的活动和行为方式。人们控制和引导自己行动的方式，为自我调节。“人们拥有关于自己的大量信息，包括他们的个人特征和愿望，以及他们对未来自我的构思。他们制定目标并追求目标，在此过程中他们利用自己的社会技能和自我调节技能。”[③] 人们的自我调节受自我效能信念、自我知觉的影响。换言之，人们的自我认知会影响人们对行为的控制和指导。

二、讯问中对被讯问人的自我认知控制

在讯问中，办案人员也可以利用自我认知与行为的控制关系，影

① ［美］谢利·泰勒、利蒂希亚·安妮·佩普卢、戴维·O. 西尔斯：《社会心理学》（第12版），崔丽娟等译，上海人民出版社2010年版，第97—105页。

② ［美］迈尔斯：《社会心理学》（第8版），侯玉波、乐国安、张智勇等译，人民邮电出版社2006年版，第30页。

③ ［美］谢利·泰勒、利蒂希亚·安妮·佩普卢、戴维·O. 西尔斯：《社会心理学》（第12版），崔丽娟等译，上海人民出版社2010年版，第107页。

响被讯问人在讯问中的表现。在职务犯罪讯问中，被讯问人自我评价越高，自尊心越强，在讯问中对抗办案人员的自信心也越强。对于这种自我评价高的被讯问人，可以控制其自我认知，动摇其自信，进而转变其对抗立场。

而要进行这方面的操作，办案人员就要了解人类自我认识的一些基本特点和获取自我认识的途径和影响因素。对于影响被讯问人自我认知的内在因素，如自我观察、内省等，办案人员是无法控制和改变的，但是外在因素中有一部分是可以控制的，如社会比较、反射性评价、他人的反馈等。

结合讯问的实践操作经验和心理学原理，我们对自我认知控制的技巧作如下总结：

（一）暗示个人能力是有限的

人们对自身能力的理解和认识是自我认知的重要内容。认为自身能力比较强的人通常表现得更为自信，思考问题更为冷静。在讯问中被讯问人的表现也是如此，他们的行为表现都是在自我能力认知的基础上进行选择、设计的结果。办案人员如果能够有效动摇被讯问人对自己能力的认知，在一定程度上可以动摇其自信心，增强被讯问人的受暗示性。

1. 上行比较

改变个人能力认知的途径之一是比较。社会心理学中的社会比较理论学说认为：我们通过将自己和他人比较来了解我们的能力和态度。社会比较分为两种，一种是将自己与在特定的特点或能力上比自己差的人相比较，称为下行的社会比较。下行比较可以让比较者寻得优越感，可以起到自我增强作用。另一种是上行的社会比较，即将自己和在某种特定的特点或能力上比自己出色的人进行比较。与比自己成功的人相比较会造成无能、嫉妒、羞愧或者不胜任的感觉。[①] 在讯问中，办案人员可以利用上行比较策略暗示被讯问人能力的有限性。

① ［美］埃略特·阿伦森、提摩太·D. 威尔逊、罗宾·M. 埃克特：《社会心理学》，侯玉波等译，世界图书出版公司北京公司 2012 年版，第 164 页。

具体策略如下：

（1）把被讯问人个人与侦查团队进行比较。如在讯问中称呼被讯问人时一般用“你”，称呼办案人员时候一定要用“我们”。其背后暗含的意思是：“你”——被讯问人——是孤立的个人，而“我们”——办案人员——是一个有组织的团队或者群体。个人相对于团队和群体，能力是有限的，弱小的。

除称呼上的暗示外，办案人员也可以直接进行比较。在调研中，一位办案人员直接给被讯问人这样讲道理：“你再聪明，能力再强，你就是一个人，而我们是一个团队。你能想到的，我一个人可能想不到，但我们一个团队一定能够想到；你想不到的，我们也能想到。你能做到的事情，我们一个团队通过协作一定能做到；你做不到的，我们团队可以做到。知道不？这就是团队的力量。要知道你这是一个人在和我们团队博弈，一根筷子和一把筷子，哪个更结实？不说你也明白。”这里办案人员正是通过个人与团队力量的对比来暗示被讯问人个人的能力是有限的。

（2）把被讯问人与级别更高、能力更强的人比较。在司法工作人员职务犯罪案件中，被讯问人除个别共犯外，绝大多数情况下都具有国家工作人员身份，级别意识相对较强。讯问中，可以利用这种级别意识把被讯问人与比其级别更高、能力更强的人进行比较。比较的人可以是级别更高、能力更强的职务犯罪者，也可以级别更高、能力更强的办案人员。前者如实践中有的办案人员在讯问中以被讯问人落马的领导干部为案例进行教育，所举的被讯问人行政级别比被讯问人高，能力比被讯问人更强，心机更重，但最后也转向配合，如实供述自己的罪行。这样的例子对于被讯问人对抗的信心具有轰击作用。后者如讯问中安排比被讯问人行政级别更高的人员审讯，形成优势心理。

2. 指出错误

当被讯问人对自己的能力比较自信的时候，办案人员可以利用被讯问人的错误和漏洞动摇其对自身能力的认知。其中常见的方法便是指出并放大被讯问人的错误。这里的错误包括多个方面，既包括认知错误，也包括行为错误，既包括与案件有关的错误，也包括与案件无关的错误。例如，在讯问中即便被讯问人是司法工作人员，懂得法律知识，可一旦办案人员指出其对法律理解错误，对行为性质、犯罪后果的认知错误，会让其无地自容。此外还可以利用被讯问人财务知识的欠缺，指出其对犯罪数额的认知错误；利用关系人的背叛指出被讯问人对关系人的信任错误；利用下属犯罪的事实指出被讯问人选人用人的错误等。当被讯问人自我感觉良好时，办案人员突然确凿地指出其所犯的一个低级错误，并进行适当的放大，会让被讯问人怀疑自己的能力，动摇自信心。

3. 灌输固定心态

心理学认为，人们对个人能力的理解存在两种不同的心态。有的人认为自己的能力是固定不变的，有的人认为自己的能力是不断变化、积累的，前者称为固定心态，后者称为成长心态。拥有固定心态的人在遭遇挫折时更容易放弃，他们不再继续努力，并且疏于磨炼自己的能力；拥有成长心态的人则将挫折视为通过努力而成长的机会。[①]在职务犯罪案件中，个别年轻的被讯问人具有成长心态，把对抗侦查作为励志成长、锻炼心智的机会，这种心态会让其在心里形成自我激励，对于讯问工作是极为不利的；多数年龄较大的被讯问人具有固定心态，认为自己的能力已经固化，较容易放弃对抗。因此，在讯问中，办案人员可以利用和灌输固定心态，降低被讯问人对自身能力的认识和判断。

（二）对道德品质进行适当负面评价

讯问中对被讯问人的道德品质进行适当的负面评价，有助于改变被讯问人的自我认知。自我认知中的一个重要方面是对自我价值的判断，个体对自我价值的判断是自尊的核心内容。对一个人道德品质进行负面评价，其实是动摇被讯问人自我认同的核心价值，本质上是对一个人自尊的动摇乃至伤害。心理学认为，高自尊有利于培养主动、乐观和愉快的感觉，低自尊的人在抑郁、行为过失方面面临更多的风

① ［美］埃略特·阿伦森、提摩太·D. 威尔逊、罗宾·M. 埃克特：《社会心理学》，侯玉波等译，世界图书出版公司北京公司 2012 年版，第 162—163 页。

险。讯问中，高自尊的被讯问人受暗示性低，难以控制，低自尊的被讯问人受暗示性高，比较容易控制。因此，对于高自尊的被讯问人适当打压其自尊有利于降低对抗，对讯问工作是有利的。而打压自尊的常见办法就是对其道德品质进行负面评价。

在职务犯罪案件中常见的策略就是对心高气傲的被讯问人进行道德批评，对党员干部让其对照党章寻找党性修养方面的差距。同样地，对于涉嫌犯罪的司法工作人员，在讯问时也可以对照相关的法律职业道德，查找其不足，指出其差距。

这种道德上的负面评价主要目的在于动摇被讯问人的自尊，改变其对自我的认知和评价，因此，必须要注意度的把握。在指责被讯问人的道德品质时要尽量以具体事实为基础，避免放空炮；在言辞上要避免辱骂，过度的言辞会激发被讯问人的逆反心理，同时会影响讯问手段的合法性。另外还需要注意的是，被讯问人的自尊并不是越低越好。被讯问人自尊越低，受暗示性就越强，超过一定的幅度有可能出现过度顺从现象。过度顺从的结果是被讯问人有可能脱离事实真相按照办案人员的暗示和要求作出供述，形成虚假供述。

（三）转述被讯问人同事、下属的谴责

在职务犯罪案件讯问中，办案人员可以转述被讯问人同事、下属的谴责来影响被讯问人的自我认知。有的领导干部在位时有权力魅力却没有人格魅力，落马之后同事和下属拍手称快，因此，在侦查过程中经常会出现被讯问人的同事、下属对其指责和负面评价的情况。这种谴责被讯问人往往并不知晓，有的被讯问人甚至自我感觉良好，认为自己为单位做了些好事，没有功劳也有苦劳。当被讯问人自我感觉良好的时候，办案人员适当转述被讯问人同事、朋友、请托人甚至其帮助过的当事人对其谴责和负面评价，会在很大程度上动摇其原有的自我认知。从心理学上看，这种转述是对被讯问人个人的一种反射性评价，这种反射性评价是被讯问人自我认知的重要来源，而且在被讯问人权力光环退去之后的负面评价更具有真实性，被讯问人更容易信服。另外，这种转述还有一个好处：转述别人的观点，而不是办案人

员自己的观点，更容易绕过被讯问人的防卫心理，说服力更强。

（四）适当拒绝

对于被讯问人的要求进行适当的拒绝，也可以影响被讯问人的自我认知。讯问过程中，被讯问人经常会提出这样或者那样的要求，一般情况下，基于人性办案的理念，只要被讯问人提出的要求是合理的，办案人员都可以尽量满足，对于不合理的要求，则可以拒绝。但从提高讯问效率和效果角度来看，即便是被讯问人合理的要求，也不一定非得全部满足。在必要的情况下，办案人员也可以进行适当的拒绝。从心理学上讲，拒绝是对被讯问人的一种负反馈，这种负反馈在一定程度上会影响被讯问人的自我认知。在遭到拒绝之后，个体对自我的积极认知评价会降低，消极情绪会增加。拒绝分为明确拒绝和模糊拒绝，明确拒绝对个体自我认知评价的调节作用更加明显，但明确拒绝也会影响个体对他人的积极评价，有时可能会激化矛盾。拒绝产生的效果会因为对象对拒绝的敏感性不同而不同，敏感性越强，激发的消极情绪就越高，对自我的积极认知评价就越低。讯问中，可以根据被讯问人的具体情况采用明确拒绝或者模糊拒绝的方式。

例如，笔者在调研访谈中发现这样的情况。为了体现人道办案，讯问人员一开始对被讯问人非常客气，端茶倒水，有求必应，甚至在讯问过程中被讯问人说累了，办案人员就把折叠床支开，给被讯问人盖上被子让其休息。结果就是被讯问人反而找到感觉了，自信满满，精神倍增，在案情上就是避而不答。在吃饭的时候居然说盒饭的味道不行，要换口味。办案人员商量之后，决定对被讯问人突然转变态度，茶水换成凉白开，休息严格按时间执行，吃饭就是馒头白开水。讯问期间，除喝水、上卫生间外的其他要求一律拒绝，结果被讯问人很快就交代了。事后办案人员与被讯问人在交流中得知，被讯问人开始不交代的原因是发现办案人员对其态度很和善，有求必应，由此推测证据不充分，办案人员对拿下案件信心不足，想留些缓和的余地。后来交代罪行的原因有两个方面：一是发现办案人员突然对其改变态度，被讯问人推测是证据收集到位了；二是办案人员对其要求几乎都拒绝了，被讯问人感觉自己对办案人员而言已经不重要了，办案人员的拒绝让其意识到自己的身份已经不是单位领导，而是真正的罪犯了。这个案例中，办案人员的拒绝产生了两个方面的作用，一是让被讯问人对案件发展情势的认知发生了改变，二是让被讯问人的自我认知发生了改变。

自我认知控制的基本方向改变让被讯问人对个人能力、品行修养、个人价值、成就等方面的认知，从积极转向消极。让自我感觉良好的被讯问人意识到自己不行，不仅能力不行、成就不行，而且人品和人缘也不行。自我认知控制的目的就是让被讯问人从自信转向怀疑自己，从高自尊转向低自尊，从而使其由对抗转向配合。只要方向正确，措施拿捏适度，在具体策略上还可以进行更多的探索。

第十一节　对办案人员的认知控制

讯问是办案人员与被讯问人面对面的沟通和交流，双方既有对抗，也有信任和配合。办案人员所展现的形象和姿态以及被讯问人对办案人员的认知对于讯问具有一定影响，在有的案件中甚至起决定性作用。办案人员在讯问中展现的形象服务于讯问的需要，主要目的是塑造被讯问人对办案人员的认知，控制和转化被讯问人的意志。从讯问操作角度来看，这关系到办案人员在讯问中的着装、言语谈吐、行动举止等基本规范。

一、讯问人员的应然形象

年代不同，讯问中办案人员展现的形象也不同。从新中国成立以来人民警察、检察官制服样式的变化就可以看出讯问人员形象的演进历程。概括而言，专业化逐步增强。

讯问中办案人员的形象对办案的具体作用：一是有利于树立办案公正和权威形象。公正和权威是内容与形式的统一，既体现在实体公正性、程序正当性上，也体现在形式的严肃性上。二是有利于讯问工作。从讯问心理角度来看，办案人员展现的形象影响和决定被讯问人的认知和判断，进而会影响其决策和态度。因而办案人员展现的形象和被讯问人的相关认知会对讯问工作起到促进或者阻滞作用。结合这两个维度，笔者认为办案人员在讯问中展现给被讯问人的形象应当具备如下特点：

（一）专业

在讯问中办案人员首先要体现专业性，这里的专业是指对特定领域了解的透彻程度和擅长的技能。对于办案人员而言，专业就是对法律的透彻了解和对侦查技能的熟练掌握。在讯问中，这种专业性不仅要让被讯问人感知到，而且要让其信服。

1. 专业产生权威，权威带动服从

专业能产生让人信服的力量。所谓专业，就是在特定领域比他人更加内行，对特定领域专门知识了解得极其透彻，操作技能非同一般的娴熟。因而专业人员发表的意见和观点更让人信服，专业人员的操作比一般人更加规范和精到，结果更加让人信任，人们更愿意支持专业人士的观点，服从专业人员的安排。专业可以赋予特定主体以权威性，增强受影响群体的认同感。这种认同感和自愿的服从会抑制对结果的怀疑，增强对权威的尊重。

权威具有高压力量，能够带动服从。人们对权威的服从源于社会的教化也源于生活经验的积累。对于社会的教化作用，美国心理学家西奥迪尼曾经指出："打从出生之日，社会就教导我们：顺从权威是正确的，违抗权威是不对的。父母的教诲、校舍里风传的小曲、故事和儿歌里，甚至我们成年后存在的法律、军事和政治制度中，都无不充斥着这条信息。而所有这些'教化'，无不将服从和忠于正当规则摆到极高的地位。"[①] 在生活经验中，人们很容易得出这样的结论：服从权威人物的指示，总是能给我们带来一些实际的好处。这是因为我

① ［美］罗伯特·西奥迪尼：《影响力》，闾佳译，万卷出版公司2010年版，第223页。

们相信权威人物比我们自己更有经验和智慧，决策更专业。心理学研究还发现，一旦我们意识到服从权威在大多数情况下是有好处的，就很容易不假思索地服从。因此，权威不仅能带动服从，而且会产生盲目顺从。

讯问中，办案人员要让被讯问人如实供述自己的罪行，就离不开被讯问人的配合和服从。办案人员可以借助权威的力量驱动被讯问人服从权威的思维惯性，引导被讯问人由对抗转向配合。而要树立权威，就必须让被讯问人感受到办案人员的专业性。根据实践经验，办案人员在讯问中表现得越专业，被讯问人往往也会对其越加尊重和信服，对其指令的服从度就越高。

2. 专业催生信任，信任增强说服力

在心理学中，信任是个体对他人话语、承诺和声明可信赖的整体期望。人际信任是由个人价值观、态度、心情及情绪、个人魅力交互作用的结果，是一组心理活动的产物。一个人对另一个人建立信任关系往往取决于对方的诚实、能力和价值的相似性。其中诚实是信任的道德基础，能力决定了期待的现实可能性，价值相似性则影响着行为的方向。衡量能力的重要指标就是专业知识和技能。专业知识和技能与需求的匹配度越高，信任的期待值就越高。对于个体而言，他人的专业知识和技能越强，对其建立信任关系的可能性就越高，对其观点和行为的信赖度就越高。

同时，信任是社会影响概念中不可或缺的一部分，影响或说服一个信任你的人要容易得多。一旦赢得某个人的信任，就会在其心里建立一种稳定的信念。信任会降低对方的防备心理，输入信息和观点更容易为对方所接受。因此，信任对于双方的沟通和交流具有很强的促进作用。

在讯问中，赢得被讯问人的信任是突破案件的基础和前提。建立信任关系需要从多个方面发挥影响作用，其中一方面就是树立办案人员的权威。权威可以促进被讯问人对办案人员产生信任，信任有助于克服双方沟通和交流的障碍，更重要的是，信任可以增强办案人员对被讯问人的影响力和说服力。

3. 专业暗示办案能力，办案能力影响被讯问人的判断

办案人员的专业性暗示着办案人员查明事实真相的能力。查明事实真相的能力越强，侦查的专业水平就越高，同样地，办案人员表现出来的专业水平越高，也就意味着其查明事实真相的能力越强。

被讯问人对办案人员查明事实真相能力的认知会进而影响其对案件发展趋势和结果的判断。如果办案人员发现事实真相的能力很强，也就意味着案件事实真相很快会被查明或者案件事实真相最终被查明的概率大大增加。反之，如果办案人员发现事实真相的能力很弱，那么事实真相被掩盖的可能性也会增加。

这种判断会直接或间接地影响被讯问人的情绪和决策。有罪的被讯问人对事实真相持排斥心理，无辜的被讯问人则希望事实真相尽快被查明，因而不同类型的被讯问人对办案人员的专业性会表现出不同反应。对于有罪的被讯问人而言，办案人员表现得越专业，预示着事实真相被查明的概率越高，被讯问人就会越紧张；反之，办案人员表现得越不专业，预示着查明事实真相的概率越低，被讯问人就会越放松。无辜的被讯问人反应则正好相反。办案人员表现得越专业，无辜者解脱嫌疑的概率就越高，因而无辜的被讯问人会越放松；反之，办案人员表现越不专业，被冤枉的概率就越高，无辜者就会越紧张。因此，借助办案人员的专业性表现和被讯问人的不同反应，可以对被讯问人进行类型分析和判断。

此外，办案人员表现出的专业性还会影响被讯问人的对抗心理。侦查专业水平越高，识别和发现谎言的能力也就越强。如果被讯问人认为办案人员专业水平很高，就不敢在讯问中撒谎或者与办案人员对抗。反之，如果被讯问人认为办案人员的专业水平越低，撒谎和欺骗办案人员的动机就越强。

（二）可信

可信也是讯问人员的应然形象，这是因为信任是影响讯问的重要因素。英国学者古德琼森在考察英美审讯策略和方法时指出："讯问者本能地意识到为了与被讯问人建立相互和谐与信任的关系，就需要

使他有积极的心态。如果不能建立这种关系，被讯问人将很难自证其罪”。[①] 其与克拉克构建的古德琼森—克拉克供述理论模型也指出，“信任是暗示过程中必不可少的组成部分。缺乏信任和猜疑会严重地影响个体对暗示的接受程度。”[②] 在英博、雷德等人的“九步讯问法”中，讯问之前的未羁押询问，目的之一就是建立关系和信任，使审讯对象产生虚假的安全感。在供述的“PRICE”讯问操作模型中，“R”就是“rapport”，是指讯问中办案人员与被讯问人建立友好融洽关系的环节。这一环节中，建立友好融洽关系的基础就是建立信任。因此，与被讯问人建立人际信任关系被作为基本要求写在诸多讯问操作的规范中。

1. 可信才能建立信任

对某个人建立人际信任至少需要两个方面的因素：一是主观期待，二是对方的可信度。前者是主观方面的预期，后者则是对方表现出来的可资信赖的特征。这两个方面都是建立信任的基础，其中可信度更具有决定性作用。一方要让另一方信任自己，也必须表现出可以让人信赖的特征，增强自己未来行为的可期待性。

讯问是办案人员与被讯问人之间的特殊人际沟通。被讯问人在缺乏信任的状态下会严重影响其对暗示的接受程度，而被讯问人对办案人员又带有天然的戒备和猜疑心态。在这种状态下，办案人员要让被讯问人建立对办案人员的信任就需要从多个方面下功夫：一方面要激发被讯问人对办案人员的信任期待，另一方面要想方设法提升自己的可信度。

2. 可信才能有效沟通

在人际交流中，信任是有效沟通的基础。人与人之间缺乏信任感便会产生不安全感和猜疑心理，有时甚至伴随愤怒情绪。人们在心存戒备状态下，会严重影响彼此的沟通和交流。一方面，在不良情绪状

---

① ［英］古德琼森：《审讯和供述心理学手册》，乐国安、李安等译，中国轻工业出版社 2008 年版，第 348 页。

② ［英］古德琼森：《审讯和供述心理学手册》，乐国安、李安等译，中国轻工业出版社 2008 年版，第 348 页。

态下，人们接收信息的敏感性会降低。即便是面对面状态，有可能只看到对方嘴在动，听到对方发出的声音，但却不明白对方说什么。这是因为不安全感会分散人的注意力，让听话者无法专注倾听对方的表达。另一方面，猜疑心理会让听话方对说话方发送的信息进行逆向过滤。每接收到信息就会向相反的方向思考，用“他会不会在骗我”的心态进行检测。一旦发现有欺骗的可能，就会对相关信息进行排斥。这种逆向过滤机制会降低听话方接收信息的质量，也会减弱说话方语言的影响作用。因此，在缺乏人际信任的状态下，双方沟通和交流会存在明显障碍，双方信息发射接收不畅，彼此观点缺乏认同感。

在讯问中，办案人员要想成功劝说被讯问人转变立场，就必须让被讯问人准确接收自己所要表达的信息，接收自己的观点和看法，从内心产生认同感。信息能够被准确接收，观点能够被内化和接受，对方能够产生预期的积极反馈，这样的沟通才算是有效的。但这种有效沟通必须以信任为基础。可信才能入耳，入耳才能内化，内化才能相信，相信才能被说服，被讯问人只有被说服才能产生合乎预期的行为反馈。

（三）友善

所谓友善，是指人与人之间的亲近和睦，容易接近。虽然办案人员与被讯问人具有天然的对抗性，但这并不妨碍办案人员对被讯问人采取友善的态度。办案人员与被讯问人的对抗是职能上的对立，而非个人恩怨的冲突。办案人员是在履行职责，与被讯问人之间严格地说是公与私的关系，没有必要与被讯问人结私仇。即便生活中疾恶如仇，办案人员也不一定非得在侦查中苦大仇深地面对被讯问人。在某些情况下办案人员表现出友善姿态可能更加有利于推进讯问工作。

1. 友善可消除敌意

友善以释放善意为基础。善意即好意、好心。释放善意即作出不会伤害对方利益或者保护对方利益的意思表示。善意的反面是恶意。在人际交往中，一方表露伤害对方的意图，就是释放恶意；而当一方发现对方有恶意，可能伤害到自己利益时也会产生敌意。恶意产生不信任感，敌意则诱发对抗。侦查权是一种刑事追诉权，侦查权的行使会让相对人的权利和自由受到限制甚至是剥夺，因此，被讯问人对办案人员本身不可避免会产生敌意和防备心理，而此恰恰是讯问的障碍。办案人员在讯问中表现出友善的姿态，从被讯问人的角度思考问题，强调对被讯问人合法利益的保护，会让被讯问人在直觉上感受到办案人员并不是处于其对立立场，这种立场认知在一定程度上可以化解被讯问人的防备心理，抵消其内心的敌意。

讯问人员作出友善的姿态并不是伪善。侦查可能会客观伤害到被讯问人的利益，但这是一种合法伤害，而且剥夺的可能是被讯问人的非法利益，这并不意味着办案人员会伤害被讯问人的合法利益。办案人员善意就在于执行职责的同时会保护被讯问人的合法利益。因此，消除被讯问人的敌意，办案人员至少要让被讯问人知道办案人员不会损害其合法利益，甚至会保护其合法利益。

2. 友善可建立情感依赖

友善的态度是善意的外在体现。善意不仅是产生人际信任的关键因素，也是增进安全感的重要因素。处于被追诉状态的被讯问人最需要的就是排解压力，获得安全感。讯问人员的友善态度可以适当释放被讯问人的焦虑情绪，增强其安全感。尤其是处于羁押状态的被讯问人，生活单调，空间狭窄，接触人员单一，对安全感的需求更是迫切。办案人员的友善态度对这类被讯问人更容易发挥作用。

有时候态度友善可以让被讯问人对特定办案人员建立情感依赖。实践中常用的红白脸讯问策略，在一定程度上就是利用了被讯问人的情感依赖作用。先出现的“坏警察”施加压力，强化被讯问人的安全威胁，这样会与后出现的“好警察”的友善态度形成对比，让“好警察”的善意营造的安全感更加富有影响力。一旦被讯问人建立了对“好警察”产生情感依赖，每逢需要安全感就会向“好警察”寻求帮助。这样“好警察”对被讯问人施加影响和暗示就更加容易。

3. 友善可增加认同感

讯问人员释放的善意有可能让被讯问人确信办案人员不会伤害其合法权益甚至会保护其合法利益。当被讯问人发现办案人员在从被讯问人自己的立场考虑问题时，其对办案人员语言和行为的认同感就会增加。这种认同感进而会促进信任、激发双方的共鸣。

二、认知控制的策略

（一）如何体现专业性

强调办案人员专业性的目的是让被讯问人觉得办案人员具有很高的专业水平和查明事实真相的能力。不管最终能否查明案件事实真相，也不论办案人员办案水平是否真的很强，讯问中都要想方设法让被讯问人觉得办案人员能力很强，专业水平很高。因此，专业性必须要展现出来，让被讯问人感知得到，甚至产生信服感。可以从如下方面展现：

1. 着装

着装具有很强的暗示作用。着装不同，给人的观感是完全不同的。在日常生活中，无论天气如何，保险营销人员、房产中介人员面对客户都会着正装打领带。为什么呢？就是为了增强专业性，向客户暗示我是在认真为你提供专业服务。

在讯问中，讯问人员的着装重在专业，而不在于高档或漂亮。一般情况下，讯问人员应当穿着职业装讯问，其目的就在于暗示被讯问人，办案人员是在从事职业工作，讯问人是专业的办案人员。因此，办案人员在讯问时的着装基本要领在于“不穿贵的，要穿对的”。这个“对的”就是怎么体现专业性就怎么穿。当然，特殊情况除外，办案人员可以根据不同的讯问对象和讯问环境选择不同的着装，但一定要注意，不穿职业装的前提是穿其他服装比穿职业装看上去更专业或者是特定讯问情境下不体现专业性更有利于讯问。现实中这样的情况也可能会发生。

与着装相配套的是办案人员的发型、配饰和化妆。男性办案人员需要注意发型和文身问题。怪异的发型不仅容易转移被讯问人的注意力，导致分神，而且与制服搭配会破坏整体协调性，让人产生非常奇怪的感觉。试想被讯问人看到办案人员穿着短袖、露着文身会是什么感受？女性办案人员需要注意配饰和化妆。打眼的配饰、不自然的化妆、过浓的香水味会转移被讯问人的注意力，同时也会让被讯问人怀疑其办案的能力。实践中有的女性办案人员把化妆包带进讯问室，在讯问的间隙补妆，这样不仅有损办案人员的专业形象，而且会造成安全隐患。化妆包中口红、眉笔、刮眉刀等化妆用品很有可能成为被讯问人自残、吞食的工具，将这些东西带进讯问室或者办案区域内都有可能构成安全隐患。女性办案人员把化妆包放在办案区过道，被讯问人上厕所时可能会偷拿刮眉刀，试图割腕自杀。

2. 言谈举止

办案人员在讯问中的言谈举止也可以体现专业性。国内有学者通过问卷调查研究被讯问人对讯问人员讯问水平的评价。在问卷调查中，因为讯问人员在讯问中言语态度恶劣而得出讯问水平较低评价的，占侦查人数的39.60%。在具体描述上，被讯问人认为讯问人员在讯问中经常出现骂人、说脏话、说话水平低、语言粗俗、脾气暴躁、粗鲁和说话不文明等现象，这让被讯问人感觉讯问人员讯问水平较低。[①]

讯问用什么样的语言？是用俚言俗语还是法言法语？有的办案人员在笔者发放的问卷调查中把“只会用法言法语，不会用俚言俗语”作为讯问中的问题提出来。在我们看来，讯问的语言是交流沟通的工具，基本的要求是要以被讯问人听得懂的方式来表达。易懂未必就一定要通俗，也未必一定要用俚言俗语。在涉农案件中，讯问的被讯问人是接触基层群众的村支书，当然可以用俚言俗语，但如果被讯问人是一定级别的官员、大学校长、专家型领导干部，用俚言俗语讯问会让被讯问人觉得办案人员像社会的混混。对于涉嫌犯罪的司法工作人员，法言法语都是工作语言，讯问中用法言法语可以提升沟通效率，也可以增加专业认同。

易懂只是讯问语言的基础性要求，讯问语言的专业性还体现在语言的精到、简洁和准确性上。实际上把话说俗很容易，把话说精到很难。

① 刘启刚:《关于犯罪嫌疑人对讯问人员讯问水平的评价研究》，载《山东警察学院学报》2015年第6期。

讯问中办案人员三言两语直击要害，往往会让被讯问人感到难以招架。

讯问中的用词和表达只是从形式上表现出专业性，讯问语言的专业性更多是体现在话轮控制和话题管理上。讯问中办案人员对被讯问人说话的机会收放自如，话题监控到位、转换自然更能体现讯问的专业水平。话轮给得出去，收得回来，与案件有关的话题展得开，无关话题堵得住，既控制得住说话的机会，又能有效管控说话的内容，这才是讯问语言掌控力的体现。这种内在的掌控力会让被讯问人对办案人员专业能力的体验更加深刻。

3. 设备摆设和使用

讯问中特定设备的摆设和使用也能有效提升讯问人员的专业性。近年来，随着经济发展，职务犯罪侦查装备的现代化稳步推进，讯问辅助设备逐步丰富。电子数据提取设备、测谎设备以及在测谎设备基础上改进而成的身心监护设备（如身心监护仪）在侦查中的运用越来越广泛。这些设备体现了大数据时代科技发展的成果，提升了侦查的技术含量，对讯问工作能够起到很大的辅助作用。电子数据信息的提取技术为讯问提供了绝佳的信息支撑，测谎设备的更新和完善为办案人员把握被讯问人生理和心理变化提供了有力帮助。由于这些设备充满了科技感，本身就具有很强的技术含量，在讯问中使用会让被讯问人真实体验到侦查的专业性。

有时候，这些设备在讯问中出现就能起到辅助作用。以测谎为例，测谎的结果在很大程度上取决于测前谈话、测谎人员的编题和测后谈话，测谎中人的作用往往比设备的作用更大。有的地方配有测谎设备，但人员培训不到位。实践中有的办案人员像模像样地穿着白大褂，带着测谎设备给被讯问人佩戴上感应器，问几个问题，不管测试的结果如何，最后都告诉被讯问人没有说实话。结果很多被讯问人就真的承认以前是说谎，开始承认罪行。其中测谎的结果并不准确，但对讯问发挥了辅助作用。原因之一就是测谎设备的出现和使用本身增加了讯问的技术特征，让被讯问人对讯问专业性的认知发生了改变。

需要指出的是，对于涉嫌犯罪的司法工作人员而言，相当一部分人对测谎有所了解或者部分了解。如果在讯问中，把一些技术设备在讯问室摆出来，当着被讯问人的面摆弄几下，对于其他犯罪嫌疑人有可能增加讯问的技术感，但对于司法工作人员职务犯罪案件的犯罪嫌疑人可能效果截然相反。这就需要办案人员在讯问实践中根据讯问工作的需要进行灵活设计和运用。

4. 头衔

专业性与权威感相结合可以更好地发挥影响作用。有时候是专业提升权威，权威发挥影响力，从而改变人的行为。在这一过程中，专业因素与权威因素有时难以区分。专业和权威的外在标志之一就是头衔。在社会生活中，必须付出多年的艰苦努力才能得到真正的头衔，因此，这样的头衔往往意味着专业和权威。但现实生活中也有人毫不费力给自己贴上一个头衔作为标签，也能够让人自动顺从。头衔本身只是专业和权威的外部象征，因而比较容易伪造。但即便是伪造的头衔，有时也能发挥影响作用，江湖骗子就是这么干的。这是因为“头衔除了能让陌生人表现更恭顺，还能让有头衔的那个人在旁人眼里显得更高大”。① 其背后的原因就在于头衔包含着专业和权威的强制力，人们有时候不去区分头衔的真伪就产生了顺从行为。

办案人员也可以运用头衔的影响力辅助讯问工作。例如，某个办案人员以业务专家、副检察长、业务部室主任之类的身份出现，会让被讯问人对其刮目相看。其中，业务专家头衔既包含了专业因素，也包含了权威因素。办案人员的身份级别之类的头衔也具有很强的标签效应。在侦查工作中，办案人员没有必要像江湖骗子一样虚构某些头衔来欺骗被讯问人，这些套路对于司法工作人员职务犯罪案件中的犯罪嫌疑人也很难发挥作用。

当然，职务犯罪案件的被讯问人对行政级别通常比较敏感，对办案人员的行政级别和头衔也比较敏感，讯问人员的头衔以及级别对这类被讯问人也同样能够发挥暗示作用。讯问中，辅助审讯的人员尊敬地称呼主审人员领导、主任等头衔，在向被讯问人介绍的时候，顺带告知主审人员是办案业务专家，会让主审人员的形象在被讯问人眼中

---

① ［美］罗伯特·西奥迪尼:《影响力》，闫佳译，万卷出版公司 2010 年版，第 228 页。

高大起来。这样，主审人员说话的权威性和专业性也同样有水涨船高的效果。

（二）如何提高可信度

讯问中建立信任关系，必须先从提高办案人员可信度开始入手。美国学者布瑞安·杰恩在分析英博、雷德等人的“九步讯问法”的心理基础时指出：“劝说者必须能够让听众把他当作可靠的消息来源，劝说行为才能奏效。”[①] 听众是否把劝说者“当作可靠的消息来源”就是取决于说话者展现的可信度。在布瑞安·杰恩看来，可信度是由诚恳、充分掌握信息，以及适当的态度一起构成的。[②] 从心理学原理上看，这种观点有一定道理。在笔者看来，诚恳本身就是一种态度，把诚恳单列出来可以突出其重要性，但分类上存在瑕疵。同时，影响可信度的因素也不完全限于布瑞安·杰恩所列的这几种，如借助权威的力量也可以增加可信度。结合调研收集的职务犯罪讯问实践经验，笔者认为讯问中办案人员提升可信度可从如下方面入手。

1. 诚恳的态度

诚恳的本意是形容态度诚实而恳切，不虚伪。关于诚恳与可信度的关系，布瑞安·杰恩的论述非常精彩，他认为：“诚恳，不管是真的还是装出来的，毋庸置疑的是适任的侦讯者所必须具备的条件，因为这可以让侦讯者的形象、语言及行为都具备适当的可信度。”[③]

讯问中如何体现诚恳的态度？笔者认为可以从讯问策略和沟通形式两个方面来体现。一方面，要增加讯问人员的可信度，在审讯策略上需要牢牢把握“诚”字诀。所谓“诚”，就是在审讯中做到“不哄、不骗、不诈”；另一方面，讯问人员可以在语气、语调、眼神、表情、距离等沟通形式上下功夫，体现可信度。具体来讲，需要注意的事项

---

① ［美］佛瑞得·英鲍、约翰·莱德、约瑟夫·巴克莱：《刑事侦讯与自白》，高忠义译，商业周刊出版有限公司 2000 年版，第 430 页。

② ［美］佛瑞得·英鲍、约翰·莱德、约瑟夫·巴克莱：《刑事侦讯与自白》，高忠义译，商业周刊出版有限公司 2000 年版，第 430 页。

③ ［美］佛瑞得·英鲍、约翰·莱德、约瑟夫·巴克莱：《刑事侦讯与自白》，高忠义译，商业周刊出版有限公司 2000 年版，第 430 页。

主要包括如下方面。

（1）不讲大道理。所谓大道理，就是指脱离实际的空洞理论。对于司法工作人员职务犯罪案件的被讯问人而言，讲大道理、空道理是再熟悉不过的套路了。有的落马官员甚至就是靠讲空道理、大道理出身的，大而化之的空话对其而言就是家常便饭。办案人员尤其是年轻一些的办案人员对这种人讲大道理，简直就是班门弄斧。用笔者调研中一位办案人员的话说，就是“对腐败官员别讲大道理，他们的大道理更多”。

（2）不讲假话。具体来讲，就是不用虚假信息欺骗被讯问人。这里需要注意说真话、说假话、欺骗与讯问谋略之间的关系。说真话就是告诉被讯问人真实的信息，说假话就是告诉被讯问人虚假的信息。在讯问中说真话可以讲究谋略但是不能说假话。形象一点儿说，就是讯问中“办案人员可以不说真话、少说真话、不明确地说真话，但是绝不要说假话”。通俗一点儿讲，就是办案人员可以在讯问中对被讯问人不告知真实的信息，少告知真实的信息，或者不明确地告知真实信息让被讯问人自己去体会，但是绝不要告知虚假的信息。其中，不告知、少告知、不明确地告知被讯问人真实信息是讯问的谋略，故意告知其虚假信息就是欺骗。在讯问中对被讯问人不讲假话并不意味着对其只能讲真话。

在司法工作人员犯罪案件中对被讯问人不说假话有其合理性，这是因为多数被讯问人的思考力、洞察力都比较强。有的被讯问人甚至给办案人员使绊子，以判断办案人员的话是否可信。因此，对这种类型的被讯问人说假话，被发现的概率相对要高一些，一旦被讯问人发现办案人员说假话，其对办案人员信任的基础就会丧失。

（3）不讲空话。所谓空话，是指无法实现或者根本不打算实现的话。不讲空话要求讯问人员对被讯问人不作无法实现的承诺，不说做不到的话。表现在讯问中，不说空话强调的是讯问人员说与做的一致性，通过“说到就做到”来增加讯问人员的可信度。侦查过程中被讯问人本人或者其家庭可能会出现一些现实困难，有的被讯问人会提出一些合法但难以办到的要求。如有的被讯问人被羁押，孩子没人管；有的被讯问人确实有紧急情况需要提供帮助。在这种情况下，办案人员说到做到，甚至“跳到井里救人”，在不影响办案的情况下为被讯问人切实解决困难，不仅会让被讯问人心存感激，而且会产生信任期待。在侦查过程中，办案人员用细节和实际行动来证明自己的可信度，更容易让被讯问人产生信任感。

（4）语气平稳，谨慎用词。在讯问中讯问人员语言表达方式也会影响自身的可信度。一般而言，讯问人员的语气、语调、遣词用字会影响被讯问人对讯问人员的认知判断。语气急促、语速过快，会让被讯问人觉得办案人员比较心急，说话凭直觉会让其觉得办案人员欠思考，这些都会降低可信度。与之相反，相对缓和的语调、平稳的语气会增加讯问人员的稳重感，谨慎的用词可以给人以深思熟虑的感觉，这些都是给可信度加分的选项。因此，除非情况紧急或者故意设计的讯问谋略，讯问人员一般应当以谨慎的吐字用词和缓和的语调与被讯问人交流，以增加自身的可信度。

（5）目光亲切，表情开朗。目光和表情也是人际沟通的渠道。讯问中办案人员与被讯问人的目光交流和表情互动不仅影响传递信息、情绪感染，而且影响彼此的判断。讯问人员带着什么样的表情、用什么样的眼神看被讯问人，会影响被讯问人对讯问人员可信度评价。实践中，办案人员要建立信任，通常会用亲切的目光和开朗的表情与被讯问人交流。亲切的目光可以表现出一定的亲和力，开朗的表情则具有情绪感染作用，对于身陷困境和重压的被讯问人而言，具有吸引作用，同时也会增强办案人员的可信度。

2. 充分掌握案件信息

办案人员对案情的熟悉程度会直接影响被讯问人对其可信度的判断。熟悉案情是讯问不可或缺的准备环节。讯问人员不仅要对案件的侦查情况了如指掌，而且要对相关背景信息充分把握。背景信息如被讯问人的背景资料、家庭情况、活动规律、财产状况、社交圈子、其他涉案人员的姓名、涉案事实的时间、地点、环境细节等。办案人员对涉案人员、事件、环境背景等方面的信息掌握越充分、越准确，在讯问中对被讯问人供述的辨识能力就越高，发现和纠正谎言的概率就越高。讯问人在讯问中表现出一切都知道的样子，不仅会改变被讯问人对案件暴露情况的认知，还会增加办案人员自身的可信度。对信息的掌握情况体现了讯问工作的准备状况，也体现办案人员工作的勤奋和严谨程度。办案人员掌握的信息量越大、信息越准确，说明其工作态度越认真、侦查能力越强，其行为、言语的可信度越高。反之，如果讯问人员把基本的人名、地名或者案件事实的关键信息都搞错了，也就意味着其对案件事实和信息没有真正了解，也问不出什么实质的问题，同时也意味着其办事的能力和效率是靠不住的。所以，要增加讯问人员的可信度，就必须仔细准备，多渠道充分掌握案件信息。

（三）如何表现友善

要建立友善和睦的交流关系，办案人员必须释放真实善意，并让被讯问人体会到其善意是真实的。

1. 注重人情

人情在中国的语境中具有多重含义，这里主要是指人的情感和人之常情。讯问人员与被讯问人可以有必要的情感交流。即便是被讯问人或者是罪犯，对方也依然是人，其行为和思想受情感和情绪影响，且情感、情绪反应规律和一般人是一样的。情绪控制是讯问的重要原理，也是办案人员影响被讯问人的重要途径。办案人员与被讯问人进行情感交流可以体现人文关怀，也可以展现友善的姿态。所谓注重人情，内涵之一就是强调办案人员要注重被讯问人的情感反应和情感交流。

除此之外，注重人情还强调办案人员在讯问中以人之常情对待被讯问人。即在一些事情和关系的处理上以约定俗成的事理标准对待被讯问人。待之以人之常情，一方面可以避免被讯问人因为身份变更而产生被歧视感；另一方面也可以弱化身份标签效应，减少办案人员与被讯问人双方在立场上的对立。

2. 尊重人格

尊重人格在这里是指办案人员要尊重被讯问人的人格尊严。一方面，要照顾被讯问人的自尊心；另一方面，要给被讯问人以最基本的尊重。人格对于职务犯罪案件的被讯问人而言更具有特殊意义。这些人本来属于社会上的精英，原本有较高的社会地位，平日受人尊重，一旦被立案侦查，身份地位落差较大。因此，相对于其他犯罪案件的被讯问人，这些落马的官员往往更在乎面子和尊严。同时这些官员一旦颜面尽失有的也会不择手段撒泼、撒赖。实际上，尊重被讯问人的人格尊严既是人性办案的需要，也是提高讯问效果的一种策略。

尊重被讯问人的人格尊严，在一定程度上表现为照顾其面子。“面子”具有典型的中国文化特色，通常是指颜面、情面。在办案实践中，对于比较在乎颜面的被讯问人，办案人员可以给足面子，照顾其自尊心。例如，被讯问人虽然已经被立案侦查，依然称呼其为“厅长”“局长”“领导”。这种称呼一方面照顾了被讯问人的面子，另一方面也可以防止被讯问人撒赖。实践中有的被讯问人在讯问室撒泼，办案人员突然改口称呼其为“领导”，被讯问人自己又不好意思了。给面子的同时，如果辅助以情感照顾，对被讯问人以诚相见，效果往往会更加明显。尊重人格尊严，面对被讯问人的个人困难，办案人员出手相助，往往会让被讯问人深受感动，甚至觉得亏欠办案人员个人人情。这种人情上的亏欠感在一定程度上可以防止被讯问人翻供。调研中发现，确实有的被讯问人因为办案人员对其照顾有加，明明可以翻供也不好意思，甚至在庭审中不配合自己的辩护律师，反而配合公诉人，原因之一是觉得翻供对不起办案人员。

办案人员在尊重被讯问人的人格的同时，要注意“面子”和“架子”的区分。面子是别人给的，架子是自己摆的。办案人员可以照顾被讯问人的人格尊严，给足其面子，但是绝不能让被讯问人“摆架子”。形象一点儿说，就是对有一定职务的被讯问人“面子撑起来，架子打下去”。打架子就是对于官谱大、摆架子的被讯问人一定要打掉其官架子，消减其心理优势。不管再大的官员，涉嫌犯罪就是被讯问人，办案人员行政级别再低，也是代表办案机关。

3. 表现怜悯和慈悲

讯问人员对被讯问人的错误和由此带来的境遇表示同情和关怀，可以让被讯问人感受到善意。真诚的、发自内心的怜悯会让被讯问人意识到办案人员并不是幸灾乐祸地对待其境遇，而是会为被讯问人合法利益考虑，这样可以降低被讯问人的对抗情绪。由于怜悯通常是对弱者的同情，造作的怜悯有可能会伤及被讯问人的自尊心，因此，讯问中办案人员表现怜悯需要注意两个方面事项：一是尽可能发自内心地表现真诚的怜悯，避免惺惺作态；二是多对事、对境遇表示同情。这样可以避免对方产生被施舍感，同时也能体现办案人员的友善。

慈悲可以释放比怜悯更进一步的善意，表现为对某物或某事怀有不忍之心。这种不忍之心超越自私心理，以对方、双方或者整体的利益为导向，因而在生活习俗中慈悲通常被视为一种“大善”。有慈悲心或者表现出慈悲心的人，更容易让对方感知到善意，也更容易建立起信任。同样地，办案人员在与被讯问人接触和交流的过程中表现出一些慈悲，会让被讯问人觉得办案人员会考虑其自身利益，会从双方共同利益或者司法公正的角度思考和行事，有利于被讯问人对办案人员建立信任。

4. 避免愤怒情绪

讯问期间的愤怒情绪会影响双方的交流。不管是办案人员发怒，还是被讯问人发怒，都会影响讯问的进程。即便愤怒情绪没有爆发，也会影响双方沟通和信任。被讯问人的愤怒情绪会影响其对信息的接收和正常表达，形成交流障碍。办案人员的愤怒情绪会让被讯问人感受到敌意，激发被讯问人的对抗或戒备之心。

从办案人员角度来看，要体现友善、建立信任就必须控制情绪，避免愤怒。愤怒是一种原始的情绪反应，是因为愿望不能实现或者目的行为受挫而引发的一种紧张且不愉快的体验。审讯人员的愤怒情绪通常是因为审讯无法突破、审讯任务不能及时完成而引起的，要避免愤怒情绪，就需要遵循审讯规律，客观看待讯问进程，合理确定审讯任务，尤其在审讯陷入僵局的情况下要有足够的耐心和信心，即便尝试的讯问措施和策略没有达到预期目标，也要冷静反思，耐心推敲。良好的情绪控制能力和足够的耐心是审讯人员的基本素质，也应当是检验审讯人员岗位素能的重要指标。

办案人员的善意在不同的时刻，对于不同的人，有着不同的作用和效果，这就需要办案人员根据讯问的情境、对象灵活运用不同的策略。因时、因事、因人以不同的方式释放不同善意，并让被讯问人感受到。

6 第六章

引导被讯问人供述

引导供述是侦查讯问的核心环节之一，本书在关于侦查讯问的环节和任务中已有所论述。该环节是在转化态度之后，解决了犯罪嫌疑人“说与不说”问题之后，重点解决“怎么说”的问题。核心任务是引导犯罪嫌疑人如实供述犯罪事件的经过，收集犯罪相关信息并固定成笔录。对办案人员而言，在这一环节如何引导至关重要：一方面要让犯罪嫌疑人客观全面供述其所参与和经历的完整过程；另一方面也要兼顾重点，让其陈述清楚犯罪事实基本要件、关键细节，同时尽量做到有序。换言之，既要让犯罪嫌疑人“知无不言，言无不尽”，也要让其“言之有序，重点突出”。因而在被讯问人态度转变之后，为保证讯问目的和办案质量，还需要对其供述加以引导。这里的引导，既有方向上的“引”，如对于案件无关的内容及时打断，对犯罪嫌疑人不知如何说起时，要引入关键话题等；也有内容上的“导”，如对多个事实先说什么后说什么，单个事实如何按照记忆和时间、空间规律有序陈述。

一、引导供述环节的根本任务

在被讯问人态度从对抗转为配合以后，讯问的任务随之转向引导被讯问人供述案件事实并固定为证据。此时的核心任务是让被讯问人把与案件事实相关的信息完整、准确地表述出来，并以笔录的形式予以固定。由于案件信息储存于被讯问人的记忆中，要把这种记忆信息引出并固定下来，就必须遵循记忆的规律和人类言语表达的规律。

被讯问人大脑中关于案件的信息通常以三种形态存在：

一是有记忆的信息。被讯问人对自己经历和感知的犯罪事实有的具有深刻的印象，有的可能相对模糊。这种有记忆的信息根据内容可以分为两种类型：一种是关于案件事实的记忆，即事件发生、发展过程的记忆；另一种是被讯问人自己实施行为时的主观心理状态的记忆，即当时的认知状态和意志状态。

二是遗忘的信息。由于犯罪是发生在过去的事件，被讯问人的记忆会随着时间的流逝而遗忘，处于遗忘状态的记忆有的是可以回忆起来的，有的则是彻底遗忘无法回忆的。

三是虚假的信息。由于记忆会受到前摄干扰和后摄干扰，记忆的信息有可能出现错误和扭曲。这部分信息陈述出来会形成虚假的信息。

对于不同样态、不同类型的信息，办案人员需要采用不同的方法引导和固定。对于有记忆的案件事实信息，需要引导被讯问人根据记忆如实供述。对于实施犯罪行为时的心理状态，需要根据被讯问人对认知状态和意志状态的记忆进行核对。对于遗忘的信息，办案人员要尽力唤醒被讯问人的记忆。对于虚假或者不确定的信息，在讯问中需要进行核实。基于此，我们可以把引导供述的任务细分为四个方面：一是提取事实记忆；二是核对心理状态；三是构建供述自愿性；四是实现问话目的。

二、记忆信息的提取

被讯问人对犯罪事实留存有记忆的，办案人员需要尽可能把这种记忆的信息提取并固定下来。“提取”是一种形象表述，实质上是引导被讯问人把记忆的信息全面、准确地表述出来，并由书记员以笔录形式固定下来。提取犯罪事实的记忆信息，有两个方面的基本要求：一是完整全面，二是准确无误。

（一）犯罪信息的完整性

所谓信息完整，是指具体犯罪事实的基本述事要素要齐全。述事的基本构成要素包括如下方面：何人（who）、何事（what）、何时（when）、何地（where）、如何（how）、为何（why）、结果（consequence）、因果关系（causality）八个方面。述事的基本要素齐全了，犯罪事实的信息基本也就完整了。引导被讯问人供述的时候，办案人员心里要有述事要素的基本清单，尽量做到无遗漏，尤其是关键要素不可漏问。

不同性质的案件，述事要素的侧重点不同。就职务犯罪案件而言，贪污贿赂类犯罪与渎职侵权类犯罪有所不同。贪污贿赂类案件，往往侧重于贪污、贿赂行为的时间、地点、方式和具体数额以及赃款赃物的去向等因素。渎职侵权类案件，则侧重于主体职权、作为或者不作为方式、后果、因果关系等因素。检察机关立案侦查的司法工作人员相关职务犯罪大多属于渎职侵权类犯罪，认定犯罪是否构成的核心要素包括被讯问人的岗位职权和责任、行为方式、危害后果和因果关系等。其中，因果关系通常是被讯问人辩解的关键点，也是司法工作人员职务犯罪认定的难点。

（二）行为信息的准确性

犯罪事实的信息从被讯问人的记忆转换到讯问笔录，需要经过一个复杂的心理和行为过程。这一过程可能会出现信息的扭曲，影响笔录记载信息的准确性。一般而言，从记忆信息到笔录固定需要经过如下环节，每一个环节都有可能出现信息的扭曲。

第一，被讯问人对信息进行语言编码（信息编码）。大脑中的记忆要用言语表达出来，就必须对这些信息进行语言编码，也就是转换成自己和对方都听得懂的语言。在这一过程中，信息可能出现扭曲。如被讯问人掌握的语言词汇可能并不足以准确表达记忆中的犯罪信息，因为在他的语言库中就没有那一套相对严密的法律词汇，只能以自己的沟通经验和语言词汇来编码。

第二，言语表达（信息传递）。被讯问人在其大脑中对信息编码之后才能以言语的形式表达出来，这个表达过程是信息的发送和传递的过程。传递信息的载体主要是声音。被讯问人的有声语言乃至语气、语调都可以传递信息，实际上被讯问人的信息还可以通过表情、眼神、肢体动作来传递，但这并不是主要途径。讯问主要收集的是被讯问人用有声语言表达的信息，其他信息对办案人员只能起辅助参考作用。这也就意味着被讯问人通过有声语言表达的信息只是一部分，而并非全部。

第三，办案人员的倾听（信息接收）。被讯问人以有声语言供述案件事实，办案人员需要倾听和接收，倾听是一个信息接收过程。办案人员要有耐心且会听才能听清、听准被讯问人发送的信息。听错音节和停顿都有可能导致理解错误。

第四，办案人员的理解（信息解码）。办案人员接收到被讯问人的语言还需要进行理解才能准确把握其真实意思。这一过程是信息解码的过程，也有可能扭曲被讯问人要表达的本意。语言中的指代词和逻辑关系都有可能导致理解错误。如被讯问人所说的“前面”与“后面”,“这”与“那”到办案人员那里可能会出现颠倒，最终导致案件事实出现完全相反的理解。

第五，书面固定（信息书面化）。办案人员理解了被讯问人所要表达的意思以后，需要用笔录的形式进行书面固定，这一过程是把被讯问人供述的信息书面化，也同样会出现信息的衰减和扭曲。被讯问人的供述是口语化的、细碎的，甚至是逻辑混乱的。办案人员在记录的时候，不可能把每一个音节都按照原始顺序记录下来，通常是根据自己的理解进行选择性记录，把其认为重要且与案件有关的信息记录下来，其认为不重要或者与案件无关的陈述就会省略。这种情况时常发生且有时候也是必要的。但办案人员是根据自己的理解来判断和选择的，未必符合被讯问人要表达的本意，从案件事实的认定上看也未必都是准确和恰当的。

这五个环节都有可能出错，但办案人员只能在后面的三个环节发挥作用。被讯问人的信息编码和言语表达过程，办案人员是无法控制的。办案人员能做的就是在信息接收的过程中仔细、耐心地倾听，准确抓住被讯问人发出的每一个音节、语气、语调和停顿，同时留意捕捉被讯问人的非语言反应；在理解的时候从被讯问人的角度去思考和揣度其要表达的意思，参照被讯问人的非语言反应进行推断，把握不准的情况下再与被讯问人进行核对；在书面固定阶段，尽可能按照被讯问人的本意进行记录，并让被讯问人根据笔录进行修改。

需要指出的是，这里的信息只是被讯问人记忆的信息，并不一定就与案件的实际情况相符合。这里并不排除被讯问人感知错误和记忆错误的情况。在被讯问人一开始就感知错误的情况下，其记忆的信息就与原始的现实状况不一致，即便被讯问人感知没有错误，记忆过程也有可能出现遗忘和加工，动摇记忆信息的准确性。一旦在这两个环节中的任何一个环节出错，最终笔录所固化的信息就背离了案件的真实状况。因此，在讯问中，办案人员不光要仔细倾听、准确理解被讯问人所要表达的意思，还要根据认知规律和记忆规律斟酌判断供述中可能出现的感知错误和记忆错误，在引导供述的时候及时、主动地进行核实。这样才能尽最大可能减少笔录信息的错误。

三、主观心理状态的核实

讯问是确认被讯问人主观方面的重要途径。主观方面是犯罪构成的重要方面，包括行为人实施涉嫌犯罪行为时的认知因素和意志因素。这些因素不仅决定着犯罪是否成立，而且影响具体罪名的认定。犯罪主观心理状态一般可以通过两种途径认定，一种是通过证据和经验法则进行推断，另一种是引导被讯问人自己供述。

推断并不具有普遍适用性，有的案件可以进行推断，有的案件则很难进行推断。如杀人故意还是伤害故意，一般可以根据实施的手段、使用的工具、打击的部位和最后结果来进行推断，但有的案件证据情况复杂，所依据的经验法则并不具有必然性和普遍性，认定主观方面就比较困难。在这种情况下，被讯问人自己供述就显得非常必要。犯罪嫌疑人实施犯罪行为时的认知和意志都是主观的，只有被讯问人自己最清楚，认知状态和意志状态是什么样的，被讯问人的供述具有最直接的证明作用。有的案件中，供述对犯罪主观方面的证明作用不可替代，没有供述就无法认定主观故意。正因如此，讯问在有的案件中成为确认主观方面的唯一途径，发挥着不可或缺的作用。

讯问应当把被讯问人的主观故意落实到纸上。讯问就是供述的形成和固定的过程，由于主观故意不可或缺，又是以主观状态存在于被讯问人的记忆中，办案人员只有把它固定下来，形成书面的供述，讯问的目的才能实现。办案人员提问得再精妙，被讯问人说得再好，如果没有以讯问笔录的形式固定下来，都是无用的。

被讯问人的心理状态是多种多样的，表现的途径也是多样的。讯问中，办案人员在引导被讯问人供述的时候，需要尽量把体现主观故意的各个方面都考虑到位。在对认知状态和意志状态进行直接提问和核实的同时，还需要注意如下方面的问题：

（一）犯罪动机、目的与解释

讯问中有的被讯问人会直接对犯罪动机予以供述，有的则进行间接性解释。被讯问人对犯罪动机的供述、目的和解释，是确认其主观意志因素的重要依据。

犯罪动机和目的在诉讼证明中具有至关重要的作用。是否有犯罪动机的陈述、犯罪动机是否合常理，具体的犯罪动机是什么，在动机基础上生成的犯罪目的是什么，这些因素不仅决定供述的证明力，而且影响罪名的认定。在讯问中，办案人员不仅要认真倾听被讯问人对犯罪动机的供述和解释，而且要在必要的时候主动提问。从诉讼证明角度来看，被讯问人对动机的供述和解释，具有如下作用：

1. 影响供述的可信度

人的有意识行为都是在特定动机驱动下实施的。一般而言，人的外部行为与内心活动是有机统一的。内心活动指挥和控制着外部行为，同时内心活动根据外部行为的结果进行调整和反馈。从内部心理活动看，人的需要驱动产生动机，动机形成之后进一步明确和具体化，形成目的，目的进而指导行为。在犯罪案件中，有的行为人有明确的目的，有的行为人并没有明确的目的，但不管有没有明确的目的，动机通常都是存在的，只不过没有进一步明确而已。动机才是最根本的内心驱动因素。

合理的动机和解释会增加供述的可信度，强化供述的证明力。如果被讯问人供述中有相对合理的动机陈述，而且动机与行为相互匹配，被讯问人对动机的解释符合情理，那么该供述会让人觉得符合经验法则和日常生活的基本逻辑。证据裁判者在审查证据的时候，会觉得供述的行为更为可信。因为经验法则和生活逻辑是判断证据真伪的重要依据。反之，不合常理的动机会动摇供述的可信度，降低供述的证明力。如果没有动机的陈述，或者被讯问人供述的动机与外在的行为不相匹配，行为人的动机便会受到质疑。如聂某案件中，最高人民法院再审判决中认定“原审判决认定花上衣系作案工具存在重大疑问”，原因之一就是“聂某供述偷花上衣的动机不合常理”。判决书认为：

聂某供述偷取一件破旧短小的女式花上衣自穿不合常理。根据聂某供述及相关证人证言，聂家当时经济条件较好，聂某骑的是价值400余元的山地车，月工资有几百元，并不缺吃少穿，衬衣就有多件。平时除上班有些散漫外，无任何证据证明聂某此前有过偷盗等劣迹，也无任何证据表明其对女士衣物感兴趣，而涉案上衣是一件长仅61.5厘米且破口缝补的女式花上衣，显然不适合聂某穿着，故其所供偷拿该花上衣自穿，不合常理。

2. 体现主观恶性

犯罪动机能够体现行为人的主观恶性。犯罪行为发生以后会成为客观的犯罪事件，但单从犯罪行为上分析，并不足以全面认定犯罪者的主观恶性。两个犯罪案件的行为模式可能是一样的，但行为者内在的动机不同，可能会影响裁判者对犯罪者主观恶性的认定，进而在量刑上出现差异。如同样是受贿行为，有的被讯问人是为了买官而向下级或者管理对象索贿，有的则是面对人情的压力而被动受贿的，也有的是为了维系客户关系，收受他人财物之后将赃款用于社会捐赠。第一种情形下，是法定的从重处罚情节，后面两种情形中被讯问人的受贿动机不同，主观恶性也不同，虽然不影响定罪，但在量刑时，却是审判人员可以酌情考虑的因素。[1]因此，在讯问的时候办案人员也应当从这个角度进行思考，引导被讯问人供述行为时的具体动机，越具体越好。

3. 区分犯罪行为和罪名

行为时不同的认知状态和意志状态直接影响罪名的认定。在司法工作人员职务犯罪中，区分滥用职权与玩忽职守的一个关键因素是主观方面，行为人是故意还是过失，是何种故意，何种过失，都要核实。而在直接故意状态的认定中，犯罪目的和动机的核实至关重要，不同的目的直接决定了涉嫌犯罪的罪名。例如，执行环节的司法腐败案件，执行局局长和承办人，对于案件执不执行、如何执行、何时执行，拥有绝对话语权，也为暗箱操作提供了空间。负责民事判决执行的承办法官把执行款划拨到法院执行账户以后，不按照规定在多个申请执行人之间公平分配，而是“选择性执行”。如果法官没有收受好处，“选择性执行”会造成其他执行人利益损失的，构成执行判决、裁定滥用职权罪；如果被风险代理律师拉拢，通过收入分成等方式结成利益链，对有利可图的案件区别对待，优先执行到位，这种“选择性执行”可能同时构成受贿罪。如果借故挪用部分执行款，则构成挪用公款罪；如果法官与代理律师串通，共同私分执行款的，则可能构成贪污罪。行为目的不同，构成的犯罪也不同。此外，不同阶段目的的变化也可能导致罪名发生变化，如执行法官挪用执行款，也可能因为动机转化而构成贪污罪。例如，把公款转移到个人名下，从行为上看，手段、方式没有什么明显区别，但动机具有决定性意义。如果行为人是为了归个人使用，过一段时间归还，则是挪用公款；如果被讯问人计划用于挥霍，没有归还的故意，则属于贪污行为。在这种情况下，就需要确认被讯问人把公款转移到个人名下的具体动机。

---

① 最高人民法院、最高人民检察院《关于办理贪污贿赂刑事案件适用法律若干问题的解释》第 16 条第 1 款规定：“国家工作人员出于贪污、受贿的故意，非法占有公共财物、收受他人财物之后，将赃款赃物用于单位公务支出或者社会捐赠的，不影响贪污罪、受贿罪的认定，但量刑时可以酌情考虑。”

4. 引发同情或憎恶

在讯问中，办案人员引导被讯问人供述犯罪的动机并记载于讯问笔录中有可能对是否逮捕、定罪和量刑发挥作用。被讯问人对犯罪动机的供述和解释会引起办案者的情感共鸣，进而引发同情或者憎恶。这种同情和憎恶虽然不是法律所能规定的，但却有可能影响办案者的自由裁量。例如，审查逮捕人员决定是否批捕、审案人员裁量量刑幅度的时候，都有可能有意无意地受这种情感的影响。

在引导被讯问人供述犯罪动机的时候，办案人员需要根据被讯问人的记忆和真实心理状态来引导。被讯问人当时的认知状况和意志因素是什么状态的，就记录成什么状态。不能也不应该引导被讯问人歪曲本意进行供述，否则会导致错误的定罪或量刑，对被讯问人来讲是不公平的。

（二）共同犯意

从近几年查办的案件看，我国腐败呈现群体化趋势，系统性腐败、塌方式腐败时有发生。表现在职务犯罪案件中，一方面是“窝串案”越来越多，另一方面是多个主体合谋串通实施犯罪的现象也越来越多。这就需要办案人员既要调查多个犯罪主体外在行为的关联性，又要核实其主观故意的关联性。其中，犯罪嫌疑人、被告人的共同犯意对于罪名的认定具有至关重要的影响。讯问中如何引导被讯问人供述共同犯意，也越发显得重要。

在司法工作人员职务犯罪案件中，不同犯罪人员之间的关联性是不一样的，因而共同犯意也存在不同的形态。办案人员需要根据不同的形态进行有针对性的引导。

1. 司法工作人员之间

实践中，司法工作人员之间共同犯罪的情形不在少数，如司法工作人员利用职务便利实施的非法拘禁、非法搜查、刑讯逼供、暴力取证等犯罪，通常涉案的主体不止一个。不同主体之间是否具有共同犯意，是认定共同犯罪的基本条件。

杨某与何某某发生系列诉讼久拖不决，杨某希望通过刑事诉讼程序控告对方当事人何某某等人诈骗其钱财。于是便请托时任某市公安局甲区分局经侦大队副大队长的顾某在该案上提供帮助。顾某找到了其警校同学时任该市乙区分局刑警中队负责人侯某某，向其介绍了案情，介绍报案人杨某与侯某某认识。顾某多次与侯某某沟通案情，并促成了侯某某与乙区分局刑警中队安排警力侦办。在明知案件不属于甲区警方管辖的情况下，顾某私自查询何某某的公司所在地，并提供给了侯某某。2023 年 9 月 4 日，侯某某指派民警及辅警将何某某、胡某某带回乙区公安分局。当晚，作为甲区分局民警的顾某与乙区分局刑警中队民警一起审讯涉案人员何某某和胡某某。在审讯何某某过程中，为获取涉案人员认罪口供，顾某殴打了何某某。其间，侯某某在审讯室目睹了顾某殴打过程，但未上前阻止。之后，顾某在审讯过程中，也对涉案人员胡某某进行了殴打和侮辱。2023 年 9 月 9 日，顾某会同乙区分局中队民警，将曾某某传唤至乙区公安分局。顾某在审讯过程中，同样采取殴打、体罚及侮辱等方式，使曾某某“最终承认实施了犯罪，并指证石某律师（女）教其伪造证据以实施诈骗”。2023 年 9 月 10 日，女律师石某与曾某某的妻子庄某到乙区公安分局了解情况时，被带到了审讯室。侯某某让顾某帮忙审讯石某。顾某到现场后，认为石某态度恶劣，便对其进行了殴打、体罚和侮辱。后经鉴定，石某的伤情构成轻微伤。

在讯问中，顾某坚称何某某等人存在诈骗事实，诈骗案一直没有撤案，自己作为一名人民警察，出于公平正义，情绪激动之下打了人。侯某某则在讯问中辩称，他并没有叫顾某过来参与审讯办案，是顾某自己主动过来的；其本人没有参与殴打他人；顾某在审讯过程中殴打他人时，他也未在现场，事后得知情况后也对顾某进行了阻止；顾某“越界”参与审讯办案，也仅仅是违纪行为，不构成犯罪。同时，侯某某认为自己的行为不构成犯罪，仅是一种违纪行为。

在本案中，顾某具有司法工作人员身份，没有侦办案件的权限但却跨区域越权限参与刑事案件审讯，并以殴打、体罚及侮辱等方式对涉案的3名企业负责人、一名女律师进行刑讯逼供。侯某某作为侦办案件的主要负责人，明知顾某无侦办权限，仍违规允许其对案件的涉案人员进行审讯。不难发现，顾某是刑讯逼供行为的实施者，但却无侦办案件的权限；侯某某有侦办案件的权限，且是主要负责人，但并没有具体实施刑讯逼供的行为。此外，侯某某、顾某并没有上下级隶属关系，也没有工作上的协作关系。如果把两人的行为分开进行评价，要认定刑讯逼供都存在欠缺，因为单从刑讯逼供角度看，顾某有行为无职权，侯某某有职权无行为。但要认定共犯，就必须证明侯某某与顾某存在共同犯意，没有共同犯意，就不能作为一个行为进行评价。因此，在本案的讯问中，必须要核实的问题包括：（1）顾某、侯某某事前的沟通情况；（2）侯某某对顾某跨区域越权限参与审讯的认知情况以及默许和纵容的意志状态；（3）顾某对自己跨区域越权限参与审讯是否合规的认知情况；（4）侯某某对顾某实施殴打、体罚及侮辱等行为的认知情况和当时的意志状态。

在涉嫌共同犯罪的职务犯罪案件中，有的国家工作人员之间经过事前共谋，有明显的共同故意；有的共同故意不明显，认定起来比较困难；也有的案件看似是共同犯罪，实则没有共同故意，不构成共同犯罪。在讯问中，办案人员需要根据具体的案情采用不同的策略把不同被讯问人主观方面核实清楚。既要核实涉案的司法工作人员之间是否有共同的犯罪故意，有共同犯意的情况下又要核实具体的内容是什么。

在徐某某以资抵贷案的执行中，徐某某名下公司因拖欠巨额借款，被银行申请执行以资抵贷。为尽快推进资产拍卖及资金交付以减少利息支出，徐某某请时任某市中级人民法院执行局局长的胡某帮助快速执结，并送给胡某20万元，同时承诺事后再给胡某10万元。身为执行局局长的胡某，多次明确指示办案人员赵某加快有关案件的执行进度。在执行的前半段，由于资产拍卖进程快，大约三分之二的资金得以快速交付，为徐某某节省了大量利息支出。而在后半段，由于徐某某没有继续给事前承诺的10万元钱，胡某就指示承办人赵某拖延执行进度，将拍卖的资金600万元压在法院执行账户上。在此期间，胡某指示赵某伪造证据材料，将拍卖款中的200万元转出用于自己炒期货，准备炒期货赚钱之后归还。但是由于胡某不懂期货，最终形成巨亏，导致200万元无法归还。后来，徐某某又送给胡某10万元，胡某则指示赵某将拍卖款的余额400万元资金交付，但另外的200万元无法交付。

这其中，徐某某是否构成受贿暂不讨论。对其指示赵某伪造证据转出200万元用于炒期货，如何评价存在多种可能性。其中，赵某在徐某某的指示下伪造证据材料，将200万元转出的行为如何评价是关键点。赵某是否都构成犯罪？徐某某、赵某是否构成共同犯罪？案件看似简单，但认定起来比较复杂。赵某是否知道徐某某转出拍卖款中的200万元用于期货交易？徐某某是否告知赵某将200万元转出的具体用途？如果徐某某告知，且赵某知道转出200万元的具体用途，则构成挪用公款共犯。如果徐某某没有告知，赵某不知道具体用途。赵某只觉得徐某某是自己的顶头上司，不敢得罪也不敢多问，明知道伪造证据材料是违法行为却依然按照徐某某的指示伪造证据材料将200万元转出交给徐某某，那么认定挪用公款的共犯就比较困难。如果在讯问中办案人员没有问到这方面的问题，那么案件的定性就存在问题。

如果行为人之间有共谋行为，讯问中查明共谋行为即可为认定共同故意奠定事实基础。但是认定共同故意时，并不一定需要证明共犯之间有积极共谋行为。在行为人之间没有积极共谋行为的情况下，只要其他条件具备，也可以认定有共同故意。共同故意的成立理论上需要具备两个条件：第一，各行为人都是出于故意；第二，各行为人的故意之间有联络。在认知因素上，每个行为人不仅认识到自己在实施故意犯罪，而且知道其他人共同实施，同时还认识到不同行为人之间有相互配合关系。只要这两个方面的条件具备，就可以认定共同故意的存在。因此，在行为人之间没有积极共谋行为或者无法查明是否有共谋行为的情况下，办案人员可以分别从每个行为人的故意入手，在查明每个行为人故意的基础上，讯问不同行为人故意之间的联络关系。

2. 司法工作人员与其他人员之间

在司法工作人员职务犯罪中，不乏司法工作人员与其他人员共谋，共同实施犯罪的情况。这其中，有司法工作人员与当事人共谋的情况，也有司法工作人员与代理人或者律师共谋的情况。发生比较多的是民事诉讼的裁判环节和执行环节。

某区法院民庭庭长朱某接受范某甲的请托，明知李某要起诉的民间借贷纠纷案件真实性存疑，诉讼的目的就是通过司法裁定的方式冻结并划拨监管账户中的资金，其所在的区人民法院无地域管辖权，案件的诉讼标的超过基层人民法院的级别管辖标的，仍采取违法手段予以受理。为了规避民事诉讼法关于法院级别、地域管辖的规定，朱某要求范某甲将范某甲丈夫李某诉范某甲借贷纠纷的诉讼标的 820 万元拆分为范某甲女儿范某乙诉范某甲借款 400 万元，范某甲丈夫李某诉范某甲借款 420 万元两个案件，将诉状中当事人范某甲住所地由外地改为本区某居委会，尔后以两个民事案件立案。立案后，朱某在案件当事人均未到场且未经审判人员调解的情况下，安排该法庭审判员胡某以书记员孙某的名义，按照相关诉讼程序制作调解笔录、民事调解书等，并在相关司法文书上加盖了本法院的印章。随后，朱某与该法庭副庭长赵某及范某甲赶到深圳，在交通银行深圳某支行抢先于其他法院冻结监管账户中的存款 820 万元。从深圳返回后，朱某为了完善虚假诉讼案件的诉讼材料，通过他人出具了范某甲居住地为本区某居委会的虚假居住证明。此后，根据李某、范某乙提交的执行申请，朱某、该庭副庭长赵某及范某甲再次来到交通银行深圳某支行，出具相关执行文书后将已冻结的820万元划拨至其所在区人民法院账户内。10日后，朱某将820万元发放给范某甲的妻子李某和女儿范某乙，实际上是间接发放给了范某甲。

本案中，朱某利用职权与范某甲共谋，以虚假诉讼的方式通过司法裁定冻结并划拨监管账户中的资金，既符合虚假诉讼罪的构成要件，也符合民事枉法裁判罪的构成要件。根据《刑法》第307条之一和第399条的规定，应当以民事枉法裁判罪对朱某从重处罚。

本案属于司法工作人员与当事人共谋进行虚假诉讼活动，妨害司法秩序的同时也严重侵害了其他人的合法权益。在此类案件中，讯问犯罪嫌疑人时，引导供述的重要内容必然包括朱某与范某甲的共同犯意。如无这方面的内容，则难以对朱某从重处罚。

（三）情绪、情感表达

被讯问人在供述的时候往往伴随着情绪和情感表达。如有的被讯问人表现为愤怒、仇恨、厌恶的情绪，有的则表现出悲伤、悔恨、羞愧情绪，有的则表现为对可能承担的不利后果的恐惧。在外在的表现上，有的被讯问人供述时会有情不自禁地哭泣、下跪甚至揪拽自己的头发、打自己嘴巴子等行为。

一般而言，这种情绪和情感以及与之相关的外在行为不影响犯罪的构成，也不影响犯罪主观方面的认定。认定犯罪的主观方面通常考虑的只是实施犯罪行为时的认知因素和意志因素，被讯问人供述时的情感表达只具有参考作用，并不是法律规定的要素。因此，在认定主观方面时，办案人员往往关注的是犯罪嫌疑人、被告人感知到哪些，想要追求什么样的后果等问题，对供述时的情绪和情感表达不予理会。

实际上，被讯问人供述时的情感表达不仅是供述真实性的重要指标，而且对供述的证明力具有影响作用。办案人员在讯问的时候需要关注被讯问人的情绪和情感表达，而且在必要时应当把被讯问人的情绪和情感表达记录并固定下来。

1. 情绪、情感与供述的真实性

情绪和情感都是人对客观事物产生的态度体验。情绪是身体对行为成功的可能性乃至必然性，在生理反应上的评价和体验，包括喜、怒、忧、思、悲、恐、惊七种。情感是指对行为目标目的的生理评价反应，而情绪是指对行为过程的生理评价反应。不管是情绪还是情感，都以特定的生理反应为基础。

一般认为，人的语言与人的中枢神经系统相关联，是大脑比较容易控制的，但人的情绪和情感反应与人的周围神经系统相关联，人脑很难轻易控制。在人际沟通过程中，人们可以控制语言表述，违背自己的真实想法说假话以欺骗对方，但其情绪和情感反应往往又会暴露其真实想法。讯问是办案人员与被讯问人之间的一种特殊沟通形式，被讯问人在供述的时候也是如此。基于逃避惩罚的动机，被讯问人可能选择说假话来欺骗办案人员，但其情绪和情感又有可能暴露其真实的想法。在讯问过程中，办案人员可以通过观察、检测（通过测谎仪等设备）被讯问人的生理反应，来判断被讯问人供述的真假。正因如此，讯问的时候，尤其是在被讯问人供述犯罪事实的时候，办案人员需要关注被讯问人的情绪和情感反应，查看被讯问人回忆和供述时的情绪与情感反应与犯罪事实是否对应和匹配。如果有反常或者明显不匹配的，就需要讯问和查找原因，如果没有合理的解释，可能其所供述就是虚假的。

2. 情绪情感反应与供述的证明力

由于人的生理和心理反应机制是一致的，被讯问人的反应与办案人员的反应具有相似性。被讯问人供述时的情感反应也会成为办案人员审查认定供述真实性的参照指标。试想这样的两种情景：（1）被讯问人痛哭流涕地说“我错了”，然后供述自己犯罪的过程，边供述边自责，表现出真诚的懊悔。（2）被讯问人供述的时候没有任何情感反应，只是根据办案人员的提问机械地应对。如果排除外在的压力和强制，这两种情况下的供述哪一种情况让证据审查人员的印象更为深刻？如果我们是办案人员，会觉得在哪一情境下供述更为真实？道理其实很简单，伴随恰当情感表达的供述更能够引起办案人员的情感共鸣和认同，会给办案人员留下更为深刻的印象。而办案人员在审查证据证明力的时候往往会有意无意地把情感反应纳入考量范围。

在被讯问人供述的过程中如果伴随有相应的情绪和情感表达，办案人员将其记录并固定下来，有助于后面的办案人员在审查供述真实性时予以参照。必要时，办案人员也应当观看讯问录音录像，对被讯问人的情绪和情感反应进行审查和判断。

当然，被讯问人的情绪和情感反应须是在正常状态下才具有参照作用。如果存在外在的强制力，如讯问中办案人员进行了刑讯或者软刑讯，或者被讯问人的受暗示性极高，这种反应未必是可靠的。如果被讯问人在审判的时候极力辱骂自己，甚至自己指控自己，未必是真正悔罪表现，反而有可能是基于对不公正审判的恐惧而作出的反常应对策略。

四、供述自愿性的构建

法律要求供述应当是自愿的。供述的自愿性也称自白任意性，是刑事诉讼的基本证据法则，也被固定于各国的刑事诉讼法规范中。这不仅是对供述真实性的追求，其背后还有权利保障、程序正义等一系列的价值体系在支撑。但是讯问往往又难免带有某些强制甚至是欺骗的因素，尤其是在办案人员使用审讯谋略的情况下，这种强制性和欺骗性更为明显。

那么，讯问中如何体现供述的自愿性呢？实践中有这样几种做法：

（一）直接就供述的自愿性提问

实践中，办案人员为了体现供述的自愿性，避免供述被作为非法证据排除，往往在被讯问人供述犯罪事实之后，向被讯问人直接提出这样的问题：“你以上的供述是自愿的吗？”“我们有没有对你刑讯逼供或者有威胁、引诱、欺骗的行为？”这样提问的目的是让被讯问人自己承认供述是自愿的，办案人员没有违法讯问。这种做法看似直接，但实际上也存在不足。

第一，这种提问的风险性比较大。如果办案人员在讯问中没有威胁、引诱和欺骗，也没有刑讯逼供，但被讯问人在供述后反悔了，在回答这样的问题时说：“我不是自愿的”“我是害怕你们打我才这样说的”“我感觉你们在威胁我”等，那么办案人员是记录还是不记录？如果记录，自愿性必然会受到质疑，如果不记录，笔录与录像不一致，也会被辩护人质疑。

第二，这种方法有明显作秀的嫌疑。讯问中有没有强制，被讯问人的供述是否自愿，需要根据讯问的情景和被讯问人的受暗示性综合判断，并不是单凭被讯问人的话就能认定的。通常而言，办案人员在有把握的情况下才会问这样的问题，反而说明被讯问人可能是因为害怕才说是自愿供述的，即便被讯问人当时不敢否认，但事后依然会翻供。基于以上考虑，笔者认为讯问中应当尽量避免这种装饰性的问题。

（二）引导犯罪嫌疑人陈述供述的动机

其实不直接提问供述是否自愿，也可以体现供述的自愿性。方法之一是引导被讯问人陈述供述的动机。如果被讯问人供述的动机是为了赎罪或是为了取得被害人的谅解，那么就让被讯问人把这种动机讲述出来，在笔录中有这样的动机陈述，就是对供述自愿性的最好体现。当然，被讯问人供述的动机是多种多样的，有的是真诚悔罪，有的是自知没有退路无法逃避，也有的是意识到犯罪事实暴露不说不行，只要合乎情理，都能够证明供述是自愿的。如果被讯问人在供述的时候是真情流露，痛哭流涕地悔罪认罪，即便辩护人否认供述的自愿性，看一看笔录中对被讯问人情绪表露的记载或者播放讯问时的录音录像也就不言自明了。

（三）运用错误插入法

根据刑事诉讼法的规定，讯问的笔录应当让被讯问人核实。或者让被讯问人阅读，或向被讯问人宣读，被讯问人确认无误后再在笔录上签字。笔录错误有多种多样，如有的是相关人员的姓氏、名字出现错误，如黄先生还是王先生，在一些方言里“王”和“黄”发音很难区分；也有的是数额错误，如“十八万元”还是“是八万元”发音的音节是一样的。笔录修改的方向也不一样。有的错误是对被讯问人不利的，修改后对被讯问人更有利；也有的错误对被讯问人有利，修改后对被讯问人不利。

如果被讯问人把笔录错误朝着对自己有利的方向改，对供述的自愿性没有什么证明意义；但如果被讯问人主动把笔录的错误朝着对自己不利的方向改，则可以间接证明供述是自愿的。被讯问人把笔录朝着对自己有利的方向改是常理，因为任何人都具有趋利避害的本能和动机；反之，主动朝着对自己不利的方向改，通常的解释就是事实本来如此。因此，讯问中对笔录核实和修改本身是具有证明意义的，尤其是被讯问人主动提出的对自己不利的修改，既可以增强证据的证明力，又可以间接强化供述的自愿性，增强证据的证明能力。

基于修正行为对供述自愿性的间接证明作用，实践中一些有经验的办案人员甚至故意在讯问笔录中插入明显的笔误，让被讯问人修改，并将这些修改记录下来。这种做法属于增强供述证明能力的一种技巧，只要没有扭曲被讯问人供述的本意，且插入的错误都被被讯问人改正了，并无不可。

对于错误插入法的运用，办案人员需要注意如下方面：第一，被讯问人的修改必须是自愿的，办案人员不得带有任何强制因素；第二，必须尽量以被讯问人的真实记忆为基础，不能扭曲记忆信息，对被讯问人进行误导性暗示。

五、问话目的的实现

在讯问的不同阶段，办案人员的提问服务于不同的目的，问话的规范也有所不同。在被讯问人供述犯罪事实信息的过程中，办案人员的提问主要目的是剔除干扰，让犯罪嫌疑人根据记忆自动呈现案件事实。因此，在这一环节，办案人员的问话与转化被讯问人意志环节有明显的差异。问话的作用不同，问话的时机不同，问话本身的话语特征也不同。

（一）问话的作用

在引导供述环节，办案人员问话的主要目的不是向被讯问人输入信息，而是要引导被讯问人把记忆的信息准确地表述出来。因而办案人员问话的作用主要表现在如下方面：

1. 辅助表达

当被讯问人想表达某种意思，但却没有合适的词汇来表述时，办案人员可以提供帮助，辅助被讯问人把要表达的意思准确说出来。从人际交流的过程看，被讯问人在表述记忆时可能会出现编码错误，就是大脑中有记忆但不知如何用恰当的语言词汇进行编码和表达。在这种情况下，办案人员可以把一个问题分解成几个小问题，也可以辅助性地提供选择词汇，供被讯问人选择。

例如，被讯问人说："我当时拿着刀弄了一下，他也不知咋弄的就弄倒了。"这样的表述显然是不清楚的，被讯问人表述所有的动作都用一个词"弄"。在这种情况下办案人员就需要进一步分解提问："你当时用哪一只手拿的刀？""为什么要用刀弄他？""对着他的哪个部位？""他是朝前还是朝后倒下的？"对于被讯问人的词汇也需要进行辅助性引导，如："是直着捅的还是斜着划的？""他是中刀以后倒下的还是躲避刀时被绊倒的？"在引导供述时，把概括的问题分解成细化的问题，有助于呈现犯罪过程的相关细节；设计选择性的提问，可以为被讯问人提供词汇和表达方式，对被讯问人的表述具有启发和辅助作用。

在辅助表达的时候，需要避免指供和诱供的嫌疑。办案人员在提问的时候需要注意所提出问题的答话域，要尽可能提开放性的问题，避免封闭性的问题。如果封闭性的问题多了，没有给被讯问人充分选择的余地，就有指供或诱供的嫌疑。在分解提问时，要注意问题的前后衔接。一般要按照漏斗式的提问策略，先提开放性的问题，再根据被讯问人的回答就细节问题提问，从开放到封闭。即便是在就细节问题进行提问时，也尽量避免绝对封闭的问题。在提供辅助选项时，问话也应当提供尽可能多的选项，让被讯问人进行比对，在充分理解的基础上作出选择。

2. 衔接过渡

在被讯问人供述多个犯罪事实的情况下，办案人员需要根据话题的转换通过提问进行过渡和衔接。这种过渡主要发生在两种情形下：

一是被讯问人供述两个犯罪事实之间。当被讯问人供述一个具体的犯罪事实时，办案人员应当引导他把一个具体的事实说清楚、说完整。因此，在一个述事过程中，办案人员尽量不要转换话题，在一个述事完成需要转换到另一个犯罪事件的供述时，再进行过渡。例如，被讯问人讲完一个徇私枉法的犯罪事实后，办案人员对被讯问人说："这次李某某醉驾的事情你已经说明白了，接下来把付某、郭某某和石某某醉驾的案件情况也说一下。"不同事实之间的过渡需要服务于整个话题的管理。办案人员要在保证被讯问人讲全面的基础上，把多个犯罪事实讲得更有条理。

二是一个述事的不同环节之间。当被讯问人供述具体犯罪事实的过程中，行为或者述事的连贯性出现问题，如前后行为之间、行为与结果之间、行为与背景因素之间等，办案人员往往需要进行衔接和过渡。这时的问话通常是结合具体的语境来提出，如"然后呢？""接下来是什么样的？""这笔执行款，你如何在多个申请人之间分配的？""胡律师怎么按比例给你分成的？"等。同一述事环节之间的过渡主要是让被讯问人把各个不同的述事要素讲完整。办案人员需要边听边审视述事的完整性，及时发现遗漏的环节和要素补充提问。

在提出衔接和过渡性的提问时，办案人员需要注意如下问题：

第一，过渡的自然性。衔接和过渡的目的就在于让被讯问人的供述能够有序、平稳地进行，因此，在提出过渡性的问题时，需要尽量自然，切合当时的语境和正在讨论的话题。办案人员应当让整个过程显得水到渠成，不要生硬。

第二，注意前后衔接的线索。过渡性提问是在两个子话题之间转换，要让过渡平顺自然，可以借助前后两个子话题之间内在衔接的线索。这种线索是多种多样的，只要借助任何一个相同或者相似的因素即可。如涉及同一个人、事、物或者时间、空间的某些联系等。

3. 克服干扰

在被讯问人供述犯罪事实的过程中时常会碰到一些具体的干扰，这些干扰既有心理因素，也有环境因素。

心理干扰主要是突然产生的供述心理障碍，如被讯问人在讲述某个犯罪情节时，突然联想到“这个事情将来法官会怎么判？”“家里人知道这事后还会不会管我？”“犯罪事实公开以后媒体会怎么炒作？”这样的问题会让被讯问人自然联想到供述可能带来的不利后果。而对供述所可能带来后果的担心正是被讯问人供述的心理障碍。对于心理因素的干扰，办案人员要及时介入，根据不同的因素予以化解。对于被讯问人没有根据的担心，办案人员可以帮助纠正其认识。如被讯问人担心媒体炒作，办案人员可以告知现在调查保密工作做得非常好，办案机关也不希望炒作，这样对办案也是不利的。对于法官重判的担心，办案人员可以告诉被讯问人，法官都是经过专业培训和考试的，他们不会因为个人好恶而任意裁判的。对于被讯问人有根据的担心，办案人员可以把被讯问人的注意力从后果问题上引走，不让其继续思考后果的问题。如“先不管这些不确定的问题，现在继续把这件事情说完吧”。

环境干扰主要是被讯问人供述过程中有突发事件的干扰，如突然有人进来，转移被讯问人的注意力；办案人员的手机突然响了；周围突然出现较大的噪声干扰讯问的情景等。对于环境干扰，办案人员需要根据情况进行处理。如果是持续的干扰，就需要想办法去除干扰源，让被讯问人尽快把注意力转换到案件事实的供述上。如果是偶发性的干扰，办案人员可以用一个新问题把被讯问人的注意力聚拢回来。

4. 鼓励和肯定

被讯问人供述以往的犯罪事实需要克服诸多心理障碍，也需要一些勇气。在供述的过程中，被讯问人时常会出现反复或者怀疑。在这种情况下，办案人员需要及时予以鼓励和适当的肯定，以便让被讯问人有勇气继续供述下去。

鼓励和肯定可以通过三种途径表达：一是直接通过语言表达，如“你这样表现出了真诚的悔罪态度，将来对你是有利的”“敢于面对自己的错误也是一种勇气”等；二是通过语气语调表现出来，如缓和的语气、平稳的语调传递对被讯问人的认同感；三是通过态势语言，如点头、鼓励的眼神、一边点头一边发出“嗯”的肯定音等。

5. 唤醒记忆

在引导供述环节，办案人员的问话还具有唤醒记忆的作用。被讯问人供述的犯罪事实是以记忆的形式储存于其大脑中，这些记忆的信息会因为遗忘和干扰而变得模糊。因而被讯问人供述过程中，时常会发生记不清某些细节的现象，尤其常见的是遗忘人的名字、具体的数额和时间等。对于因遗忘而变得模糊的记忆，办案人员需要想办法通过问题唤醒被讯问人的记忆。

在被讯问人记忆不清晰的情况下，办案人员需要就能够唤醒记忆的线索进行提问。如果采用重大事件联想法，就需要让被讯问人回忆事发当时发生的重大事件；如果采用情景联想法，就需要被讯问人回忆当时的情景，甚至在讯问中再现某些情景因素和信息。

（二）问话的时机

在引导被讯问人供述犯罪事实的过程中，办案人员的问话也是有时机讲究的。时机把握得好，会让问话恰到好处，把握不好会影响供述的流畅性。一般而言，为了保证被讯问人能够尽可能地根据记忆自动呈现犯罪事实，办案人员应当少插话、少打断。只要被讯问人在持续不断地供述，办案人员就最好不要轻易开口说话，这时候办案人员的耐心倾听更为重要。

在引导供述的时候，办案人员问话的时机通常有以下几种：

一是回忆的间隙。当被讯问人回忆某个细节实在想不起来时，办案人员可以想办法通过问题唤醒其记忆。

二是思考的间隔。当被讯问人对某个问题看法有误，正在进行思考的间隔，办案人员可以借机提问或者输入观点，进行认知控制。通过问话把被讯问人的想法调控到对供述有利的轨道上。

三是犹豫的时刻。当被讯问人犹豫不决的时候，办案人员可以通过提问打乱被讯问人的思考，消除被讯问人的顾虑。通过问题让被讯问人克服供述的消极因素，强化供述的积极因素。

（三）问话的特征

在引导供述阶段，讯问的对抗性减弱，办案人员不需要进行观点输入和信息输入，因而问话的特征也明显不同于转化意志阶段。在这一环节，办案人员不需要发表长篇大论，也不需要过多地给被讯问人讲故事。因此，在话语量上是问少答多，在语句上也是问短答长。具体而言，办案人员的讯问语言在这一环节呈现如下特征：

一是语言简洁。为了把更多的说话机会留给被讯问人，办案人员的问话需要尽可能地简洁。具体而言，只要能用简单句式表述清楚的，就不要用复杂的句式；能用一个词准确表述的，就不要堆砌一堆近义词；能用一个字说清楚的，就不要用两个字。这时候的问话越简单越好，只要被讯问人能够准确理解，就应当尽可能地简化。

二是句式短小。简洁的语言表现在句式上，就是采用尽可能短小的句子。有时候不需要把一句话全部说出来，只说一个语句的片段甚至是一个词就够了。原来需要说完整的句子在这一环节可能变成“接着说”“后来呢”“行”这样的简单词汇。必要的时候，办案人员甚至可以不说话，只是点一点头、眨一下眼睛或者简单做一个动作就够了。

7

第七章

侦查讯问中的话轮控制和话题管理

一、被讯问人认罪前与认罪后讯问的区别

在被讯问人由对抗转向配合之后，讯问进入供述引导环节。两个环节的区分通常以被讯问人在讯问中是否认罪为标志。在被讯问人认罪前，讯问的目的以转变被讯问人态度为核心，认罪后则转为引导被讯问人供述案情，以构建案件事实为核心。两个环节讯问的模式有明显区分，认罪前通常是控告式问话，为了实现对被讯问人控制，办案人员所提的问题中，封闭性的问题较多，有时甚至可以限制被讯问人的供述。而在被讯问人认罪后，讯问通常带有访谈式特征，为了保证供述的任意性，办案人员要尽可能地让被讯问人自由供述。同时，为了防止被讯问人供述无关内容，需要对话题进行适当的引导。所以在认罪后的讯问中，办案人员通常要采用漏斗式的提问策略。即开始提一些答话域宽，被讯问人回答自由度大的问题，随着供述的深入，再提一些相对具体的问题，最后根据案情提一些非常具体的问题。

在外在特征上，也有一些明显区别。被讯问人认罪前的讯问过程往往充满对抗性，讯问人员的言语表达具有暗示性，所提的问题带有相对较强的操控性。而在犯罪嫌疑人认罪后的讯问中，讯问人员和被讯问人表现为合作关系，办案人员的提问侧重于引导和辅助，因而讯问过程具有合作性、办案人员的话语带有引导性和辅助性。

在反馈方式上，办案人员正、负反馈所针对的对象有明显不同。

在认罪前，主要针对被讯问人是否配合进行正负两个方面的反馈。具体而言，当被讯问人不配合时，办案人员进行负反馈；当被讯问人配合时，办案人员给予正反馈。而在被讯问人认罪后，主要针对被讯问人是否撒谎进行正、负反馈。细言之，当被讯问人如实供述时，要进行正反馈，给予相应的鼓励和肯定，即便被讯问人一时想不起来某些细节问题，办案人员也应当表现出理解甚至是宽容的态度，绝不可以挖苦或嘲笑。反之，当被讯问人在供述中故意撒谎，则必须进行负反馈，及时对被讯问人的态度予以纠正，甚至提出言辞激烈的批评。当然，这种负面评价是针对被讯问人的撒谎行为，而不能针对犯罪事实。在被讯问人供述案件事实的时候，办案人员要尽量避免对涉嫌的犯罪行为进行道德谴责和评价。对涉嫌犯罪的行为进行负面评价（负反馈），不管是道德上的还是法律上的负面评价，都会加重被讯问人的心理负担，形成供述的障碍。

在异议的应对方面，被讯问人认罪前后也有细微区别。被讯问人在讯问的全过程都可能会对办案人员的问题、建议和观点提出异议。有异议是正常的，但办案人员如何应对才是关键。在被讯问人认罪前，异议是其不配合的表现，因此，对被讯问人的异议通常进行的是负反馈，即反驳被讯问人的异议，对其不合理的要求置之不理。在被讯问人认罪之后，对被讯问人的异议则需要区别对待。因此，此时被讯问人的异议有可能是合理的诉求，进行负反馈可能会弱化被讯问人配合的动机。因而对于合理的诉求，办案人员应当尽量满足，对于正当的异议则应采纳和听取。

二、侦查讯问中的话轮控制

话轮是指会话中说话的机会。由于会话中，同一时间只能有一个人说话，否则就会造成交流困难。谁在说话，谁掌握当下说话的机会，谁就占据话轮。话轮的分配具有多种形式，如会议中的话轮分配通常是顺序轮替的，即 A 说了 B 说，B 说了 C 说，C 说了 D 说，表现出的顺序是：A–B–C–D。而讯问中的话轮分配则比较特殊，表现为“问—答”模式，即办案人员作为问话方提问，被讯问人作为答话方回答，然后办案人员再问，被讯问人再答，表现出的顺序是：A-B、A-B。在说话方式上，表现为“问—答”“问—答”这样的循环模式。

讯问中对话轮的控制本质上是对说话机会的控制，谁掌控着话轮，谁就掌控着说话的机会。因此，在讯问中，办案人员必须牢牢掌控说话的机会。对话轮的控制表现在两个方面：一是“我让你说你再说”。这是话轮的转让问题，也是说话机会的给予问题。必要时办案人员甚至要做到“我让你说，你就得说”，也就是说能够“打得开”，能让被讯问人开口。二是“我不让你说，你就别说”。这是话轮的收回问题，也就是能够“关得上”。其背后预设的含义在于“我不让你说，你就不能说”。这两个方面的控制是说话机会的正反方向的控制。前者在于启动和打开被讯问人说话的机会，后者则在于停止和关闭被讯问人说话的机会。讯问中，办案人员需要在这两个方面都具有绝对的掌控力，要有意避免被讯问人抢夺说话的机会。

话轮的控制取决于讯问的需要。当讯问陷入僵局，被讯问人无话可说或者不想说的时候，办案人员要想办法让被讯问人开口。当被讯问人喋喋不休作无谓辩解或者借机宣泄情绪时，办案人员则应及时打住，不给其说话的机会。控制话轮的方式主要有以下两种：

第一种是打断。所谓打断，就是当对方正在说话的时候突然切入，抢过说话的机会。在讯问中，打断是控制力的一个重要指标。谁主动打断对方，谁就处于强势的一方，具有控制力；谁总是被对方打断，也就意味着其处于弱势、被控制的一方。由于讯问的特殊性，办案人员在讯问中需要具有掌控力，因此，可以打断被讯问人的话轮，但尽量不要被被讯问人打断。在转化被讯问人意志阶段，这种控制力至关重要，办案人员可以根据需要随时打断被讯问人说话的机会。而在供述引导阶段，为了保证被讯问人供述的流畅性和条理性，需要给被讯问人正常表达的机会，在这一阶段只要被讯问人的供述不“跑题”，办案人员就尽量不要打断其供述。

第二种是重叠。所谓重叠，就是说话的双方同时开口说话，彼此都不愿意听对方的话，而是试图让对方听自己表达。在讯问中，重叠有时就意味着争吵。发生重叠时，记录人员甚至不知道要记录谁的话。例如，在一次讯问中，被讯问人反复强调自己的贡献和付出，办案人员想打断他的话，直接告诉被讯问人："今天不是开庆功会，也不是表扬会，今天讨论的是你的错误和问题，至于你的贡献先放一边。"结果被讯问人直接反驳："你们不了解我的贡献，就不能正确理解我的问题！我是被他们报复和陷害的，凭什么不让我说话！"接着就和办案人员吵起来了。一般而言，办案人员在讯问中要尽量避免与被讯问人发生争吵。有的被讯问人是要借助争吵宣泄情绪，有的则是为了通过争吵激怒办案人员扰乱讯问的进程，情况各有不同。在转化意志阶段，由于对抗性比较强，发生重叠甚至争吵的概率比较高，办案人员需要根据情况进行控制和引导。在引导供述阶段，更要避免争吵，因为争吵可能扰乱被讯问人的记忆，影响供述的流畅性和条理性。

三、侦查讯问中的话题管理

话题是指双方谈话的内容。会话以交流为目的，而交流必须围绕相应的主题，这个主题就是话题。在司法工作人员职务犯罪案件的讯问中，会话在被讯问人和办案人员之间展开，会话的内容主要是被讯问人涉嫌的职务犯罪问题。但实际讯问过程中，话题也不完全限于此。有的被讯问人一上来便大谈犯罪以外的问题：如个人的贡献问题，甚至是风土人情问题；也有的被讯问人一上来就反客为主连续向办案人员发问："工作几年了？""结婚了没有？""是否入额？""有没有到过什么地方？"这样就有可能让讯问偏离主题。为了防止讯问中被讯问人故意跑题，就需要对话题进行相应的控制和管理。

讯问中话题的管理要解决如何引导被讯问人供述的问题，具体分为三个部分：（1）话题的引入和启动，主要解决"从什么地方问起"的问题。（2）话题规划与动态监控，主要解决"先问什么后问什么"的问题。（3）话题的转换，主要解决两个话题之间如何过渡的问题。

（一）话题的引入和启动

引导供述的目的是让被讯问人把自己涉嫌的犯罪事实讲清楚，如何启动这一话题并引入犯罪事实的供述需要办案人员认真思考和斟酌。对于职务犯罪案件而言，常见的引入和启动路径包括如下方面：

1. 由职权引入

即先讯问犯罪嫌疑人在单位的岗位和职权，再由职权一步一步把话题引到与职权相关的犯罪事实上来。这种路径可以表示为由“权”到“罪”。其有如下好处：

第一，对于职务犯罪的犯罪嫌疑人而言，其职务是经过正常程序任命的，这个话题让被讯问人有话可说，且不好推脱。作为一个单位的领导干部，不可能忘了自己的职权。

第二，职权分工与职务犯罪有内在的关联性，由职权过渡到犯罪问题比较自然，在转入犯罪问题时被讯问人也不太好狡辩。

第三，从职权入手，被讯问人往往不知道办案人员具体要追究的犯罪事实是什么，对于有多个犯罪事实的司法工作人员，可能会导向办案人员并没有掌握的犯罪事实，有利于发现其他犯罪事实。这种路径可能会收到意想不到的成果。

由职权引入犯罪事实时，需要注意如下两个问题：

第一，在司法工作人员职务犯罪案件中，被讯问人的职权是其辩解的重要支点，尤其是职权与危害后果之间的因果关系更是认定被讯问人责任的难点。从职权引入，被讯问人比较敏感，虽然其直接否认自己职权的可能性不大，但通常会辩称自己“有职无权”，极力否认责任事件与自己职权的关系。

第二，由职权引入犯罪并不适合所有的犯罪事实。有的职务犯罪与职权关系密切，容易引入，但有的职务犯罪与被讯问人的身份有关，与具体的职权关系并不大，引入比较困难。

2. 由经手事项引入

即通过提问犯罪嫌疑人具体经手和介入的事项入手，逐步引入犯罪事实的讯问路径。这种话题引入路径是以被讯问人经手的具体事项为原点逐步发散，方向相对开放。相对于职权而言，经手事项是更为具体的切入点。如被讯问人任职期限内先后经手过哪些具体的事项？办理过哪些具体案件？这样的问题主要是问被讯问人职权相关的具体事项和案件，着眼点在“事”“案”而不完全在“权”。这种路径可以表示为由“事”到“罪”或者由“案”到“罪”。

由于司法工作人员经手事项并不是单一的，因此，发散的“原点”也不止一个，且多个原点之间以犯罪嫌疑人的职权为线相互串联。由于可以切入的点和方向是多样化的，也可能会导入不同的犯罪事实，甚至包括办案人员尚不掌握的犯罪事实。

3. 从交往圈子引入

即通过提问犯罪嫌疑人交往的人脉和朋友圈入手，具体讯问犯罪嫌疑人交往的所有可能发生问题的人员，再由这些人员引入具体的犯罪事实。交往圈子的本质是人以及人背后的关系，因此，由被讯问人交往的圈子入手的路径可以表示为：由“人”到“罪”。

由被讯问人交往的圈子引入职务犯罪的具体事实，这种路径之所以可行，是因为职务犯罪与官场的圈子文化具有内在的联系。职务犯罪具有系统性、群体性的特征。职务犯罪往往发生于相互熟悉的人之间，以司法工作人员职务犯罪为例，如果关系不好，司法工作人员一般也不敢收当事人或者代理人送的钱。请托往往发生于同学、同乡、战友、亲友、校友等特定群体之间。司法腐败的背后往往都有“关系”，“关系”的固化就形成了圈子，圈子在进一步密切“关系”的同时又构建了职务犯罪当事人之间的内在联系。因此，从交往的圈子入手，存在引入职务犯罪事实的可能性。

由被讯问人交往的圈子引入，需要被讯问人的配合，也需要办案人员事先对被讯问人的人脉和关系背景有所了解。了解了关系背景，才能厘清被讯问人背后复杂的关系网络和利益关系。

4. 从过往经历引入

犯罪行为与被讯问人的过往经历可能有联系，也可能没有联系，但这并不影响讯问时把被讯问人的过往经历作为过渡性话题。从被讯问人的过往经历说起，最主要的作用在于开启话题，让被讯问人有话可说。每个人都有特定的过往经历，谈论起来很容易有所触动。在引导供述的开始，办案人员像日常聊天一样与被讯问人交流过往的经历，有助于缓和气氛，化解被讯问人的对抗心理。同时这种引入策略有助于办案人员与被讯问人建立信任关系，形成被讯问人供述的心理基础。被讯问人只有信任办案人员才有可能对其透露实情。而讨论过往经历就是把被讯问人的过去展示出来，给其寻求认同和理解的机会。

如果涉嫌的犯罪与被讯问人的过往经历有某些关联，办案人员可以借势将话题过渡到犯罪行为上去。即便没有什么关联，办案人员也可以从被讯问人过往经历中把话题过渡到其他内容上去，再由其他话题过渡到犯罪事实上。这种间接过渡和引入有时也是必要的。

5. 从理想信念引入

党的纪律检查机构在进行纪律审查的过程中，一个常用的办法是让审查的对象学习党章，对照党章查找自己的不足和差距。有的甚至针对调查对象开一次党会，深入剖析调查对象在理想信念方面和廉洁自律方面的不足。这一套办法对于部分涉嫌犯罪的党员领导干部而言是有效的，尤其是那些党性尚未泯灭，尚有一些信念的党员领导干部而言，效果可能更为明显。检察机关在办理司法工作人员职务犯罪过程中，如果涉案人员是党员或者党员领导干部，在引导供述时也可以从理想信念入手。一方面，理想信念是比较远大的目标，具有方向性和引导性，本身定位和要求要高于现实，一般人对照起来都会从不同方面找到差距。用理想信念来丈量被讯问人，会很容易找到差距，发现自己的错误和不足。另一方面，与党员领导干部谈理想和信念也是一个避免冷场的策略。涉嫌犯罪的党员领导干部平常也接受党性教育，尤其是在党的十八大以后，对党章和党规有相应的认知，很难否认相关的话题。即便否认这些话题，办案人员也可以此为切入点，查找分析被讯问人犯罪的原因，动摇其对抗的思想和意识。

当然，对于涉嫌犯罪的党员领导干部而言，理想信念是一个可行的切入话题，对于那些尚有党性修养的干部可以发生催化作用，但对于完全丧失党性的人则是无效的。

（二）话题的规划与动态监控

当被讯问人涉嫌多个罪名、多个犯罪事实的时候，“先问什么后问什么”是一个非常值得仔细研究的问题，这关系到被讯问人供述的条理性，制约口供的证明力，也直接决定了讯问笔录的质量。办案人员一旦发现被讯问人涉嫌多个犯罪事实，就需要根据讯问的情境规划引导顺序，这就是在引导供述时话题的规划问题。

话题的规划在引导供述环节是可行的也是必要的。在意志转化阶段，被讯问人防御意识较强，办案人员需要寻找相应的突破口。因而在这一环节双方讨论的话题要根据被讯问人的反应而定，突破口的选择具有不确定性，话题也具有不确定性，无法事前进行设计和规划，只能随机而定。但在供述引导阶段，被讯问人由对抗转向配合，愿意供述案情，被讯问人的配合使办案人员对话题进行设计和规划成为可能。另外，在引导被讯问人供述犯罪事实的时候，对话题进行设计和规划，可以让供述引导工作有步骤、有顺序地进行，不仅可以让被讯问人供述的事实情节更具有条理性，而且可以防止遗漏问题。

话题的规划可以从两个层面进行：一是根据罪名进行规划。在被讯问人涉嫌多个不同的犯罪行为，且触犯多个不同罪名的情况下，根据实际需要规划不同罪名犯罪事实之间的引导顺序。二是根据犯罪事实进行规划。在被讯问人涉嫌多个犯罪事实的情况下，根据讯问的情形，依据不同事实之间的内在联系对供述顺序进行规划。

1. 多个罪名之间

职务犯罪越来越复杂，被讯问人涉嫌多个犯罪的现象也越来越普遍。常规职务犯罪中，如受贿罪、贪污罪与巨额财产来源不明罪总有些内在的关联，有的被讯问人既涉嫌贪污、受贿，又有巨额财产无法说明来源。在司法工作人员职务犯罪案件中，相当多的涉案人员是因受贿而在司法工作中不正当行使职权的。从近年查处的案件来看，这种趋势越来越明显，很多司法工作人员都是触犯多个罪名，最后被数罪并罚。

如果被讯问人涉嫌多个罪名，如何引导其供述犯罪事实？先问哪个罪，后问哪个罪？一般而言并无固定的程式可以遵循，需要办案人员根据具体案情和讯问的具体情境进行规划。也就是需要根据具体问题具体分析，否则会导致讯问工作的教条化。即便如此，由于职务犯罪行为之间的内在联系，依然有一些规律可以把握。如在常规职务犯罪中，被讯问人涉嫌受贿、贪污和巨额财产来源不明罪，不管办案人员先问哪一个罪名，有一个罪必须是最后问的，那就是巨额财产来源不明罪。因为要计算来源不明的财产数额，既要减去合法所得，又要减去犯罪所得，贪污、受贿的数额没搞清楚，就不可能去算来源不明的财产数额。在司法工作人员职务犯罪中，涉及多个罪名的情况多数是受贿罪和徇私枉法、民事行政枉法裁判以及其他滥用职权或者失职渎职等罪名。如果犯罪嫌疑人还涉嫌受贿罪，则需要协商移送监委管辖。如果多个罪名都没有涉及监委管辖的，先问什么罪，后问什么罪，需要根据具体情况进行分析。一般情况下，需要根据讯问工作规律和犯罪的内在联系予以斟酌。基于经验和内在的规律，如下原则可供规划时参考：

（1）确定性优先原则。在被讯问人涉嫌多个罪名的情况下，办案人员在讯问中可根据涉嫌罪名的确定性确定先后顺序。即确定性高的先问，确定性低的后问。哪一个犯罪事实比较确定，比较容易核实，就先核实哪一个。这样做的必要性在于办案人员可以先核实一个犯罪事实，确立一个罪名，进而确立被讯问人的身份，从而可以把握办案的主动性。一旦确立一个罪名，就有进一步采取措施的基础。在侦查的初级阶段，采取羁押等措施可以屏蔽被讯问人与外界的信息沟通，为讯问时对被讯问人进行认知控制创造条件。对于办案人员而言，先确定一个犯罪事实，就有了进一步深入的底气。

（2）已知事实优先原则。“先已知后未知”也是讯问中话题规划的一个原则。在引导供述的时候，让被讯问人先供述办案人员已经掌握或者有所了解的犯罪事实，后供述办案人员尚未掌握的事实。哪些是办案人员已知的，哪些是未知的，不必让被讯问人知道，办案人员自己明白就可以了。这是一条暗线，尽量不要让被讯问人搞明白办案人员知道什么，不知道什么。

从已知到未知的话题规划优势在于可以让办案人员及时发现和纠正谎言。即便在供述引导阶段，被讯问人撒谎的动机也是存在的。让被讯问人先供述办案人员已知的犯罪事实，有利于及时核实和发现虚假的供述。一旦发现被讯问人故意撒谎，办案人员便可以立即揭穿和纠正，同时对其撒谎行为进行负反馈。这样可以及时遏制被讯问人撒谎的动机，强化其如实供述的心理定式。如果先问尚不掌握的事实，被讯问人嵌入虚假的供述，办案人员难以识别，被讯问人一旦撒谎成功，便会强化其撒谎的动机。

（3）公开事实优先原则。被讯问人涉嫌的犯罪事实是否已经公开也是话题规划时考虑的因素。如果犯罪事实已经公开，被讯问人再想隐瞒已经没有意义，因而其如实供述的可能性比较大。在引导供述的时候，可以根据讯问的具体情形斟酌犯罪事实公开的情况，从而进行话题规划。

一般情况下，可以先问已公开的事实，后问未公开的事实。把已经公开的犯罪事实排在前面问，有如下好处：第一，可以瓦解被讯问人的对抗心理，事实已经公开，想否认也没有余地。第二，可以启动配合，形成定势。如果被讯问人一开始就对抗，后面扭转起来比较困难，而一开始就被动配合，后面转化为对抗也比较困难。第三，已经公开的事实，被讯问人已经有心理准备，问起来比较容易。先易后难，比较符合思维常理。

在办理司法工作人员因失职渎职造成重大事故案件中，类似在押人员脱逃、不符合取保条件人员取保候审期间实施重大犯罪行为等相关事故的发生本身就是重大新闻热点，一时间众所周知。在讯问犯罪嫌疑人时先从相关事故关联的失职渎职犯罪入手是顺理成章的。但被讯问人涉嫌的犯罪事实可能并不止这一个，其背后可能存在受贿或者其他行为。在确定失职渎职犯罪之后，顺势引导其供述未公开的犯罪事实也是可行的。

当然，特殊情况下，故意先问未公开的事实也许可以收到意想不到的效果。对于已经公开的犯罪事实，通常是板上钉钉的事情，后问也不影响办案效果。如果办案人员故意跳开不问，直接先问其他未公开的事实反而可能会让被讯问人方寸大乱，办案人员可以借机突破其他犯罪事实。

以上只是根据心理反应原理和讯问规律总结出的一般性指导原

则，对于话题规划具有启发和借鉴意义。由于实践中讯问情形多种多样，被讯问人的心理状态也是千变万化，办案人员还需要根据被讯问人的情绪状态、认知状态、受暗示性以及讯问的具体情境、涉嫌犯罪的特殊性质等多种因素综合考虑。

2. 多事之间

被讯问人涉嫌多笔同类犯罪事实的情况下，"先问什么后问什么"也是一个重要的问题。民事枉法裁判案件中被讯问人可能在一段时间内在多个民事案件中实施枉法裁判行为，徇私枉法案件中，被讯问人也可能在一段时间内在多个案件中采用多种手段实施徇私枉法等行为。很多情况下，被讯问人涉嫌的罪名虽然是同一个，但具体事实却是纷繁复杂。这种情况下，对多笔同类事实进行引导规划，可以让笔录更具有条理性。一般而言，对于多笔同类事实的讯问顺序可分为两种模式：先分后总模式和总—分—总模式。

（1）先分后总模式："A–B–C–D" — "ABCD"。这种模式把供述引导分为两个环节，第一环节先让被讯问人一笔一笔地交代单个事实，然后再进入第二环节，引导其作一个总结性供述。这种方式可以形象地表示为"A–B–C–D" — "ABCD"。其中，"A–B–C–D"表示分述单个犯罪事实的过程，"ABCD"表示综合供述的过程。

第一环节是逐一供述单个犯罪事实的过程。即一件一件地，把一个犯罪事实供述清楚之后再转入另一犯罪事实的供述。用字母表示就是从 A 到 B 再到 C 和 D。这一环节供述的具体顺序并无特殊要求，既可以按照"A–B–C–D"的顺序，也可以按照"D–B–C–A"的顺序或者其他顺序。通常是被讯问人想起哪一件，就说哪一件事情；想起哪一个人，就说与这个人相关的事情；记起某一个物品，就讲述与该物品相关的犯罪事实。办案人员可以因人、因事、因物、因情景而引入相关犯罪事实，在顺序上并无固定程式。在供述每一件犯罪事实的时候，就尽量把其时间、地点、方式、数额、后果、因果关系、主观状态等构成要素讲清楚。从办案人员角度来看，基本是问出一件是一件，一步一个脚印，往前推进。

第二环节是指在多个单一犯罪事实已经供述完毕的基础上，再按照相应的时间、空间或者其他逻辑顺序把已经供述的多个犯罪事实进行总结性的供述。这种总结性的供述与前面的分述并不是简单的重复，其内容有重合也有不同。一方面，在重复前面单个犯罪事实的同时，办案人员可以进行补充提问，让供述更加完善；另一方面，总结性供述的内容更具有条理性。

引导分述的时候，办案人员主要着眼点在于全面挖掘被讯问人记忆中的案件信息，重在信息的“量”，供述越多越好。供述的信息往往是碎片化的、杂乱无章的。总结性供述则是在已经挖掘信息的基础上引导被讯问人有序重述犯罪事实，目的在于提升供述的条理性和完整性，重在供述的“质”。

（2）总—分—总模式：“abcd”—“D-B-C-A”—“ABCD”。这种模式把供述引导分为三个环节：第一环节是先让被讯问人简单粗略交代一个概括性的信息，如牵涉的相关案件数、请托人的总人数、刑讯逼供或者暴力取证的总次数等；第二环节再让被讯问人一笔一笔地详细交代单个事实；第三环节引导其作一个总结性供述。这种方式可以形象地表示为：“abcd”—“D-B-C-A”—“ABCD”。其中“abcd”表示在供述开始阶段的概括性供述，“D-B-C-A”表示单个犯罪事实的具体供述，“ABCD”表示最后综合性供述。

第一环节之所以必要，是因为有的被讯问人供述的动机并不坚定，需要首先划定供述的大致范围。有的被讯问人一开始产生供述的动机，但随后就反悔，不愿意再供述，这种反复在讯问中非常常见。对于办案人员而言，引导被讯问人供述的机会有时是灵光乍现、稍纵即逝的。因此，在被讯问人刚开始想供述的时候，让其先概括交代一个大致轮廓，可以及时固定犯罪事实的整体信息，为后续的详细讯问提供基础。在这一阶段重点是挖掘多个犯罪事实的范围和整体特征，有“划大圈子”的特征，因此，不必拘泥于单个犯罪事实的构成要素是否齐全，细节是否到位。这一环节办案人员应当尽力从多个方面扩大被讯问人供述的范围，把“圈子”划得越大越好。如犯罪前后持续的时间范围、涉及被害人的人员范围、执行的财产范围、共同参与犯罪的人员范围、多个相关案件涉及的空间范围、滥用职权行为影响范围等。这些范围确定以后，即便被讯问人在后面供述中有所反悔，办案人员也可以在这些既定的范围内深挖。

第二环节是在第一环节的基础上，引导被讯问人将每一个犯罪事实陈述清楚。这一环节侧重于将单个犯罪信息问全、问准，办案人员要引导被讯问人将每一个犯罪事实的构成要素供述完整，把细节问清楚，而且关键细节越多、越细致越好。

第三环节是归纳性供述，是在前两个环节的基础上，引导被讯问人作总结归纳性的供述。这与先分后总模式中的总结性供述是一样的。

在两个模式中，都有最后的总结归纳性供述环节。这一环节主要在于提升供述的质量。一方面，是对前面碎片化的信息进行补充，使供述的内容更加完整；另一方面，对多个同类犯罪事实进行整理，使供述更加具有条理性。从证据的角度来看，这种总结归纳性供述可以增加供述的证明力，减轻后续程序中办案人员审查供述的认知负担。办案人员把这一环节做好了，后面的审查逮捕、审查起诉、辩护律师阅卷、审判人员审阅证据等环节就会比较方便，只要看最后总结性供述这部分就可以了。因此，从证据的使用角度来看，最后的归纳性供述是讯问的核心成果，类似于文章的“文眼”。如果把讯问的任务简单定位为拿下口供，这一环节似乎没有必要，但是要着眼于证明，引导被讯问人作最后归纳性的供述就显得非常必要。在以审判为中心的诉讼机制改革背景下，办案人员不仅要有查明意识，更要有证明意识。办案人员在讯问中就应当带着这种证明意识收集证据，着眼于法庭证明来收集口供，正因如此，在新的规范体系下这一环节也是必不可少的。

（三）话题转换

在讯问中，谈话双方的总话题是被讯问人涉嫌的犯罪事实，这一个话题之下又包含着多个子话题，子话题下面还有可能包含着多个分话题。尤其是被讯问人涉嫌多个犯罪事实、触犯多个罪名的情况下，话题就会更多也更复杂。在多个子话题之间，需要过渡和转换。在引导供述中话题的转换就是在被讯问人供述一个犯罪事实之后，讯问谈话的内容向另一个犯罪事实过渡和转换。话题的转换是讯问话题控制的一个重要方面。办案人员不仅需要把握话题转换的时机，还需要掌握转换时的语言技巧。

1. 转换的时机

引导供述阶段，话题的转换主要发生在以下两种情形下，一是讯问阶段性任务发生转变，需要转换话题；二是在同一个具体阶段，需要引导被讯问人供述不同的犯罪事实，从一个犯罪事实到另一个犯罪事实之间需要转换。前者是阶段性任务之间的转换，后者是具体犯罪事实之间的转换。

（1）阶段性任务之间转换。供述的引导分为“先分后总”模式和“总—分—总”模式，这种划分就是基于供述引导的阶段性任务。以“总—分—总”模式为例，前面的“abcd”环节要完成的阶段性任务是扩大和挖掘犯罪事实的范围和整体特征，“A-B-C-D”环节要完成的阶段性任务是引导被讯问人把每一个具体事实讲清楚，最后的“ABCD”环节要完成的任务是总结归纳性供述。第一环节到第二环节之间需要过渡和转换，第二环节和第三环节之间也需要过渡和转换，这两个转换的时机取决于阶段性任务完成的状态。如果第一环节的任务已经完成，就需要马上转换到下一阶段，不能拖延。有时阶段性任务没有完成，但被讯问人不配合，停留在原话题不可能有什么突破，也可以进行话题转换。

（2）具体事实之间转换。在一个犯罪事实到另一个犯罪事实之间，也需要进行话题转换。具体而言，就是在“A-B-C-D”环节，谈话内容在犯罪事实 A 与犯罪事实 B、C、D 之间需要进行相应的过渡和转换。在具体事实之间转换话题，需要重点考虑犯罪事实的构成要素。通常情况下，要在前一个犯罪事实已经“问透”的情况下，再将话题转换到另一个犯罪事实。所谓“问透”，就是将一个犯罪事实的基本构成要素问全。从述事的角度来看，供述的基本要素包括构成犯罪事实的时间、地点、主体、行为细节、空间方位、后果以及行为人的主观认识因素和意志因素等。在讯问中经常会出现供述中述事要素残缺的现象，有的是被讯问人遗忘了，有的则是办案人员在引导时忽略了。在前一个犯罪事实尚没有问透的情况下就把话题转向下一个内容了。

2. 转换的语言技巧

在进行话题转换时，办案人员要尽量做到自然平顺，语言要简洁，语气要平稳。转换过渡的谈话内容大致可以概括为三种类型：

（1）对被讯问人的配合态度给予正反馈。正反馈可以是用言语对其配合行为适当肯定，也可以用非语言行为予以肯定，如鼓励的眼神、轻微地点头等。对于被讯问人之前的配合给予适当的肯定和鼓励是必要的，因为被讯问人的配合是供述引导的基础。办案人员应当抓住每一个适当的机会强化其配合的立场。即便是被讯问人有过不配合的情形，也应当对其部分配合行为予以肯定，这样可以进一步强化其配合的动机。

（2）对被讯问人继续配合提出期待和要求。这也是让被讯问人继续配合的一种策略，而且是更为主动的策略。在前面配合的基础上提出新的期待和要求，类似于心理学上的“登门槛”效应，被要求的人往往不好拒绝。这种做法可以为下一步提出更多的要求做铺垫。

（3）根据犯罪事实之间的关联对新的犯罪事实进行发问。不同犯罪事实之间可以借助的关联多种多样，有人的关联、时间的关联、空间的关联、钱物的关联、事的关联等。人的关联是指前后两件犯罪事实与同一个人有关。如被讯问人甲是法官，在A案中接受中间人乙的请托为其办事，后乙又把当事人丙介绍给法官甲，丙建立关系后又给甲行贿，请托甲在诉讼中利用职务便利在B案中为其谋利。此外，被讯问人甲还涉及在D案、E案和F案中滥用职权为另一当事人丁某谋利。这样在讯问时由甲接受乙的请托过渡到甲在B案中滥用职权就比较自然。借助两件犯罪事实之间的关联性进行话题过渡，不仅可以让供述的引导更显得自然，而且会让供述显得更有条理。当然，在实际讯问中，并不是每次话题过渡都存在同种情形。根据讯问的具体情况不同，多种情形搭配都是可以的。

四、话轮与话题的协调

话轮的控制服务于话题的管理。讯问中对话轮的控制就是对说话机会的控制，对话题的控制则是说话内容的控制。话轮的控制表现为“我说还是你说”，办案人员要做到“我让你说，你再说，我不让你说，你别说”。话题的控制则表现为“说什么”，办案人员也要做到“我让你说什么，你就说什么。我不让你说什么，你就别说什么”。由于讯问的目的就是获取真实的供述，因而话题的管理和控制居于优先地位。换言之，“说什么”一直居于话题管理的核心地位。办案人员要在确定“说什么”的前提下管控说话机会。在当前话题确定后，只要被讯问人说的内容“跑题”，办案人员就可以进行切入，打断被讯问人说话的机会，借机把话题纠正过来。通常而言，话轮的控制是手段，话题的控制是目的。

在引导被讯问人供述案件事实的时候，办案人员要尽量给被讯问人充足的说话机会，让被讯问人对所有犯罪事实知无不言，言无不尽。只要被讯问人在讲述真实的犯罪事实，就尽量不要打断被讯问人说话的机会。否则，办案人员不恰当地打断，不仅会打乱被讯问人回忆的思路，而且会让供述的信息呈碎片化。因此，话轮的控制是为了让双方讨论的话题“不出轨”。一般而言，在供述引导的过程中，只有被讯问人故意撒谎或者脱离犯罪事实相关话题的时候，办案人员才会进行切入，控制被讯问人说话的机会。一旦话题转换到犯罪事实上，办案人员就应当尽快把说话的机会给被讯问人。